Reineck/Anderl • Mythos Change

Uwe Reineck, Mirja Anderl

Mythos Change

Verändern verändern

Unter Mitarbeit von Claudio Roller

Für Doris Reineck, Marion Göhler, Felix, Anna, Sarah, Jonathan und David

Dieses Buch ist auch als E-Book erhältlich:
E-Book/epub: ISBN 978-3-407-29419-7
E-Book/pdf: ISBN 978-3-407-29411-1

Das Werk und seine Teile sind urheberrechtlich geschützt.
Jede Nutzung in anderen als den gesetzlich zugelassenen Fällen
bedarf der vorherigen schriftlichen Einwilligung des Verlages.
Hinweis zu § 52a UrhG: Weder das Werk noch seine Teile dürfen
ohne eine solche Einwilligung eingescannt und in ein Netzwerk
eingestellt werden. Dies gilt auch für Intranets von Schulen
und sonstigen Bildungseinrichtungen.

© 2015 Beltz Verlag · Weinheim und Basel
www.beltz.de

Lektorat: Ingeborg Sachsenmeier
Gesamtherstellung: Beltz Bad Langensalza GmbH, Bad Langensalza
Reihenkonzept: glas ag, Seeheim-Jugenheim
Umschlaggestaltung: Lelia Rehm
Umschlagabbildung: © Anna Omelchenko, fotolia
Zeichnungen: Christian Ridder, Berlin
Printed in Germany

ISBN 978-3-407-36558-3

Inhalt

Inhaltsverzeichnis

| Vorwort | 8 |

| **Aufhören mit Change** | **11** | 01 |

(Ent-)Würdigung der Change-Vergangenheit	12
Ein Gespenst geht um in Unternehmen ...	12
Platzende Change-Blasen	13
Zur Einstimmung auf den ersten Teil	14

In Change-Gewittern	18
Welt, Wandel und die arme Organisation	18
Change-Geschichte und der lange Marsch der Blumenkinder	19
Change enttäuscht	20
Change-Illusionen	21
Change-Helfer	23
Change-Blüten	27

Geschichtssplitter des Managements	39
Wie alles begann ...	40
In den 1920er-Jahren: Der Auftritt der Psychologen	41
Drucker macht Druck in den 1950er-Jahren bis heute	43
Seit den 1980er-Jahren: Gelbe Gefahren und strahlende Sterne	44
Weitere Splitter des modernen Managements	46

Zeitgeister in Organisationen	49
Differenzierung	49
Ästhetisierung	50
Psychologismus	53
Amerikanismus	57
Zusammenfassende Gedanken	60

02° Anders anfangen, anders weitermachen — 63

Was ist Passagement? — 64
Prinzipien des Passagements — 68

Anders verstehen — 74

Archäologie der Veränderungsruinen — 74
Wenn Lösungsversuche Probleme machen … — 79
Dekonstruktion der Kommunikation — 85

Anders weitermachen — 98

Organisationale Aufklärung: Das Ende der Illusionen — 98
Latenzen suchen: Unter Prozessen, da liegt der Strand! — 103
Instant Change: Die Wahrheit einer Absicht ist die Tat — 112
Rendezvous vor dem Blind Date – Dialogdesigns, bevor es losgeht — 126
Geist der Führung — 131
Impulsgebernetzwerk: Die CultureGuerilla kommt — 152
Sisyphos hört Rolling Stones: Die wirklich lernende Organisation — 170

03° Gegenwärtige Zukünfte — 189

Einleitung — 190

Zukünftige Extrends — 191

It never rains in Southern California! — 191
Sinnende Sinnsucher — 195
Vom Kaizen zum Ökozen — 197
Luxus, Macht und (metaphysischer) Sinn — 198

Der Trend zum vernetzten Unternehmen — 201

Die klassische Firma in der Krise — 202
Zeit für ein neues Paradigma — 208
Das vernetzte Unternehmen — 209
Vernetzung und Kulturwandel — 215

Inhalt

Anhang	223	04
Danksagung	224	
Methodenverzeichnis	227	
Literatur	230	
Stichwortverzeichnis	233	

Vorwort

Vorwort

Eine gut gelaunte Unzufriedenheit mit Change-Prozessen stand am Anfang der Arbeit, deren Ergebnisse in diesem Buch zusammengefasst sind. Unzufriedenheit mit den Wirkungen unserer eigenen Arbeit und die der Kollegen unserer Branche. Seit vielen Jahren arbeiten wir beide in großen Organisationen an vielfältigen Veränderungsprozessen mit, so wie dies viele andere Kollegen aus der systemisch-humanistisch geprägten Beraterszene tun. Die meisten von denen, mit denen wir sprechen, teilen unsere Verdrossenheit: Change-Prozesse, die auch Haltung und Verhalten verändern sollen, funktionieren meistens nicht oder nur schlecht. Dort, wo nach dem goldenen Imperativ der Change-Berater Betroffene zu Beteiligten werden, bleibt am Ende doch nur die Betroffenheit der Beteiligten. Aus der Begleitung von Veränderungen ist Changismus geworden, der noch Glück hat, wenn er sich nur lächerlich macht.

Die vielen Change-Projekte, Großveranstaltungen, Leitbildentwicklungen, Kulturveränderungen, Führungsinitiativen, Großveranstaltungen, Kick-offs, Mitarbeiterbefragungen, Visionsentwicklungen ... sind inzwischen zu dem verkommen, was sie eigentlich überwinden wollten: Sie sind Metamorphosen eines Phraseninstrumentariums geworden, das den Betroffenen nur noch den Zynismus als letzten Fluchtweg lässt. Mythos Change.

Mythen sind Erzählungen, in denen Menschen ihr Selbst- und Weltverständnis zum Ausdruck bringen. Im traditionellen religiösen Mythos wird die Lebenswelt der Menschen mit der Welt der Götter in eine Beziehung gesetzt. Die Varianten der Erzählungen sind hochgradig vielfältig und reichen vom kosmischen Urvogel, der das Weltei legt, bis zur skandalträchtigen Götter- und Halbgötter-Sitcom des antiken Drehbuchautors Hesiod.

Die Kritik am Wahrheitsanspruch der Mythen beginnt mit der griechischen Aufklärung und lässt sich durch den plakativen Slogan »Vom Mythos zum Logos« kennzeichnen. Die Abkehr vom Mythos ist eine Emanzipationsbewegung der Vernunft. Der Philosoph Odo Marquardt sprach in diesen Zusammenhängen von einem »Fortschritt genannten Striptease« (1979, S. 44).

Die Menschheit legt – mehr oder weniger elegant – ihre Mythen ab, bis sie mythisch nackt dasteht und ganz aufgeklärte Menschheit ist. Die Metapher von der nackten Wahrheit passt in dieses Bild. Marquard ist zugleich skeptisch, dass wir uns aller Mythen entledigen könnten. Geschichten und Erzählungen sind für die Menschheit einfach zu wichtig, um darauf verzichten zu können. Die Aufklärung als Mythen-Striptease ist vielleicht selbst ein Mythos.

Es müssen nicht komplizierte Vernunftschlüsse und Beweisverfahren sein, die einen Mythos entlarven. Oft reicht der unverstellte Blick, die Sicht eines wachen und noch unverdorbenen Geistes, um die offensichtliche Wahrheit zu erfassen und auszusprechen. Das wollen wir in diesem Buch versuchen.

Doch selbst wenn wir niemals alle Mythen ablegen können und Erzählungen gerade im Unternehmenskontext häufig von Bedeutung sind – der Versuch, ein wenig Aufklärung im Hinblick auf das Change-Management zu betreiben, tut unserer Ansicht nach gut und ist überfällig und wichtig. Diese Einschätzung hängt vor allem damit zusammen, dass dem Gedanken des kulturellen Wandels in allen Firmen eine große Bedeutung zuwächst, der noch lange nicht seinen Zenit erreicht hat. In einer Zeit des Wandels muss schließlich der interne Wandel mit dem äußeren Schritt halten. Das betrifft auch und insbesondere den Kulturwandel, denn wie es so schön heißt: »Culture eats strategy for breakfast«.

In diesem Buch liefern wir eine Analyse der gegenwärtigen Situation vieler Change-Prozesse und beschreiben die Hintergründe einer unheiligen Allianz, die in der Trias von Managerismus, Psychologismus und Changismus besteht. Die drei stehen für uns unter nachhaltigem Verblendungsverdacht. Doch wir wollen nicht bei einer grundlegenden Kritik des Kulturveränderungsaktionismus stehen bleiben, sondern kreieren einen positiven Entwurf, den wir Passagement nennen.

Auf diesem Weg wollen wir Kontakt zum Zeitgeist halten und schrecken trotzdem nicht vor ungewöhnlichen und vielleicht unpopulären Sichtweisen zurück: beispielsweise die Stellschraube der Ansprüche deutlich nach unten zu drehen, um so wieder Bodenhaftung zu gewinnen. Die nackte Wahrheit des Change werden wir wohl nicht zu sehen bekommen, aber wir schaffen gern ein paar neue Mythen der Kulturveränderung – denn die alten haben ausgedient!

Mirja Anderl und Uwe Reineck
Berlin, Dezember 2014

Aufhören mit Change   01

(Ent-)Würdigung der Change-Vergangenheit	12
In Change-Gewittern	18
Geschichtssplitter des Managements	39
Zeitgeister in Organisation	49

(Ent-)Würdigung der Change-Vergangenheit

Ein Gespenst geht um in Unternehmen ...

Teil 1: Aufhören mit Change Der erste Teil dieses Buches erzählt Geschichten aus dem Change-Milieu der Unternehmen und Organisationen: Quellorte des »Changismus«. Changismus nennen wir alle ideologisch aufgeladenen Diskurse und Begleiterscheinungen des überfrachteten, oft inhaltsleeren Veränderungsaktionismus, der seit vielen Jahren in Unternehmen sein Unwesen treibt und uns genauso nervt wie viele der Betroffenen. Im Kapitel »In Change-Gewittern« (s. S. 18 ff.) berichten wir von der aktuellen Change-Wetterfront.

In einer kleinen Psychografie des Managements beleuchten wir einige Hotspots, Splitter der Geschichte, um den heutigen »Managerismus« verständlicher zu machen. Veränderungen im Selbstverständnis des Managements hängen eng mit den gegenwärtigen Veränderungsdynamiken in Organisationen zusammen – diesen Entwicklungen haben wir daher ein eigenes Kapitel gewidmet.

Der letzte Abschnitt des ersten Teils lässt Zeitgeister tanzen, die sich in Organisationen zur Fete treffen. Sieht man dem Geistertanz zu und hört die Hintergrundmusik, versteht man vielleicht, warum es ist, wie es ist.

Wir hinterfragen kritisch oder würdigen hochachtungsvoll mit unserem subjektiven Blick als Beobachter und Handelnde. Wir Autoren arbeiten selbst als Veränderungsberater und Kulturschaffende in Unternehmen und würden unsere Arbeit gern auch weiterhin gut machen. Changismus aber macht sinnvolle Veränderungsarbeit schlichtweg unmöglich. Vielleicht liegt es daran, dass eine passende Theorie fehlt, vielleicht weil die Changisten noch üben müssen, vielleicht weil sie selbst zu den Unbelehrbarsten gehören. Jedenfalls hinterlassen sie traumatisierte Gechangte, die zwischen verlassenen Veränderungsruinen von einem zum nächsten Change-Kick-off eilen ...

Natürlich brauchen Unternehmen Veränderungen, Anpassungen, vielleicht Strategie-Rollouts, Dynamisierung, sicher Reflexion und manchmal Kulturentwicklung. Was wir als Berater aber vielfach im Umfeld des Change erleben, sind: Ideologisierung, Euphorisierung und Psychologisierung. Ein »schlechter Dreiklang«, der übertönt, was er begleiten soll.

Teil 2: Anders anfangen und anders weitermachen: Im zweiten Teil dieses Buches zeigen wir, wie wir die Organisationsentwicklungsarbeit wieder vom Kopf auf die Füße zu stellen versuchen und wie wir uns selbst und unser Verändern verändern.

(Ent-)Würdigung der Change-Vergangenheit

Wir haben dieser bodenständigen Veränderungsarbeit einen neuen Begriff gegeben: Passagement: Gestaltung von Übergängen. Andauerndes Management der Passung von Innenwelt und Außenwelt, von Kultur und Strategie. Passagement hat keinen Anfang und kein Ende, ist kein Projekt, hat keinen Steuerkreis, kein Trara, kein Bumbum und keinen Kick-off.

Teil 3: Zukünftige Extrends Der dritte Teil des Buches beschäftigt sich in zwei Kapiteln mit Trends, die gegenwärtig in aller Munde sind, den Zeitgeist treffen und den Höhepunkt der Aufmerksamkeit möglicherweise trotzdem noch vor sich haben. Zugleich tragen diese hippen Themen wie alle Trends eine leise tickende Uhr bis zu ihrem Verfallsdatum in sich und müssen sich darüber hinaus die kritische Frage gefallen lassen, ob das, wonach hier gestrebt wird, überhaupt wünschenswert und gut ist. Wir setzen uns mit kalifornischen Verwöhnprogrammen für heftig umworbene IT-Mitarbeiter, dem Streben der Generation Y, Sinnsuche in Unternehmen, der Überwindung klassisch-hierarchischer Firmenstrukturen und selbstverantwortlich sowie vernetzt organisierten Unternehmen auseinander und legen die Frage vor, was all diese Entwicklungen für zukünftige Kulturarbeit bedeuten könnten.

Platzende Change-Blasen

Der Mythos Change zeigt sich – genau betrachtet – in Form einer unheiligen Dreifaltigkeit:

- Managerismus
- Psychologismus
- Changismus

Wie es sich für eine ausgemachte Trinität gehört, sind die Bereiche zwar voneinander zu unterscheiden, aber eng miteinander verflochten und bestimmen viele Handlungsfelder in Unternehmen. Sie sind – einfach gesagt – die gegenwärtigen Antwortversuche auf die alte Frage: Wie lassen sich Menschen steuern?

Angesichts der komplexen technologischen, ökonomischen und gesellschaftlichen Verhältnisse, kann es da überhaupt eine handlungsgeleitete Steuerung geben? Was Manager in aktionistischen Mehrpunkteplänen propagieren, ist aus dieser Perspektive oft nur ein geschäftiger Arbeitsnachweis und bleibt ohne Resonanz. Den meisten geht es um Effekte und nicht um die Effizienz einer Veränderung. Welche Wirkung Veränderungsaktionen haben, wird von Managern häufig wenig verstanden und bleibt meist unter der Kommunikationsoberfläche verborgen.

Da bekommt das altgediente Eisbergmodell noch ein warmes Lächeln, der Berg da unten ist einfach zu gewaltig, als dass man ihn vermessen könnte.

Zur Einstimmung auf den ersten Teil

Doch zunächst möchten wir den Leser auf den ersten Teil einstimmen, dort anfangen, wo auch unsere Gedanken zu diesem Buch begonnen haben: Es gibt ein Unbehagen in Change-Prozessen ... lassen wir ein paar Change-Blasen aus der Organisationsunterwelt aufsteigen:

Kurz die Welt retten Die Change-Industrie lebt von unerfüllbaren Managerträumen. Da sollen relaxed-befriedete Konzerninsassen zu hungrig-leidenschaftlichen Start-up-Pionieren im Unternehmen mutieren und eingefleischte Schuldzuschreibersyndikate in offene Fehlerkulturen verzaubert werden. Wer – wie viele Change-Industriearbeiter – Unternehmen mit Ponyhofromantikphrasen abfüllt, produziert häufig genau das, was er vorgibt, verändern zu wollen: Zynismus, Abwertung, Resignation. Denn wo Naivität zu Leitkultur wird, wird Widerstand zur Pflicht. Unternehmen brauchen Veränderungen – natürlich –, aber mit mehr Augenmaß und Feingefühl.

Changismus Ideen streben zur Macht, um in die Welt kommen zu dürfen. Change-Ideen in Unternehmen sowieso. Eng sind sie mit den Mächtigen liiert, denn sonst wären sie chancenlos. Ihre Nähe zur Macht gibt ihnen subtile Kraft. Beinahe stalinistisches Flair entwickeln sie dann, wenn sie schemenhaft bleiben. Oft heißt die Botschaft: Verändere dich! – Verborgen bleiben aber Form, Inhalt und Ziel der Veränderung.

Das Prozessorientierte im Change kann dann plötzlich kafkaesk verstanden werden: Wo Change droht, dürfen sich alle fühlen wie Josef K., dem Kafka den Prozess machte. Ohne zu wissen, wofür, sind dann alle angeklagt und schuldig sowieso, denn jeder, der arbeitet, hat auch Dreck am Stecken: Man ist nicht immer wertschätzend oder will es gar nicht sein; hat keine Zeit zum Führen, gibt die Lösung vor, statt ewig zu coachen; bringt, was stört, rüber als Du-Botschaft, damit es richtig sitzt; freut sich auf eine langweilige Besprechung, weil man eine Runde ausspannen kann; verwechselt transformationale Führung mit transaktionaler und pfeift auf die Mitarbeiterzufriedenheit, wenn es ans Eingemachte geht. – Aber alles nur heimlich, denn keiner wagt, der neuen Psychological Correctness zu widersprechen.

(Ent-)Würdigung der Change-Vergangenheit

Change-Vollzugsbeamte Form gewordene Macht in Unternehmen sind Stabsabteilungen. Sie sind die Initiatoren und Steuerer der neuen Change-Diskurse. Von den Operativen nimmt sie inhaltlich meist keiner ernst, Respekt haben trotzdem alle, weil sie im Namen der Mächtigen unterwegs sind. Sie geben vor, anders zu sein, praktizieren in den meisten Fällen aber nur die Fortsetzung der gleichen Kultur mit anderen Mitteln.

In der Praxis konstatieren viele, dass die Kulturveränderungsprogramme Kulturen nicht verändern. Wie könnten sie auch? Wer wollte einen Dschungel mit einer Heckenschere kultivieren, wo man früher Brandrodung praktizierte?

Viele Programme dringen einfach nicht durch und prallen an der komplexen betrieblichen Realität ab. Es gibt zwar jede Menge Appelle und Dekrete und Programme und Maßnahmen, letztendlich bleibt aber doch alles beim Alten. Trotzdem dürfen alle weitermachen oder vielleicht deshalb? Meistens reden alle sich alles schön. Das Machtgefälle macht gefällig. Die meisten unterliegen der Versuchung, die Realitäten schöner zu zeichnen, als sie sind: damit Programme wirken, Maßnahmen helfen und Kennzahlen besser werden. Es wird gefiltert, geschönt und aufgehübscht, was der Schminkkasten hergibt, und alle malen mit. Wo wird mehr gelogen als in Unternehmen? Je weiter oben, desto mehr. So entstehen mehrere Wirklichkeiten, die auseinanderdriften, und Einschätzungen, die nicht mehr zusammenpassen. Geht es gut, wurschtelt man sich so durch. Manchmal kommt es zum großen Knall. Eher selten.

Vorbildkiller Unternehmen geben sich Werte und Leitbilder – so werden heile Unternehmensluftschlösser aufgeblasen. Bei der Mehrheit der Mitarbeiter erzeugt das allerdings keine emphatische Bejahung, sondern – vorsichtig ausgedrückt – eine Mentalität der Zurückhaltung. Wer sich nicht zurückhält oder in die Naivität flüchtet und daran glaubt, wird zum Enttäuschten, mit allen Folgen. Denn alle Erfahrenen wissen schon längst: Wo Interessen auf Ideale stoßen, gewinnen die Interessen. In Unternehmen zumindest, was sonst? Trotzdem spielen alle mit: Wer wollte denn guten Werten widersprechen? Wer will schon Leitbilder widerrufen?

So manche in den Tagungsräumen der Hotels geborenen Traumbilder werden bereits beim Rausgehen zu Trugbildern. Man gibt sich Werte, die alles bedeuten können und deshalb nichts bedeuten sollen. Und Leitbilder erfüllen vor allem die Funktion, das ganze vorgesetzte Vorbildmaterial so lange zu scannen, bis man erkennt: Sie bringen es auch nicht, und man relaxt in den Schaukelstuhl zurücksinkt, der dem Erstarrten zumindest ein wenig Eigendynamik vorgaukelt.

Managerismus ist die neue Bürokratie Das hat Christoph Bartmann in seinem wunderbaren Buch »Leben im Büro« sinngemäß so beschrieben: In den Unternehmen sind fast alle zu Managern geworden. Viele arbeiten nicht mehr, sondern managen oder verwalten ihre Arbeit. Sie machen viel (mehr) Metaarbeit: Arbeiten also, wo sie Arbeit planen, bewerten, interpretieren und steuern. Oder sie müssen das rechtfertigen (mit PowerPoint), was sie tun. Im Büro herrscht der Managerismus. Das ist eine neue Form von Bürokratie. Er besteht aus Computersoftware, Betriebswirtschaftslehre und Positiver Psychologie. Manager erzeugen Komplexität. Manager werden gemessen, messen und sind vermessen. »Das Managment ist in der Bürokratie angekommen und hat sie gekapert. Das Management ist das neue, das einstweilen letzte Stadium der Bürokratie« (Bartmann 2012, S. 59).

Messer und Vermessene Unternehmen zerfallen in zwei Lager: die einen, die produzieren und/oder verkaufen, und die anderen, die diese dann vermessen, motivieren, verplanen, verändern und weiterbilden lassen. Die Aufteilung der Zuständigkeiten zwischen denjenigen, die managen, und den anderen, die – gestützt auf Fachkenntnisse – die operative Arbeit tun, hat zu einer Entmachtung der Operativen geführt. Gleichzeitig führte dies zu einer überdimensionierten Aufwertung von Führung, Messung und Steuerung.

(Ent-)Würdigung der Change-Vergangenheit

Freud im Büro Dem Psychologen ist jede Schwierigkeit eine zwischenmenschliche. Alles wird auf die Beziehungsebene heruntergeholt. Auch originäre Strukturkonflikte werden zum Persönlichkeitsproblem. Die Teamentwicklung soll es dann richten.

Klassische Organisationsentwicklung und Persönlichkeitsentwicklung sind verwoben, und Psychologen machen »eine Therapie im Interesse der Bilanz«, wie es Richard Sennett nannte (Sennett, 1998, S. 152). Unternehmen wollen den Menschen ganz, und viele geben sich gern ganz hin. Die alte Form war eine Art soldatischer Treue, eine Totalidentifikation, die Pflichterfüllung versprach und nach der Ochsentour die Belohnung brachte. Das dauert heute den meisten zu lang. Vielen reicht eine zeitlich eingeschränkte Identifikation, die keine Forderungen stellt, aber die ganze Persönlichkeit anbietet. Für solch ein subtiles Geschäft braucht es Psychologie.

Inszenierungen von Selbstverwirklichung (Ästhetisierung) setzen Individuen unter Druck – bis hin zum Burnout. Es gibt einen Drang, sich ständig zu optimieren, ständig zu lernen, ständig flexibel zu sein. Man muss aus allem etwas machen, auch aus sich. Es gibt so viele Möglichkeiten (die man verpassen kann). Überall steckt ein Potenzial, dass man entwickeln muss. Psychologen haben es geschafft, sich einen riesigen Markt zu schaffen, indem sie die Schwellen von Krankheit gesenkt haben. Es werden mehr Gesunde behandelt und es fühlen sich mehr Gesunde krank denn je, und die Versorgung der wirklich Kranken ist so schlecht wie immer schon.

In Change-Gewittern

»Wo das Niveau niedrig ist, braucht es Tiefschläge, um auf die Nase zu treffen.«

(Unbekannter Boxer)

Welt, Wandel und die arme Organisation

Natürlich wissen es alle schon seit längerer Zeit: Wer etwas herstellt oder verkauft, ein Produkt oder eine Dienstleistung, muss sich in Märkten und Wettbewerben bewähren, deren Dynamiken man sich vor einigen Dekaden noch nicht einmal vorstellen wollte oder konnte. Unternehmen müssen sich solchen Situationen stellen, aber – in modifizierter Weise – ebenso öffentliche Verwaltungen und soziale Einrichtungen. Gewachsene Verhältnisse und Vorgehensweisen stehen zunehmend auf dem Prüfstand und unter einem andauernden Anpassungsdruck, der einen Veränderungsdruck zeitigt und in seiner Heftigkeit lange suchen müsste, um vergleichbare Vorbilder zu finden.

Auch in ihrer Binnenstruktur sind Unternehmen komplexer geworden. Internationalisierung, Standardisierung, Diversity, Innovation, Kultur, Kostenreduktion, Mitarbeiterzufriedenheit oder Wachstum sind keine neuen Schlagwörter, aber immer noch die Überschriften schlagender Argumentationslinien der getriebenen Veränderungstreiber. Man muss etwas tun. Es wird etwas getan. Meistens planvoll, manchmal ratlos versucht man, wechselnden Lagen und Herausforderungen zu begegnen. Radikales Downsizing folgt bisweilen auf hektischen Kapazitätsaufbau – oder umgekehrt –, und das in immer kürzeren Zeitabständen. Wandel allenthalben, bewusst oder nicht gewollt oder ungesteuert. Die meisten Aktivitäten betreffen die eigene Organisation: die Strukturen, die Prozesse, die Abläufe, die Kultur, die Menschen, die Haltungen. Was könnte man auch sonst tun?

Organisationen: Sind sie noch klein, mag man sie. Groß geworden, beginnen sie aber ihr Eigenleben und werden kompliziert. Die meisten würden sie abschaffen, würden sie eine Alternative kennen. Wer beklagt sie nicht, wenn er kann? Ineffektiv, intransparent, entmündigend! Die Vorwürfe sind immer die gleichen. Sie scheinen ihre Insassen einfach nicht glücklich zu machen, und jeder kennt Ideen, die sie bessern würden. Die lernende Organisation hat sich zwar bemüht mit dem

Lernen, aber das Klassenziel nicht erreicht. Die lernende Organisation ist sitzen geblieben. Wurde sie überschätzt? Bleibt sie doof?

Fragt man ihre Insassen, sind große Organisationen jedenfalls immer irgendwie in der Krise. Immer zu langsam, immer zu träge, immer hinterher. Erfolgreich, sagt man, wären sie, wenn ihnen Passung gelänge. Wenn sie das liefern würden, was ihre relevanten Umwelten benötigen, wären alle zufrieden. Aber wie bestimmt man die Relevanz der Umwelt? Wer kann verbindlich sagen: Das ist wichtig und das lass sein? Oft scheint es, als gäbe es für jedes Unternehmensmitglied eine eigene Umwelt. Wie kann sie da passen? Da doch jeder denken muss: Ganz anders müsste es sein!

Ach, Organisationen sind eigentlich ganz anders, sie kommen nur nicht dazu. Sie waren eigentlich immer schöner gedacht, als sie real daherkommen. Und dann beschreiben und verkünden sie selbst noch die Ideale, an denen sie regelmäßig scheitern: gute Führung, kurze Entscheidungswege, passende Kultur, produktive Zusammenarbeit, attraktive Visionen, dialogische Entscheidungen, lernende Organisation sein, delegierte Verantwortung, nachhaltiges Wirtschaften, dynamische Fehlerkultur, zufriedene Mitarbeiter, starke Innovationskraft, echte Wertschätzung, interne und externe Vernetzung, dialogische Kundenorientierung.

Die Anforderungen an alle, die steuern sollen, sind paradox: Strukturen und Prozesse sollen stabil Output produzieren und sich gleichzeitig flexibel anpassen. Die Antwort auf die Frage, wer das alles richten soll, ist: der Change. Kein Unternehmen ohne ihn.

Change-Geschichte und der lange Marsch der Blumenkinder

Es begann in den 1990er-Jahren. Tom Peters und ein Team von McKinsey waren auf der Suche nach Spitzenleistungen und stellten fest: »Im Grunde spüren wir alle, dass zur Erhaltung der Lebens- und Handlungsfähigkeit einer großen Organisation viel mehr gehört, als in Grundsatzerklärungen, neuen Strategien, Plänen, Budget und Organigrammen dargestellt werden kann. Und doch tun wir allzu oft, als wüssten wir das nicht. Wenn wir was ändern wollen, basteln wir an der Strategie herum. Oder wir verändern die Struktur [...] Vielleicht wäre es Zeit, einmal unser Verhalten zu ändern« (Peters/Waterman 1998, S. 25). Seit den 1990er-Jahren waren Change-Prozesse, die Struktur und Ablauf betrafen, immer auch verbunden mit der Forderung, Einstellung und Verhalten der Mitarbeiter müssten sich ändern, wenn das Neue »leben« solle.

Die Begriffsfamilie des Wandels, der Veränderung, des Aufbrechens der einengenden Verhältnisse, die Befreiung und das Empowerment, verbunden mit neuen

Eigenschaftsanforderungen, die nun von allen gebraucht wurden: Autonomie, Spontaneität, Kreativität, Mobilität, Flexibilität, Netzwerkbildung, Offenheit für Neues, die Neigung zum Informellen und das Bestreben nach erfüllenden zwischenmenschlichen Kontakten, scheint direkt der Gedanken- und Ideenwelt der 1968er-Jahre entliehen. Das Aufweichen der bestimmenden Formen hierarchischer Steuerung in den Unternehmen und das Ermöglichen einer größeren Autonomie in vielen Organisationen wurden von zahlreichen Mitgliedern der antiautoritären Szene der 1970er-Jahre mit Genugtuung betrachtet.

Nicht selten wirkten diese vielen seit den 1980er-Jahren in den Unternehmen aktiv mit: Die meisten kamen aus einem Milieu, das alles durchaus kritisch beäugte, waren häufig selbst politisch und/oder therapeutisch aktiv. Sie fanden ein neues lukratives Betätigungsfeld als Coach oder Trainer in der Wirtschaft. Viele, die aus dem linken Milieu kamen, begannen in den 1980er-Jahren ihren Aufbruch in die Unternehmen, zunächst, um die Manager in Seminaren im Hinblick auf Kommunikation und Konflikte zu schulen, mit der Idee, die Wirtschaft humaner zu gestalten. Sie fühlten sich als gut bezahlte Raubtierdompteure, die sich in die Höhle des Löwen wagten, um die Welt zu verbessern.

Später – in den 1990er-Jahren – wurden sie Unternehmensberater und erlebten ihren Lebensweg durchaus als kohärent. Mit dem Elan, in den kleinen Gesellschaften der Unternehmen nun das erreichen zu können, was sie in der großen nicht erreicht hatten, starteten sie ihre Arbeit als Changer. Immer mit der Verheißung auf ein besseres Leben oder zumindest Arbeiten, auf mehr Freiheit, auf mehr Echtheit, auf mehr Authentizität.

War der alte Geist des Kapitalismus durchtränkt vom asketischen Ideal der protestantischen Pflichtethik, so umgab den Manager der 1990er- und der Folgejahre eine neue Theologie der Befreiung. Das alte Ideal der Selbstverwirklichung sollte nun in den Unternehmen realisiert werden, und die Feinde waren die Bürokraten, die Formalisten, die Zwanghaften. Solche Feinde kannte man schon aus Schule und Elternhaus. Der Kampf ging irgendwie weiter – aber besser bezahlt. Als Legionäre eben, als Kurtisanen des Großkapitals zwar, aber immerhin im Dienste der richtigen Sache. Im Falschen gibt es zwar kein Richtiges, aber im Sinne des Kaizen konnte man sich zumindest im Falschen stetig verbessern ...

Change enttäuscht

Meist ist ja der Wunsch nach Veränderung des Verhaltens das eigentliche Ziel organisatorischer Umstrukturierungsmaßnahmen aller Art. Ihr Ziel erreichen sie selten. Erfahrungsgemäß werden Strukturanpassungen oder Prozessneudefinitionen von den meisten nur als Option für Veränderung begriffen, die angenommen werden kann – oder auch nicht. Alle, die in Unternehmen arbeiten, kennen die Diskrepanz zwischen Zielsetzung und Realität bei der Veränderung von Aufbau- und Ablaufstrukturen.

Diejenigen, die dafür Sorge tragen könnten, dass sich die Diskrepanz verringert – die Führungskräfte der unteren Ebenen zum Beispiel –, verstehen in vielen Fällen selbst nicht, worum es geht oder sie sind gegen die Veränderung. Nicht selten sabotieren sie offen – meist aber verdeckt – die eingeleiteten Maßnahmen. Eine Einbeziehung der unteren Führungsebenen ist meistens vorgesehen, aber häufig kommt es dann aus Zeit- oder Geldgründen nicht dazu. Klassische Veränderungsprozesse in Unternehmen beginnen immer oben und haben in der Regel das Ziel: schneller, höher, weiter. Sie beginnen oben, weil dort die Ressourcen sind, es zu tun, und es zum Rollenverständnis des oberen Managements gehört, eben das zu tun: Change. Change ist in der Regel Chefsache. Betroffene können somit immer erst an zweiter Stelle zu Beteiligten werden. Und sie sind zunächst einmal betroffen, weil sie als diejenigen, um die es geht, in der Regel nicht von Anfang an dabei sein und mitentscheiden können. Zu ihrem Rollenverständnis gehört dann schnell die Überzeugung: Wir können sowieso nichts verändern. Die Situation ist in der Tat verzwickt und trägt nach wie vor den Charakter eines Dilemmas. Denn werden Change-Prozesse einmal anders auf die Gleise gesetzt, indem Veränderer nach der Altformel »Betroffene zu Beteiligten machen« arbeiten, dann stellen sie fest: Auch das hilft nicht wirklich weiter!

Was passiert im weiteren Verlauf? Die Trommler erhöhen die Taktzahl. Freuen sich die Ruderer zu wenig über den neuen Rhythmus, so wird das erfahrungsgemäß als Widerstand gedeutet. Aus Sicht vieler Betroffener wechselt der Trommler nur die Größe des Instruments, das Stück bleibt aber immer das gleiche.

Je geknechteter sich Menschen in Organisationen fühlen, desto fiebriger sind die Träume von Erlösung. Erlösung ist der Job von Erlösern: der Change-Berater. »Change!« ist ihre Parole. Menschen wollen daran glauben. Immer träumen Menschen von Erlösung und von Erlösern. Enttäuschen Erlöser, kennt man deren trauriges Schicksal: Das Volk gibt ihnen den Rest.

Change-Illusionen

Change-Prozesse sind schwierig, vor allem, wenn sie wirklich verändern sollen (und nicht nur so tun, als ob). Sollen sie es nicht, sondern nur den Zeitgeist bei Laune halten, nerven sie aber immerhin.

»Gescheitert!«, so beschreiben viele Betroffene Veränderungsprozesse – vor allem dann, wenn sie ans Eingemachte gehen: die Kultur. Viele Euphoriker der Anfänge sind ins Lager der Zyniker gewechselt. Zu denen, die schon vor den Versuchen vom Scheitern wussten – und sie füttern nun die alten Skeptiker mit ihren neuesten schlechten Erfahrungen.

Woran liegt das? Sicher gehört dazu auch die schlechte Arbeit zahlreicher Berater. Aber sicher liegt es auch an falschen Zielen. Das Metier oder das Milieu bringt es mit sich: Change war immer das Geschäft von Guru-Beratern. Hatte immer mehr mit Glauben zu tun als mit Empirie. Wenn Berater an ihre eigenen Marketingversprechen glauben – das tun viele offensichtlich –, dann müssen sie scheitern.

Organisationen sind, neben ihrer totalen Rationalität, völlig irrational, voller Ungereimtheiten, Unentscheidbarkeiten und Paradoxien. Stefan Kühl nennt das »Rationalitätslücken« (Kühl/Moldaschl 2010, S. 215 ff.). Und das ist gut so. Viele aber wollen das nicht wahrhaben und versprechen sich und anderen den Organisationshimmel auf Erden. Dadurch machen sie aber alles noch schlimmer, weil das Scheitern an zu großen Erwartungen meist nicht die Erwartungen in Verruf bringt, sondern das Scheitern zur Lernerfahrung erhebt.

In Change-Gewittern

Change-Helfer

Berater Gern wird die alte Metapher von Otto Neurath benutzt, um zu beschreiben, was die erleben, die Wandel bewerkstelligen müssen: »Wie Schiffer sind wir, die ihr Schiff auf offener See umbauen müssen, ohne es jemals in einem Dock zerlegen und aus besten Bestandteilen neu errichten zu können« (Neurath 1932/33, S. 206).

Was tun Manager? Hilfe holen! Die Berater kommen. Nur welche?

Strategieberater Sie wissen, wie es geht. Ihre Zauberformel: die strategische Positionierung. Mit Marktanalysen, Wettbewerbsanalysen, Zielanalysen, Potenzialanalysen finden sie die Ursachen für die Miseren und befrieden, weil sie wissen, woran es liegt. Und dann eröffnen sie die Folienschlachten! Da wird der Krieg gewonnen. Siegen heißt da erst einmal: überzeugen, dass die Analyse stimmt. Und wer wollte widersprechen? Keiner kann sich so viel Zeit nehmen für die Analyse wie die Berater, und sie liefern zudem gleich die Lösung mit. Wer wollte sich dagegen verwehren, wenn einer den Weg kennt? Wer sonst könnte sich so ausführlich mit dem Zustand des Unternehmens beschäftigen?

Und dann beginnt die Lösung, es ist ihre Standardlösung für viele Unternehmen. Mit der internen Projektgruppe passen sie ihre Lösung an das Gegebene an, versuchen, die vernunftgeleiteten Strategien aufzusetzen.

Diese Beratungspraxis denkt vorwiegend an das Was und weniger an das Wie – also die Umsetzung. Was vor allem die Mitarbeiter zu spüren bekommen. Wenn Mitarbeiter Glück haben, werden sie über die Veränderungen informiert, wenn nicht, erfahren sie es über Flurfunk oder gar nicht.

Geschäftsprozessberater Sie sind die Berater-Schwaben. Ihr Mantra ist die Permanenzkehrwoche für Prozesse, die Optimierung der Effizienz. Diese sogenannten Nachfahren der Tayloristen standardisieren den Standard. Nur dort, wo alle immer das Gleiche tun, kann verglichen werden, und erst im wohlgemachten Beet des Immergleichen blüht die Kreativität, die noch mehr Effizienz verspricht.

Ihr Change: Alles wird zum Prozess gemacht. Alle in den Prozess. Sie haben und brauchen Disziplin. Sie sind schnörkellose Puristen. Ihr größter Enthusiasmus ist die sanfte Melancholie der Zielerreichung, weil sie wissen: Es geht ja immer noch besser. 9000 ist ihre Lieblingszahl. Ab ISO 9000 optimieren sie sich empor. Damit reduzieren sie den Durchlauf oder reengineeren Prozesse, wo immer sie können. Sie schauen sich alles an und sehen die Ist-Soll-Differenz. Aus der Spannung beziehen sie ihren Strom. Das Soll kennen sie und versprechen es dem Auftraggeber. Sie verändern Ablauf und Aufbau. Zu Ende ist der Change nie. Es geht immer besser. Und im Change-Prozess treffen sie dann die anderen Berater: die Organisationsentwickler. Weil beide wissen: Es ist die Haltung, die zählt.

Organisationsentwickler Sie sind Effizienzhumanisten. Gern versprechen sie die Beziehungslösung für die zahlreichen gordischen Knoten und verstricken sich manchmal nur noch tiefer in den Netzen ihrer selbst entfachten Gruppendynamik. Sie wollen helfen. Ihr Credo ist die Hilfe zur Selbsthilfe. Alles ist schon da, so glauben sie.

Die weisheitsschwangere Organisation braucht nur noch Hebammenkunst, um ihre Sprösslinge zu gebären, die dann als Schoßhündchen ewig gehätschelt werden: Innovation, Kommunikation, Führung, Zusammenarbeit, lernende Organisation. Sie sind die Schamanen der ewigen Versöhnungsrituale zwischen Kultur, Strategie und Struktur. Ihr Change sind der Dialog und der Konflikt. Sie sind die Meister der Organisationshermeneutik. Wo sie »hinverstehen«, wächst kein Gras mehr. Unter der Spitze des Eisbergs, ja, da liegt der Strand. Die tiefgefrosteten Konflikte werden wachgeföhnt und verwandeln sich zu Prinzen im Königreich der Selbstverwirklichung, für das sie Unternehmen gern halten.

In Change-Gewittern

Die Beratertypen

Systemische Berater Puristen wären sie gern. Analytisch. Klar. Beobachter. Oder lieber: Beobachter der Beobachter. Ihr selektiver Ausschnitt ist immer nur die ganze Ganzheit. Sie sehen, wie sich die Einzelbestandteile im Netzwerk auflösen und jedes Element in Wechselbeziehung sich verbindet und dabei wiederum jedes die Bedingungen aller anderen bestimmt. Sie analysieren die Strukturen und Funktionen und die Beziehungen von Subsystemen innerhalb des Gesamtgefüges. Sie verstehen, wie die Regeln die Interaktion bestimmen, und glauben daran, dass sie mit Interaktionen Regeln neu bestimmen. Sie haben die komplizierte Komplexität begriffen, oft sind sie es selbst, doch sie bleiben cool.

Ihr Change ist die Irritation, die Verstörung vor der autopoietischen Selbstregulation, die Systemzustände verwandelt hin zum neuen Attraktor. Immer wieder erschreckt von so viel selbstanalysierter Komplexität, denken sie sich als Beobachter erster oder zweiter Ordnung und sind doch mittendrin im Chaos. Sie haben ihre eigenen Lehrmeister, ihre eigene Sprache und bewahren Distanz, notfalls mit Arroganz. Kommunikation ist ihnen alles und was nicht Kommunikation ist, ist nichts. Alles, was sie tun und sagen, gerät zur Intervention und soll Irritation erzeugen, der wiederum eine Intervention folgt, die dann Irritation erzeugt ... Was sonst?

Change-Vollzugsbeamte Changer gibt es auch als Abteilung: Abteilung für Kulturveränderung und Change. In den großen Konzernen mit einem Change-Abteilungsleiter und seinen Change-Teamleitern und den Change-Mitarbeitern, bereits systemisch fortgebildet, vielleicht noch in der Coachingausbildung und mit Erfahrung in Familienaufstellung (in fortlaufenden Gruppen). Oft sind sie ehemalige Kommunikationstrainer, die ihre Stunde als Interne kommen sahen, bevor für sie die letzte als Externe schlug. Und intern angekommen, dann endlich das in den Fokus heben, woran sie immer schon glaubten, was das Geheimnis des Erfolges sein soll: endlich gelingende Kommunikation in einer endlich gelingenden Beziehung, in einem Unternehmen, in dem sich endlich alle gut fühlen. Es ist eine Mission: unterwegs für eine menschliche und erfolgreiche Organisation.

In vielen Fällen bekommen Frauen den Job, weil Männer (und Frauen auch) meinen, dass sie sich mit den weichen Themen leichter tun und Lorbeeren sowieso keine zu holen sind. Viele entdecken sich dann plötzlich in einer Rolle, die sie aus dem Familienkreis schon kennen, auch dort sitzen sie vor schweigenden Männern und fordern: Ihr müsst mehr kommunizieren!

Die Change-Beamten setzen auch bei den zurückhaltenden Alteuropäern gern das um, was ihre externen Berater ihnen einflüstern, die das in der amerikanischen Managementliteratur gelesen haben: enthusiasmieren, empowern und erregen ... Und seitdem gastieren die Change-Zirkusse vor allem in Großkonzernen. Die Change-Beamten erzeugen wichtige Dringlichkeiten, bauen an Führungskoalitionen wie Festungen und produzieren rosa Zauberbilder einer attraktiveren Zukunft. Sie lassen offensiv in Dialoge gehen, und alle sollen einander zuhören. Sie machen Storytelling und lassen Führungskräfte an die eigenen Geschichten glauben. Sie unternehmen Fackelzüge für den Culture-Change. In Großveranstaltungen rappen sie cool und trommeln, was das Zeug hält. GmbH-Geschäftsführer stürmen musikuntermalt die Bühnen und dürfen sich ein bisschen fühlen wie dereinst Steve Jobs oder Steve Ballmer.

Sie präsentieren Missionen und Visionen, machen Sinn und geben Leitbilder. Hymnen werden komponiert und abgesungen. Und die Angestellten tragen T-Shirts, auf denen steht, dass man Chaos in sich haben müsse, um tanzende Sterne gebären zu können. Hölzerne Vorstände lassen Theater spielen und lachen sich selbst auf der Bühne aus, wenn sie sich sehen, wie sie gesehen werden. Umgeben von Außenkreisen sitzen Innenkreise und geben sich ganz offen Feedback vor Hunderten von Leuten, und jeder soll denken, das sei jetzt richtig so, und soll sich gut dabei fühlen.

Sie rufen Slogans. Sie ermutigen sich zu Mut und brechen ganz routiniert zum nächsten neuen Aufbruch auf. Gefühle werden gemacht und sollen dann gefühlt und ins Gespräch gebracht werden. Sie sind begeistert von sich, und Kunden müssen – laut Vision – ebenso enthusiastisch begeistert werden. Und sogar die Controllingabteilung kämpft jetzt leidenschaftlich für ihre sexy Zielerreichung und liebt, was sie tut. Ehemalige Vorgesetzte sind jetzt Leader, machen Leadership, und alle werden Follower. Heißa, es ist Change, und alle feiern mit.

Change-Blüten

Change blüht und treibt Blüten. Wir zeigen ein paar, die uns oft begegnet sind, und was wir dabei erlebten, was uns schreckt und nervt und uns veranlasst hat, Verändern zu verändern.

Auf Führung! Karl Kraus stellte schon fest: »Alle spielen nur, und wer klug ist, weiß das.« Mit Peters und Waterman kam das Ideal des kreativ-ungestümen Managers in die Unternehmen. Der Homo oeconomicus steckte sich Blumen ins Haar und begehrte auf. Zur gleichen Zeit wurden aus den Therapeuten Trainer, die mit Psychotricks halfen, Emanzipations- und Selbstverwirklichungsideen aus den Höhlen der Gruppentherapien in die Himmel der Konzernzentralen zu führen. Es wurden Berater gebraucht, die die Transformation vom hierarchiegeplagten Unternehmen zur offenen Spielwiese der Kreativen schafften. Das Heer der Vatermörderhelfer zog los, patriarchale Hierarchen zu killen und mit Humor und Lässigkeit den Gebuckelten zu zeigen, wie locker und kreativ man sein kann (auch ohne Angst). Die neue Disziplin: Ungehorsam. Na ja, sagen wir: kontrollierter Ungehorsam.

Als die Patriarchen alten Schlages dann endlich unter flachen Hierarchien begraben waren, entstand ein Führungsvakuum. Wie sollte man nun führen? Die Coaches empfahlen den Managern, dem Bild nachzueifern, das ihnen am besten gefiel: ihrem eigenen. Aus patriarchalen Führungskräften wurden Coaches. Aus coolen Rechnern und strengen Dompteuren sollten werden: Softies mit emotionalcharismatischer Leadership-Kompetenz. Na ja, vielleicht nicht ganz, aber für die, die Führung noch in der alten Zeit erlebt hatten, war da schon sehr viel Weichspüler im Säurebad ...

Führung! Das ist wohl üblicherweise die Antwort auf die meisten Fragen nach den Ursachen von Miseren in Unternehmen. Vermutlich, weil die Zielgruppe, die schuld war, so gut identifiziert werden kann – und es dann richten soll. Einschlägige Programme, um Führung zu verbessern, lassen sich recht zügig starten. Wenn aber Zentralen und Regionen, Berater, Change-Manager, Coaches, die oben und die unten, und die Kollegen auch noch, den Führungskräften Feedback geben und von ihnen haben wollen, dass sie alles kollegial besprechen, schulen und qualifizieren, beraten und entwickeln und dann noch entsprechend der Work-Life-Balance zum Burnout-Vorbeugeseminar mit Resilienzgarantie gehen sollen, dann sind Führungskräfte vor allem eins: Sie sind nicht da. Und wenn FAZ-Net (11.08.2014) nicht schwindelt, das eine Unternehmensberatung zitiert, dann erhalten Manager bis zu 30 000 E-Mails im Jahr …

Wo aber keiner mehr Zeit für Führung hat und viele nicht mehr wissen, wie es geht, weil sie selbst nicht mehr geführt werden, und wenn keiner Lust darauf hat, sich führen zu lassen, wird es zunehmend schwierig …

Das hierarchisch-pyramidale Führungsprinzip war erfolgreich, solange eine Bedingung gegeben war: Die jeweilige Spitze musste sich auskennen. Industrielle Arbeitsteilung war eine koordinierte Gliederung von Arbeitsschritten mit einem ganz oben, der wusste, wie alles zusammengehört. Es gab ein gesamthaftes Bild, und die Basis hatte die Freiheit, sich nicht darum kümmern zu müssen. Für diese Art von Führung brauchte es kein Leadership, nur ein Bild des gesamten Puzzles.

In der heutigen Unübersichtlichkeit weiß Führung nicht mehr alles und kann es auch nicht. Denn die oberen Führungsetagen sind ebenfalls nur Spezialabteilungen für das Ganze.

Wer aber nicht mehr weiß als die, denen er vorgesetzt wurde, dem bleibt nur eine Aufgabe: zu Leistung zu motivieren, ohne genau zu wissen, worin diese eigentlich besteht. Es gibt Zielvorgaben, aber keine Handlungsanweisungen mehr, es gibt Appelle an die Eigeninitiative, ohne Klarheit darüber, worin die bestehen könnte, und Ermutigung zur Verantwortungsübernahme, auch wenn schon alle Verantwortung an die Prozesse abgegeben wurde.

Armin Nassehi vertritt die These, Führung sei heute eine Illusion: »Die Hierarchie von heute rechnet mit Menschen und Kommunikationsformen, die die Logik des Handelns nicht aus der Hand geben, mit Menschen, die wollen, was sie sollen. Zu wollen, was man soll, setzt allerdings Hierarchien voraus, die das Sollen symbolisieren, zumindest inszenieren – auch wenn sie oft genug nicht einmal wissen, was es ist. Deshalb meinen wir, dass das Führen eine Illusion ist, eine notwendige Illusion freilich. Und es ist kein Wunder, wenn beim Versuch, das Illusionäre dieser Notwendigkeit zu verdecken, die Charismatierung von Führung und die merkwürdigen Inszenierungen von Führenden bisweilen ins Lächerliche geraten« (Nassehi 2011, S. 115 ff.).

Folgen wir Nassehi, so wird Führung zur Aufführung.

Mitarbeiter befragen Die schöne neue Arbeitswelt will den zufriedenen Mitarbeiter. Die Mitarbeiterbefragung findet (macht) ihn.

Auch in der inneren Haltung der Mitarbeiter sollen die zweckgebundenen Aspekte wegfallen. Arbeit soll dem Arbeitenden Spaß machen (auch noch das). Sogar so viel, dass er ausbrennen könnte. Das, was sie tun müssen, sollen sie so tun, als würden sie es gern tun. Mitarbeiter sollen das wollen, was sie sollen. Dabei so tun, als wären sie nicht in einem existenziellen Abhängigkeitsverhältnis, sie sollen selbst glauben, dass sie das, was sie tun, auch machen würden, wenn sie kein Geld dafür bekämen. In ihren Beziehungen zu denen, von denen sie abhängig sind, sollen sie so tun, als seien sie das nicht, und mutig oder wenigstens mit weniger Angst, als üblicherweise verlangt wird, so reden, als gäbe es das Abhängigkeitsverhältnis nicht (offen die Wahrheit sagen im Feedback).

Wenn aber Menschen etwas gelernt haben dürften in den Tausenden von Jahren, in denen es Herrschaften gibt, ist es, dass man denen, die mächtig sind, nicht immer sagen sollte, was man wirklich denkt (zumindest, wenn man nicht Hofnarr ist oder Berater), sondern das, was sie hören wollen. Weil Macht eben auch bedeutet, sich nicht alles anhören zu müssen, was man nicht hören will. Auch das macht sie so begehrt.

Wenn aber das, was sie hören wollen, das ist, was man wirklich denkt, dann wird es schwierig, weil paradox, denn Mitarbeiter denken meist, dass es besser ist, nicht all das zu sagen, was man über die denkt, die danach gefragt haben. Die Komplexität dieses mentalen Modells liegt unter anderem in seiner Paradoxie und sorgt dafür, dass Mitarbeiterbefragungen in viel zu vielen Fällen verlogen sind (neben dem Umstand, dass man sich die Psychologen vom Hals halten will, weil die sofort kommen, wenn man ein Problem hat).

Beginnen Organisationen damit, ihre Mitarbeiter zu befragen, so haben sie zunächst damit zu kämpfen, dass ihnen die Anonymität nicht geglaubt wird. Wird diese schließlich geglaubt, dann wird vielfach am Instrument gezweifelt. Ein ganz häufiges Phänomen: Die Befragungsergebnisse sind besser als die gefühlte Stimmung.

Woran liegt das? Verzeihen die Menschen den Organisationen ihr Organisationsein? Haben sie beim gemeinschaftlichen Jammern ihre Psychohygiene wieder erhalten? Oder ist es nur die Angst vor den Folgen: Sagen wir, dass etwas wehtut, wird uns der Psychologe ins Haus geschickt. Der ändert aber nichts.

In der Tat wird die Mitarbeiterbefragung als Instrument zur Sicherstellung von Kommunikation – insbesondere zwischen den Hierarchieebenen – gesehen. Die herrschende Meinung in der Literatur setzt auf das Durchführen von Mitarbeiterbefragungen. Der Nutzen liege darin, Hinweise für die strategische Neuausrichtung des Unternehmens nach innen und außen zu erhalten. Sie hätten die Funktion einer Informationsquelle und sollten Hinweise auf Stärken und Schwächen der Organisation liefern sowie den Mitarbeitern die Möglichkeit zur Partizipation geben. Schlagworte wie »Mitarbeitermotivation erhöhen«, »Vertrauensbildung«, »Verbesserung der Kommunikation« und »Fachkräfte binden« unterstreichen das Vorhaben emotional.

Die Praxis zeigt jedoch, dass viele Befragungen hinter diesen gesteckten Zielen zurückbleiben. Verändern oder Verbessern beispielsweise der Zusammenarbeit, der Führung oder der Qualität gelingt oftmals nicht. Mitarbeiterbefragungen bleiben weitestgehend folgenlos. Mangelndes Wissen über Erfolgsfaktoren von Mitarbeiterbefragungen oder ungenügende Durchführung könnten Gründe für die Nichterfolge sein – jedoch ist dieses Gebiet der Mitarbeiterbefragung so weit erforscht und reflektiert, dass diese Argumente wenig überzeugen. Folgenlosigkeit von Mitarbeiterbefragungen erklärt sich aus unserer Sicht eher aus dem Instrument an sich.

Mitarbeiterbefragungen wecken Hoffnung, dass Kritik und Anregungen gehört werden und Veränderungen folgen. Resigniert wird dann später festgestellt: »Ich wusste doch, dass sich nichts verändert!« Mitarbeiterbefragungen stellen Durchschnittsmeinungen dar. Eine Durchschnittsmeinung hat jedoch wenig mit der Umsetzung der Unternehmensstrategie zu tun, daher werden die Themen nie in der Form umgesetzt, wie Mitarbeiter sich das erhoffen und wie es von oben versprochen wird. Das vergrößert den Frust im Unternehmen: die Fragen, die doch keine Fragen sind. Weil die Antwort nicht versuchen wird, die Fragen auch zu beantworten.

Warum ist das Instrument trotzdem weiterhin so beliebt? Weil Unternehmen messen wollen – eine Zahlenantwort haben wollen. Die meint man verstehen zu können.

Frank Wissing führt die Folgenlosigkeit – verkürzt gesagt – darauf zurück, »dass Erwartungen und Anforderungen aus der Umwelt von Organisationen stark auf deren Erscheinungsbild, also die formale Struktur, wirken. […] Strukturen dienen dazu, den Anforderungen der Umwelt zu genügen und dadurch die wichtige Ressource Legitimität zu beschaffen« (Wissing 2008, S. 63). Mitarbeiterbefragungen sind angesagt und werden mangels scheinbarer Alternativlosigkeit gern eingeführt, weil es zu einem modernen Unternehmen gehört.

Aus der Organisation erzählt

Ein Beispiel zum Thema:
»Mitarbeiterbefragung? Nein, danke! Wenn ich das Wort ›Mitarbeiterbefragung‹ höre oder nur denke, verdrehe ich unwillkürlich die Augen. Warum? Ich habe sie aus verschiedenen Perspektiven erlebt (als Führungskraft, Mitarbeiterin, Moderatorin, Beraterin, Prozessbegleiterin, Kollegin eines Beraters), und jedes Mal überwog das Unwohlsein.

Erstens: Der Aufwand erscheint mir extrem hoch

Etwa ein Jahr vor der Befragung beginnt die Vorbereitung: welche Fragen, welche Auswerteeinheiten, welcher Befragungszeitraum, wie ist der gesamte Prozessablauf und so weiter.
Es folgen Abstimmungsrunden zwischen HR und Leitungen.
Die OE-Bereiche befassen sich aufwendig mit der Frage: Wie gehen wir mit den Ergebnissen um, wie sieht der sogenannte Folgeprozess aus?

Exkurs

Das Wort Folgeprozess suggeriert in meinen Ohren, dass die Mitarbeiterbefragung an sich ein geschäftsrelevantes Ereignis sei, in dessen Folge etwas geschehen müsse, damit dieses erfolgreich bewältigt würde. Meine Sicht auf die Dinge ist die: Die Zufriedenheit der Mitarbeiter ist ein Befähiger, um im Wirtschaftsunternehmen erfolgreich zu sein (sprich: Geld zu verdienen). Um herauszufinden, wie es um die Mitarbeiterzufriedenheit steht, kann sich ein Unternehmen entscheiden, die Mitarbeiter hin und wieder zu befragen. Weder die Befragung an sich noch die Vorbereitung noch das, was darauf folgt, würde ich als Prozess bezeichnen.

- An die durchführenden Beratungsunternehmen fließen enorme Summen Geld, das sich anderweitig sinnvoller einsetzen ließe.
- Spezielle Indizes werden aus einer Kombination von Fragen gebildet (Management-Index, Engagement-Index, Gesundheits-Index und anderes mehr).
- Führungskräfte müssen aufwendig geschult werden, wie die Befragungsergebnisse zu interpretieren sind. Ob diese Schulungen ihr Ziel erreichen, hat noch niemand hinterfragt. Genauso wenig, ob Führungskräfte das dahinterliegende sozialwissenschaftliche Verständnis überhaupt benötigen.
- Führungskräfte werden dazu verpflichtet, sich mit den Ergebnissen (unzähligen Seiten PowerPoint) auseinanderzusetzen. Das macht nicht gerade gute Laune. Wenn man »schlechte« Ergebnisse hat, dann sowieso nicht. Denn entweder ahnt man das schon und hat jetzt so etwas wie einen »Beweis«, den auch der Vorgesetzte zu sehen bekommt. Wenn ich es bisher verbergen konnte, dann kann ich es jetzt nicht mehr. Und wenn man »gute« Ergebnisse hat, dann auch nicht – denn dann stört vor allem der zusätzliche Aufwand.

Zweitens: Der Interpretationsspielraum erscheint mir viel zu hoch

Mitarbeiterbefragungen bedienen das metaphysisch-technische Denkmodell: Was gemessen wird, ist wahr. Interessant in sozialen Kontexten ist aber die Wahrheit hinter den abgegebenen Bewertungen: Welche Wahrnehmung führt zu der Bewertung? Die Antwort darauf kann wahrscheinlich nur annähernd im direkten Dialog gefunden werden.

In Change-Gewittern

Eine schlechte Bewertung muss nicht zwangsläufig schlecht sein. Zwei Beispiele hierzu:

- Ich habe bei der letzten Mitarbeiterbefragung auf die Frage ›Meine Führungskraft gibt mir klare Zielvorgaben‹ einen negativen Wert angekreuzt. Ich bin aber sehr zufrieden damit, dass ich eher schwammige Ziele bekomme. Das passt meines Erachtens zu meiner Art der Arbeit, die sehr dynamisch ist und deren Inhalte sich häufig ändern können. Und es signalisiert mir, dass meine Führungskraft mir zutraut, dass ich selbst in der Lage bin, im Unternehmenssinne zu handeln.
- Ein Kollege erzählte, dass er auf die Frage ›Es ist leicht für mich, von meinem Arbeitsmodus in mein Privatleben umzuschalten‹ ein dickes Nein angekreuzt habe. Aber dass ihn das auch überhaupt nicht störe.

Von Führungsbereichen, in denen sich ›negative‹ Ergebnisse häufen, wird schnell angenommen, dass die Führungskräfte ›schlecht‹ seien. Kann es nicht auch sein, dass die Mitarbeiter ›schlecht‹ sind? Dass sie von innen heraus eine negative Grundeinstellung zur Arbeit und/oder zu Autoritäten haben – und dies möglicherweise auf ihre Führungskraft projizieren? Oder haben diese Mitarbeiter es möglicherweise einfach bisher nur nicht gelernt, ihre Unzufriedenheit angemessen im direkten Dialog auszudrücken? Oder ist es die Beziehung zwischen Führungskraft und Mitarbeitern, die ›schlecht‹ ist? Oder die Beziehung der Mitarbeiter untereinander? Daran ist nicht zwangsläufig die Führungskraft ›schuld‹. Und daran lässt sich üblicherweise gut arbeiten!

Ich habe schon erlebt, dass in ganzen Leitungsbereichen die Parole ausgegeben wurde, möglichst gute Werte anzukreuzen. Dann habe man Ruhe, könne sich der ›eigentlichen‹ Arbeit widmen und müsse sich keinen unangenehmen Fragen seitens HR oder Topmanagement stellen.

In Leitungskreisen, die die hoch aggregierten Ergebnisse präsentiert bekommen, habe ich oft erlebt, wie mehr oder weniger wild spekuliert wurde, warum die Werte so oder so ausgefallen seien. Und auf Basis dieser Spekulationen wurden dann Fokusthemen definiert, die in vielen Fällen dann auch noch aus einem anderen Grund gerade ›angesagt‹ waren oder die man schon vorher hätte angehen wollen oder sollen. Ob das eine geeignete Antwort auf die geäußerte Meinung der Mitarbeiter ist, bezweifle ich.

Allgemein scheint es mir ein wackliges Unterfangen zu sein, verschiedene subjektive, auf sehr individuellen Wertegerüsten basierende Einschätzungen auf Skalen zu summieren und daraus bestimmte Schlüsse zu ziehen. Wenn Person A und Person B und Person X jeweils hohe Zufriedenheit ausdrücken, heißt das meines Erachtens noch lange nicht, dass das Unternehmen die richtigen Rahmenbedingungen hierfür schafft. Vielleicht ist es auch so, dass die befragten Personen von innen heraus zufriedene Menschen sind, die sich von mittelmäßigen Rahmenbedingungen nicht negativ beeinflussen lassen.

Drittens: Wie man es macht, macht man es falsch

Für den Folgeprozess gibt es mehrere Möglichkeiten, aber eigentlich passen alle nicht:

- Wenn man alle Abteilungen zu einem ›Folgeprozess‹ (Workshop, Coaching, Maßnahmendefinition und -verfolgung und so weiter) verpflichtet, wächst der Aufwand hierfür ins Unermessliche – das ist in der Praxis kaum machbar.
- Wenn man den ›Folgeprozess‹ freiwillig lässt, werden sich wahrscheinlich diejenigen darum zu drücken wissen, die es am nötigsten hätten.
- Wenn man eine Auswahl trifft, zum Beispiel diejenigen, die ›schlechte‹ Ergebnisse haben, besteht die Gefahr des Missbrauchs und der unangemessenen Erwartungshaltung nach dem Motto: Auto kaputt, ab in die Werkstatt, dann ist sofort alles wieder in Ordnung. So einfach ist es halt in lebenden Systemen nicht ...«

Visionen haben Wahrscheinlich hat sie jemand aus den USA mitgebracht. Dort scheint es immer einen Aufbruch, ein Bekenntnis, einen Glauben zu brauchen. Die Schatten der Zukunft sind dort immer länger als die der Vergangenheit. Es war wohl in den 1990er-Jahren, da fingen Unternehmen an, Visionen zu haben.

Kennt man eine, kennt man alle. Immer sind Visionen Ankündigungen, Vorsätze, und immer kommt das Wort Mut vor, in vielen Fällen der Begriff Internationalisierung, und immer steht alles im superlativsten Superlativ.

Visionen sind meist so uninspiriert formuliert, wie die es sind, von denen sie erdacht wurden oder die sie beraten haben, und passen in ihrer fehlenden Originalität zu den immer gleichen Beraterrezepten, die im Sixpack zusammengeschnürt damit verkauft werden. Zu oft sind Visionen textgewordene Angstblüte von Managern im fortgeschrittenen Alter, die bei den avisierten Jahreszahlen die Unternehmen schon verlassen haben werden.

Inzwischen hat jedes Finanzrevisionshochleistungsteam ungestüme Unternehmer-im-Unternehmen-Kundenbegeisterungs-Phrasen in öden Fluren hängen. Und wer es lange genug in solchen Unternehmen aushält, schon einige Beratergenerationen hinter sich ließ, bringt es gut und gern auf drei bis vier Visionen, jede aber für eine Ewigkeit gemacht.

Wer glaubt so etwas? Wer braucht so etwas? Wer hier nicht sarkastisch wird, ist bestenfalls gutmütig, wahrscheinlich aber nur naiv.

Vielleicht braucht es Zukunftsbilder zur Steuerung gegenwärtiger Veränderungen. Solche Begründungen aus der Zukunft für aktuelles Handeln dürfen aber keine austauschbaren Foliensätze sein. Taten statt Worten wären ungemein glaubwürdiger.

In Change-Gewittern

Die Feedbacker – Ich sag dir meins, du sagst mir deins Stellen Sie sich vor, Sie sind hauptberuflich Einbrecher. Sie hatten Pech, wurden beim Drehen eines Dings von einem aufmerksamen Nachbarn überrascht, der die Polizei holte. Sie versuchten wegzulaufen, aber ihre Taschen waren voller Beute, und zum Training kamen Sie in der letzten Zeit auch nicht so häufig. Na, halten wir mal fest: Ihre Performance war nicht ganz zufriedenstellend und Sie wurden von einem Polizeibeamten festgenommen ... (nach dem Drehen des besagten Dings dingfest gemacht).

Dabei musste er Ihnen vielleicht ein wenig wehtun, um ausreichend Klarheit in ihrer Beziehung herzustellen. Sie saßen dann in Haft zwecks näherer Untersuchung der Dinge, Ihre Mutter stellte – wie immer – die Kaution für Sie (oder gibt es das nur in amerikanischen Krimis?) und Sie kamen daraufhin frei. Sie erwarten nun sorgenvoll die Dinge, die da kommen: Ihren Prozess und vielleicht Schlimmeres.

Im Briefkasten finden Sie eines Tages Post von der Polizeibehörde. Sie befürchten, dass es nun so weit ist:

Sehr geehrter Kunde,

stetig sind wir bemüht, unsere Servicequalität zu optimieren. Nehmen Sie sich ein paar Minuten Zeit und geben uns eine Rückmeldung?

Würden Sie sich bitte noch einmal Ihren letzten Kontakt mit den Mitarbeitern unserer Behörde vor Augen halten und das Verhalten der Beamten einschätzen? Schon im Voraus herzlichen Dank für Ihre Mühe. Alle Einsender nehmen an einem Preisausschreiben teil ...

Und dann werden Sie folgende Fragen zu den Beamten gefragt:
Wie war die Anteilnahme?
Wie professionell war ihr Verhalten?
Wie schätzen Sie die Qualität der Dienstleistung ein?
Haben sie die Spannung aus der Situation genommen?
Wie gut haben die Beamten das Problem gelöst?
Waren sie hilfsbereit?
...

(nach Osborne/Gaebler 1997, S. 146)

Am Küchentisch sitzend, dürfen Sie dann entscheiden. Wie war die Festnahme denn so: Hervorragend? Gut? Passabel? Schlecht? Oder sehr schlecht? – Die Polizeibehörde von Madison, Wisconsin, USA, schickt seit vielen Jahren an eine zufällig ausgewählte Anzahl von Verbrechensopfern, Zeugen, Beschwerdeführern oder Kriminellen Fragebögen, die die Polizisten bewerten.

Literaturtipp

In ihrem US-Bestseller »Der innovative Staat. Mit Unternehmergeist zur Verwaltung der Zukunft« (1997) beschreiben David Osborne und Ted Gaebler (in der deutschen Version eingeleitet durch ein Vorwort des ehemaligen baden-württembergischen Ministerpräsidenten Erwin Teufel) manchmal fragwürdige Entwicklungen in der Verwaltung, die von der Wirtschaft gelernt hat.

Wir Autoren haben uns noch nicht geeinigt, wie wir solche polizeilichen Vorstöße einschätzen sollen. Ihre Skurrilität aber gefällt uns in jedem Fall.

Alle geben es allen: Feedback macht Karriere in Unternehmen. Die Rückmelder sind überall. Zunächst fanden sich nur vereinzelte Feedbackoasen in den Dienstleistungswüsten, wo Kunden als Wasserträger dienten. Inzwischen tun es alle: der Kollege mit dem Kollegen, der Chef mit den Mitarbeitern, die Mitarbeiter mit dem Chef, die internen Kunden mit den internen Kunden, die früher Kollegen waren, jetzt aber anders heißen. Aus vorsichtigen Face-to-Face-Gesprächen wurden panoptische 360-Grad-Rundumschläge und sie geben das Gefühl, was sein soll: Jeder ist jederzeit unter Beobachtung.

Das Feedback ist ein Ritualrelikt aus der amerikanisch-protestantischen Gottesdienstkultur. Im Stuhlkreis bespricht man das richtige Leben im richtigen Glauben. Steht bei den Katholiken das intime Gespräch im Beichtstuhl im Vordergrund, zumindest mit der Hoffnung auf ein verzeihendes Ende, wird bei den Evangelischen das Private für die Gemeinde öffentlich und der Prüfung ausgesetzt.

Das Feedback als Methode wurde dann Bestandteil der Exerzitien der humanistischen Psychologen. Damals saßen die Easy Rider der Selbsterfahrung auf ihren heißen Stühlen und versuchten, in den Trainingsgruppen herauszufinden, wer sie waren, indem sie die anderen fragten und die ihnen dann sagen mussten, wie sie sie so fanden.

Wurden Psychotechniken damals noch benutzt, um Menschen von ihren gesellschaftlichen Fesseln zu befreien und ihnen zu helfen, sie selbst zu werden, scheint es heute eher umgekehrt. Die panoptische Feedbacksituation kann disziplinieren, effektiver, als die schlimmsten Bosse es je konnten.

Solche Sorge um das richtige Verhalten erzeugt aber meist nur raffiniertes Impressionsmanagement und die Stromlinie der sozialen Erwünschtheit. Form und Absicht der Feedbackrituale produzieren in klassischen Unternehmenskontexten, in denen es Machtverhältnisse und Konkurrenz gibt, meist noch mehr Schwindel als Symptom der Eingekreisten und Einkreiser. Den vorgefertigten Kommunikationsschleifen fehlt meist das Wesentliche: wertschätzendes Gespräch und ehrliche Auseinandersetzung. Ach, und … Komplimente klingen als Ich-Botschaft einfach doof.

In Change-Gewittern

Feedbackkultur

Verhaltenstraining – Alle müssen zur Emotionenschule Erst einmal Seminarverbot für alle, das wäre schön. Vor allem für Führungskräfte. Wer nach fünfmal Seminar nichts gelernt hat, lernt es nimmermehr. Als läge es am Lernen. Am Wissen selten. Am Können vielleicht. Was ist mit dem Wollen und dem Dürfen?

Trainings sollen Wissens- oder Verhaltensdefizite ausgleichen. Manchmal helfen sie tatsächlich, wenn Wissen fehlt, um etwas erledigen zu können. Wo Wollen oder Dürfen fehlt, helfen solche Maßnahmen nicht. Sie schaden dann eher. Denn: Die Lösung »Verhaltenstraining« wird zum Problem, wo das erwünschte Verhalten nicht gezeigt wird, weil die verborgenen Regeln der Organisation das gewünschte Verhalten eigentlich verbieten.
Führung verändert sich nicht durch Seminarlernen. Seminare machen die Dinge in vielen Fällen noch schlimmer: Wer immer und immer wieder vom Trainer hört, wie Führung funktionieren können sollte, wie man ein Leadershipper ist, und wer dann im Abgleich mit der eigenen Praxis feststellt: Ich kann das nicht. Ich will das nicht. Ich mache das nicht. Ich habe keine Zeit dafür. Was soll dabei herauskommen? Oder psychologisch gesprochen: Wie kann so eine kognitive Dis-

sonanz reduziert werden? Selten wohl durch Selbstzweifel, oft durch Abwertung der Trainer und der Seminarinhalte, am häufigsten durch die innere Konzeption einer zweiten Welt: Abspaltung. Es gibt die reale Welt der Arbeit und die Seminarwelt. Beide haben nichts miteinander zu tun. In beiden lässt es sich gut leben, Berührungsängste überflüssig: Es gibt gar keine.

Lernen ist für viele Personalentwickler Trainershopping. Gekauft wird von Anbietern am Markt, bei zahlreichen Business-Schools, die sich vornehmlich auf die Ausbildung fachlich-funktionalen Wissens und kognitiv analytischer Fähigkeiten beschränken. Große Organisationen haben ganze Kataloge von internen Schulungen und Schulungszentren mit Trainern. Oft sind solche Veranstaltungen ein Teil der kleinen internen Eventkultur, die gegönnt wird und die man sich gönnt.

Gäbe es für Verhaltenstrainings in Organisationen eine weltweite PISA-Studie, wäre der Turm schon lange umgefallen.

Geschichtssplitter des Managements

»*Manager sind [...] leitende Angestellte, die aufgrund ihrer Positionsautorität die Befugnis haben, a) eigenverantwortlich und gestaltend im Rahmen einer gegebenen Budgethoheit Strategie-, Personal-, Finanz- und Sachentscheidungen zu treffen, durchzusetzen und zu kontrollieren sowie b) in einem repräsentativen Sinn die Ziele, Interessen und Werte einer Organisation nach innen und außen zu vertreten und fortzuentwickeln.*«

(Buß 2008, S. 8)

Keine Organisation ohne Manager. Es gibt ihn jetzt überall. Überall darf er sein. Überall wird er gebraucht. Was früher Bürokratie hieß, nennt sich jetzt Management. So wurden die alten Schimmelreiter eigentlich nur ausgetauscht.

Messer und Vermessene

Wir stellen immer wieder Folgendes fest: Die Waffe der Manager ist die Messung. Er ist der Messer. Er vermisst vor allem. Er vermisst andere und wird dabei selbst vermessen. Andere messen ihn und er misst andere. Immer. Zahlen sind seine Welt. Sonst traut er dem Frieden nicht. Was soll er also tun?

Er schaut denen, die etwas können, den Fachleuten, den Experten, den Operativen zu. Er übernimmt ihre Leitung, er führt und koordiniert sie alle. Manchen scheint, das ist heutzutage zum Wichtigsten geworden: Führung und Steuerung. Nicht, was da getan wird, sondern wie es gesteuert wird. Der Spezialist fürs Allgemeine ist zum Chef aller geworden, der es allen zeigt.

Wie alles begann ...

Angefangen hat alles schon um 1880 herum. Aus Manufakturen wurden riesige Fabriken. Arbeit wurde zerteilter und standardisierter. Die Arbeiter wohl auch. Sie mussten koordiniert und verwaltet werden. Es brauchte Zuteiler und Bewacher, Antreiber und Kontrolleure für die Massen von Arbeitern, die dafür sorgten, dass schnell und effizient produziert wurde.

Nicht mehr der Meister bestimmte, sondern einer, der weder Arbeiter noch Eigentümer noch Experte war. Der Spezialist für das Allgemeine begann seine Karriere. Frederick Winslow Taylor war einer von denen, die sich alles genauer anschauten. Schon vor der Jahrhundertwende begann er, Arbeit zu messen. Bewegungsabläufe, aber auch Schaufelgrößen. Das sah wissenschaftlich aus, deshalb nannte man es Scientific Management. Es war sowieso die Zeit der Wissenschaften, der Erfindungen: der Ottomotor, die Glühbirne, die Telegrafie, die Röntgenstrahlen. Mithilfe der Stoppuhr, der Analyse, ließ Taylor nach dem »one best way« suchen. Der fand sich auch. Die Frage war nur: Wie die Arbeiter dazu bringen, diesen »one best way« auch zu übernehmen?

Taylor erfand die Instandhaltung als Abteilung, weil er nicht mehr mit ansehen konnte, wie die Arbeiter Zeit verloren, zum Beispiel beim Schärfen ihrer Werkzeuge. Aus Taylors Prinzipien wurde ein Muss. Taylorismus. Der wurde bekämpft, weil er Arbeiter zu dem zu machen schien, was viele sowieso nur in ihnen sehen wollten: Maschinen. Der amerikanische Kongress verbot es, in den Staatsbetrieben die Zeit zu stoppen. Was für ein Kongress! Der Glaube aber, dass man immer noch mehr rausholen könne, mit den richtigen Methoden der richtigen Berater, blieb.

Adam Smith hatte schon im 18. Jahrhundert beschrieben, dass nur geteilte Arbeit gute Arbeit sei. Er untersuchte das »Wesen und die Ursachen des Volkswohlstands« anhand des Beispiels einer Stecknadelmanufaktur (Kieser/Ebers 2014, S. 93 ff.). Einer allein kann nur ein paar Stecknadeln am Tag produzieren. Einige, die sich Arbeitsschritte teilen, können viele Stecknadeln herstellen.

Taylor aber war der Zerhacker der Arbeit, die sich forschend immer weiter zergliedern ließ. Henry Ford schenkte dann den Zerhackten das Fließband und brachte Gehacktes in den Flow. Er räumte wohl auch auf mit der Vorstellung, dass Führungsfähigkeit eine vererbte Fähigkeit sei. Bis dahin galt: Um die Meute im Zaum zu halten, dazu bedurfte es harter Jungs, quasimilitärischer Führer. Es gab keine Führung, nur Führer. Taylor begann, alle zu vermessen, nicht nur die Produktion, die Arbeiter, ihre Werkzeuge und ihre Regenerationsphasen, sondern auch die Führer und das, was sie taten. Vielleicht war das der Anfang von Führung als Technik, als Kompetenz.

Messung glaubt, dass etwas auf der anderen Seite des Messinstruments sei, das vermessen werden könne. Durch die Messung wird etwas zur Größe. Die Ausdehnung auf der Skala muss bezeichnet werden und bekommt so Namen und Form. Taylors Ansatz übte einen enormen Einfluss auf die Organisationsgestaltung aus. Er kleidete die bewährte Praxis in Regeln. Auch Architekten wie Walter Gropius und Le Corbusier verbanden Taylorismus und Fordismus mit Ästhetik. Gropius wollte, dass ein Bauwerk die Rationalität des technischen Denkens zum Ausdruck bringe, über den Funktionalismus hinausgehe und Grundsätze und Werte der modernen Technik symbolisiere. Er förderte auch die Massenproduktion von Häusern mit Fertigbauteilen.

In den 1920er-Jahren: Der Auftritt der Psychologen

Führungsqualität als eigene Fähigkeit zu verstehen, als etwas Abgrenzbares von anderen Fähigkeiten, war damals neu, aber nicht einzigartig. Ähnliches geschah mit der Intelligenz, die bei den Soldaten erstmals übergreifend vermessen wurde.

Am Anfang maß die Messung den Menschen und seine Arbeit. Die Mensch-Maschine-Interaktion stand im Vordergrund. Wie lange braucht »man«, bis das oder jenes getan ist? Wie viele Pausen sollte »man« einlegen? Erst später trennte man das eine vom anderen. Man nahm das »man« ins Visier. Der Mensch allein wurde vermessen, um vorherzusagen: Wird er das Geforderte bringen? Vielleicht war das der Anfang der Spaltung, die auch heute in der Beraterszene noch zu sehen und zu erleben ist: Die einen nehmen den Menschen ins Visier, die anderen die Arbeit.

Im Ersten Weltkrieg hatten die Psychologen üben dürfen. Die neuen Personalpsychologen, wie sie sich nannten, hatten Wege entwickelt, um die Rekruten auf psychische Störungen zu untersuchen und ihre Eignung für bestimmte militärische Aufgaben zu prüfen. Auch begann man, Motivation und Kampfmoral zu untersuchen. Mithilfe von Motivationstrainings, um die die militärische Ausbildung erweitert wurde, wollte man die Kriegsmoral aufrechterhalten und fördern (Illouz 2011, S. 120). Ergänzt wurde der allgemeine Optimierungswahn durch erstmalige betriebsinterne Weiterbildungen von Arbeitern und die Entwicklung einer grundlegenden Funktion des organisatorischen Managements. Große Mengen an Kriegsmaterial wurden produziert und mussten an die Front gebracht werden.

In den 1920er-Jahren wurde die Arbeits- und Organisationspsychologie geboren (Schuler/Sonntag 2007, S. 30 ff.). Die Spezialisten traten auf den Plan und lieferten die Werkzeuge zur Vermessung der Menschen in der Arbeit. Gab es zu Anfang des Jahrhunderts noch überhaupt keine Veröffentlichung zum Thema, so waren es Ende der 1920er-Jahre schon um die 1000 Fachveröffentlichungen und 80 Jahre später das Zwanzigfache.

Zur gleichen Zeit zog die Wirtschaft die gleichen Psychologen zurate. Man wollte nun wissen: Welcher Arbeiter wird produktiv sein? Welcher nicht? Zunächst versuchten sie es mit der Korrelation von Intelligenz. Waren die Intelligenten auch produktiv? Das waren sie nicht. Dafür stellte man fest, dass bestimmte Persönlichkeitsmerkmale wie Ehrlichkeit, Loyalität und Verlässlichkeit für die Produktivität viel wichtiger waren. Hier beginnt die Erfolgsgeschichte von Mayo und Hawthorne. »Hawthorne-Studien« wurde eine Reihe von Untersuchungen zur Arbeitsorganisation genannt, deren Ergebnisse noch heute jeder Psychologe büffeln muss, weil sie für die Prüfung im Fach Wirtschaftspsychologie relevant sind.

Der Name stammt von den »Hawthorne-Werken« der »Western Electric Company«, die nach dem Ort Hawthorne, nahe Chicago, benannt waren. Ursprünglich untersuchten die Soziologen um Elton Mayo (1880–1949) im Rahmen eines zehnjährigen Forschungsprojektes (1924–1934) Ermüdungsfaktoren. Dabei fanden sie heraus, dass Pausenregelungen, Lohnzahlungen, Arbeitsplatzbeleuchtung und Zimmertemperatur nicht ganz so viel mit der Effektivität und Zufriedenheit am Arbeitsplatz zu tun hatten wie vermutet. Das Klima der Arbeitsgruppe, in der gearbeitet wurde, war viel bedeutsamer für das Arbeitsergebnis als alles andere.

Heute erscheinen uns die Ergebnisse selbstverständlich, damals waren sie revolutionär: Menschen in Arbeitskontexten schienen demnach einen großen Wunsch nach Wertschätzung durch die Kollegen aus der eigenen Arbeitsgruppe zu haben. Diese Wertschätzung war für die Arbeitsmotivation der meisten Menschen sogar wichtiger als betriebliche Belohnungs- und Entlohnungssysteme. Denken, Fühlen und Handeln des Einzelnen – so zeigten es die Ergebnisse – wurden vor allem durch die Arbeitsgruppe bestimmt. Konkurrenzsituationen zwischen Kollegen aus der gleichen Arbeitsgruppe wurden eher vermieden, und mehr Spezialisierung führte nicht zwangsläufig zu einer Erhöhung der Effizienz.

Ein neues Tätigkeitsfeld war geboren: Die Verbesserer der zwischenmenschlichen Beziehungen am Arbeitsplatz versprachen nun, durch mehr Arbeitszufriedenheit die Arbeitsmotivation – und damit die Effizienz – zu erhöhen. Später in den 1970er-Jahren hatte Henry McIlvaine Parsons Zweifel an der Seriosität der Felduntersuchung und recherchierte. Er fand heraus, dass Mayo und seine Kollegen bei der Publikation ihrer Studien wichtige Informationen zurückgehalten hatten. Das stellte die vormals für so erhellend gehaltenen »Hawthorne-Experimente« in ein trübes Licht. In Wahrheit nämlich waren die Versuchspersonen harsch und rüde angegangen worden, wenn sie zu viel redeten. Außerdem wurden sie zu schnellerem Arbeiten angehalten. Die Studienleiter drohten den Probanden, sie wieder zurück zu den anderen Arbeitern zu schicken, sollten sie nicht im Zeitplan bleiben. Auch regelmäßiges »Leistungsfeedback« gehörte zum Alltag der Experimente. Solch massive Manipulationen der Versuchspersonen machten die Ergebnisse natürlich problematisch. Die Hawthorne-Experimente waren demzufolge auch nur ein Teil der Misere, für deren Bewältigung sie später herhalten sollten. Obwohl diese üblen Manipulationen längst bekannt sind, wurden die Studien zur Mutter der Human-Relations-Bewegung in der Arbeitswelt.

Das Nebenprodukt der Revision wurde übrigens zu einem Haupteffekt in der Wissenschaftsgeschichte und gab diesem seinen Namen: In der Soziologie und der Psychologie gilt der sogenannte »Hawthorne-Effekt« als gesichert. Seither weiß man, dass Versuchspersonen, die um ihr Beobachtetwerden wissen, ihr übliches Verhalten verändern.

Drucker macht Druck in den 1950er-Jahren bis heute

Peter Drucker, der Zeus der Managementtheorie, führte dann alle zum Ziel. In den 1950er-Jahren will er die Organisation von der Willkür der Hierarchen befreien und schenkt ihnen die Zielebibel: »Jeder Manager – vom ›obersten Chef‹ bis herunter zum Vorarbeiter oder Büroleiter – braucht klar umrissene Ziele. Diese müssen zeigen, welche Leistung von der Arbeitsgruppe, der der Betreffende vorsteht, erwartet wird. [...] Diese einzelnen Zielsetzungen müssen stets von den Zielsetzungen des Gesamtunternehmens abgeleitet sein« (Drucker 1970, S. 139).

Kontrolle wird neu verortet: vom Chef zum Ziel. »Management by Objectives« war immer auch verbunden mit der Idee der Selbstkontrolle. Charakterliche Zuverlässigkeit, die im grauen Anzug strahlt, ein volldisziplinierter Kreativer der Monotonie.

Für Drucker war der Manager eine Inkarnation des westlichen Denk- und Lebensstils. Ein Bollwerker gegen die Sowjetbürokratiker. Ein smarter Heroe des Leistungsprinzips, ein bescheidener Sohn der instrumentellen Vernunft, der sich der Effizienz opfert.

Seit den 1980er-Jahren: Gelbe Gefahren und strahlende Sterne

Und irgendwann um 1980 gab es dann die Tigerstaaten: Taiwan, Südkorea, Singapur, Hongkong kamen aus dem Dschungel, und der Obertiger war Japan. Aus lokalen Konkurrenzspielen wurden Weltmeisterschaften. Die gelben Effizienztiger wurden an die Fabrikwand gemalt, damit man wusste, wovor der Hase davonläuft. Globalisierung wurde das später genannt. Das veränderte viele kleine Welten und die große.

In der Managementliteratur tauchen Japaner auf, und Toyotas Arbeiter werden die Stars.

Literaturtipp

James P. Womack, Daniel T. Jones und Daniel Roos beschrieben in ihrem Buch »Die zweite Revolution in der Autoindustrie« (1992) die Folgen und die Konsequenzen aus der weltweiten Studie des Massachusetts Institute of Technology. Das Buch machte damals Furore. Es wurde zur Bibel aller Fertigungsmanager, und Toyota wurde zur Pilgerstätte aller »Schlanken«.

Lean Production nennt sich die neue Philosophie, nach der sie arbeiten und die alle kopieren wollen. Die Kopierer werden kopiert. Alle beeindruckt die tiefe Vernetzung Toyotas mit seinen Zulieferern, die dann auch noch alles just in time (JiT) ranschaffen können und ohne Lagerhaltung und fast ohne Puffer direkt ans Band liefern. Logistikersehnsucht und -albtraum, wenn es nicht klappt!

Toyota und die Zulieferer hatten ihre Strukturen, Abläufe, Prozesse und ihre Philosophie fernöstlich harmonisiert: Produktionsteams arbeiten autonom. Die Arbeiter am Band selbst sind ihre eigene und schärfste Qualitätskontrolle. Qualitätszirkel verbessern Qualität. Alle leben das Kaizen: die Idee der ständigen Verbesserung. Mit den Methoden und Instrumenten des TPM (Total Productive Maintenance) werden Maschinen von den Arbeitern selbst gewartet und gepflegt. Poka Yoke hilft, Bedienfehler zu vermeiden. Die sieben Arten der Verschwendung (Muda)

- Materialbewegungen
- Bestände
- Bewegungen
- Wartezeiten
- Verarbeitung
- Überproduktion
- Korrekturen und Fehler

werden vermieden. Manager gehen zum Gemba (Ort des Geschehens) und machen sich ein Bild, weil Toyota-Manager nur das glauben sollen, was sie selbst gesehen haben. Kanban, Muda, Mura Muri, Kaizen und all das: Der »shop floor« wird japanophil. Die Kopisten werden kopiert. Nach dem Kopieren aber wurde schnell gemerkt: Es sind nicht die Methoden und die Instrumente, die Erfolg versprechen. Es ist die innere Haltung, die Einstellung, die dazugehört und sich ändern müsste …

Die Formen der Produktion in den japanischen Unternehmen waren mehr als der Einsatz neuer Methoden. Was die Japaner taten, entstand aus einem Gefühl von Gemeinsamkeit im Unternehmen, in dem alle an der Entwicklung teilhatten und dafür verantwortlich waren. Kaizen und andere Instrumentarien lebten von der Beteiligung, der Beschreibung einer gemeinsamen Verantwortung, von gemeinsamen Zielen und Wegen zur Beteiligung. Arbeiter wurden ermutigt, Fehler zu finden und sie nicht zu ignorieren, sondern das Band anzuhalten und nach den Ursachen des Fehlers zu forschen. Und nach der Ursache der Ursache und nach deren Ursache … Fünfmal sollte man nach dem Warum fragen. Toyotas Stärke war die Logik, in der das Unternehmen mit seinen Mitarbeitern arbeitete: Nie das Ziel erreichen, stetiges gemeinsames Arbeiten an Verbesserung. Man ist Teil eines sehr großen Ganzen, von etwas, was vor der eigenen Zeit bestand und danach weiterbestehen würde …

Sollten die östlichen Produktionsweisheiten auch den Westen erleuchten, brauchte es neue Werker: qualitätsbewusste Mitdenker, die einer Unternehmensphilosophie glauben und ihr treu dienen. Die wissen, warum sie das tun, was sie tun sollen. Die Zusammenhänge verstehen und deshalb einen Sinn darin finden. So kam es zum Culture-Change.

Auch Tom Peters erscheint in den frühen 1980er-Jahren auf der Bühne. Wieder ein Messias einer neuen Managementzeit. Ein profiterotisierter Flower-Power-Priester der Nachvietnam-Ära, der Blumenkinderideen managerabel machte. Er konnte erscheinen, weil das Vietnamdebakel die Amerikaner mit Alleskönnerzweifeln übrig ließ. Der Zeitgeist erlaubte ihm, das Alte radikal infrage zu stellen und zu zerstören. Keine Ordnung! Keine Hierarchie! Keine Strategie! Spontaneität! Kreativität! Individualität! Leidenschaft! Er lehrte die Manager, dass der Erfolgreiche Ordnungen immer wieder zerschlagen müsse, um den schöpferischen Kräften des Chaos Raum zu schaffen. Er taufte sie alle auf den Namen: Unternehmer im Unternehmen. Cool sollten sie so tun, als wäre es ihr eigenes. Die Dinge sollten sie selbst in die Hand nehmen und das aus dem Weg räumen, was sie daran hinderte, erfolgreich zu sein.

Hatte Drucker aus den Managern melancholische Herdentiere werden lassen, wollte Peters den profitgeilen Anarchisten, der alle Unternehmenskonventionen nihilisiert. In den 1980- bis 1990er-Jahren hagelte es Ratschläge, wie sich eine Organisation so flexibel und innovativ gestalten lässt, dass sie »auf allen Wellen reiten, sich allen Veränderungsprozessen anpassen, stets über Mitarbeiter auf dem neuesten Stand des Wissens verfügen und einen ständigen Technologievorsprung gegenüber ihren Konkurrenten herausarbeiten kann« (Boltanski/Chiapello 2006, S. 110).

Weitere Splitter des modernen Managements

Unternehmen begannen, sich auf Kernprozesse zu konzentrieren. Allem, was nicht zum Kern gehörte, drohte Outsourcing. Aus internen Kollegen wurden dann plötzlich externe Zulieferer. Und auch die Internen von der Nachbarabteilung wurden vorsorglich schon Kunden genannt. Intern sollte man schon so miteinander umgehen, als wäre man in externer Beziehung. Die Unternehmen wurden kleiner, aber ihre Vernetzung größer. Aus ehemaligen Unternehmensteilen wurden kleine selbstständige Einheiten, die sich am Markt behaupten sollten. Unternehmen sollen sich nun nach einem Modell entwickeln: Sie haben einen Kern mit einer Führungsmannschaft, die über strategisches Wissen verfügt, vernetzte Zulieferer, die nicht in einer hierarchischen Abhängigkeit, sondern in einem Kunden-Zulieferer-Modell gehalten werden (und dennoch soll die Einflussnahme auf Arbeitsweisen, Qualitätssicherung und so weiter erhalten bleiben). Die Folge: Unternehmensgrenzen verschwimmen.

Der Kunde bekommt Macht. Wer mit Kundenorientierung argumentiert, bekommt recht. Oft sah man Fantasieorganigramme, mit einer auf die Spitze gestellten Pyramide: die Kunden oben, dann die Mitarbeiter, die die Kundenkontakte haben... und an der Basis schließlich der Vorstand... Die Verschlankung der Unternehmen geschieht auch durch ein Abflachen der Hierarchiepyramide. Ganze Hierarchieebenen werden beseitigt. Ziel war die Ausweitung der Kompetenzbereiche oder mehr Mitarbeiter weniger Führungskräften zu unterstellen. Kennzahlen wurden Führungskräfte. Im Innenverhältnis wurde so gesteuert wie im Außenverhältnis. Aus einem eher patriarchalen Oben-unten-Verhältnis entwickelte sich eine abgekühlte Beziehung auf Augenhöhe, in der die Zahlen in den Augenlichtern blinken. Immer seltener allerdings mit einem konkreten Gegenüber. Zahlen steuern Teams und machen vergleichbar. Teamführer werden zu Zahlenbriefträgern. Alles ist unter Kontrolle, weil die Zahlen über alles Bescheid geben. Die Mitarbeiter – alleingelassen wie Schlüsselkinder – werden trotz Anstellung zur gefühlten Ich-AG.

Waren in den Jahren zuvor die leitenden Angestellten oder die Meister – der Adel der Arbeiterschaft – noch tragende Säulen des Unternehmens, wurden sie in schlanken Hierarchien irgendwie überflüssig oder zumindest übel beleumundet. Aus den tragenden Säulen des »stahlharten Gehäuses« (Max Weber) wurde eine »Lähmschicht«. Eingebettet war diese Entwicklung in die Zeit des wachsenden

Wohlstands und der rechtlich steigenden Absicherung der Mitarbeiter durch die Gewerkschaften. Die Möglichkeiten von Managern veränderten sich: An die Stelle von Druck und Zwang trat nun die besondere Pflege der sozialen Beziehungen. Diejenigen, die früher anderen sagten, was sie wie zu tun hatten, fanden sich jetzt in Fortbildungsseminaren mit Titeln wie »Der Meister als Coach« wieder. Die Meister-Coaches lernten Rücksichtnahme und Respekt; und so sollten Manager das Vertrauen der Mitarbeiter gewinnen und erhalten.

Gleichzeitig gewannen Diagnosen über Zukunftsszenarien die Oberhand, die die Welt kleiner (Globalisierung) erscheinen, die natürlichen Ressourcen knapper werden lassen und das Verschwinden von Nationalstaaten in größere Ideen (Europa) eingebettet sehen. Nicht die Inhalte sind entscheidend für den Einfluss auf Organisationen und Management, sondern ihre Wirkung: Unklarheit und Komplexität in gesellschaftlicher und rechtlicher Hinsicht. Wo das Klare wegfällt, braucht es dennoch Orientierung. Die zunehmende Unverbindlichkeit, wie beispielsweise Internationalisierung (Arbeitskraft muss günstiger werden) oder Erhöhung der Mobilität (Verringerung der Planungssicherheit) oder Flucht aus den Gewerkschaften (Entsolidarisierung), bringt die Manager dazu, stärker innerbetrieblich auszugleichen. Das ist auch die Zeit, in der die Idee des Leaders geboren wurde. Aus einem Vorgesetzten soll ein Leader werden, der eine Vision hat, dem alle folgen, weil er Sinn gibt. Solche Visionen werden notwendig zur Steuerung des Gegenwärtigen.

»Wenn Bindung nicht über Verträge erfolgt, dann über Visionen, Gemeinschaftserlebnisse, Gewinnbeteiligungspläne, Unternehmenskulturen und so weiter. Führungskräfte werden als Manager des Wandels definiert oder als Kulturschaffende, Entertainer, Mediatoren oder Coaches [...] Gleichzeitig behalten sie ihre alten Funktionen als Ziele Setzende, Motivierende, Kontrollierende, Disziplinierende, Koordinierende« (Neuberger 2002, S. 100).

Somit erfolgt eine Instrumentalisierung von Führungskräften: Sie sind dazu da, die Zukunft im Hier und Jetzt zu bestätigen und als unausweichlich, selbstverständlich und realistisch zu begründen.

Management ist weder natürlich noch selbstverständlich. Jede Zeit benötigt eigene Geister der Unternehmen. Die benannten Splitter der Geschichte zeigen ein paar Entwicklungen auf, die das Management(denken) prägten und heute noch prägen – beeinflusst von gesellschaftlichen Einflüssen und der Praxis. Es gibt immer Alternativen, die durch Moden und Trendwechsel auf das Management einwirken. So bleibt es spannend, das Phänomen Management weiterhin zu beobachten: Geschieht Veränderung und in welcher Weise? Neuberger sagt dazu: »Die Art und Weise, wie generell (nicht) über Führung geredet wird, stellt die Argumente und Rechtfertigungen dafür bereit, die Praxis (nicht) zu ändern« (Neuberger 2002, S. 106).

Der Begriff Manager

Seit den 1960er-Jahren wird der Begriff »Führungskraft« verwendet – gemeint waren die leitenden Angestellten. Damit verbunden war eine starke Aufwertung: die Hauptakteure des Fortschritts. »In der Managementliteratur der 1990er-Jahre wird auf das Führungspersonal hingegen eher kritisch als eine obsolete Arbeitnehmerkategorie verwiesen« (Boltanski/Chiapello 2006, S. 117). Im Umfeld des Begriffs »Führungskraft« tauchen Bezeichnungen auf, die eher mit Starrheit, Stabilität und Streben nach Zukunftsbeherrschung zu tun haben – Bezeichnungen wie Struktur, Funktion, Karriere, Plan, Zielvorgabe.

Aus Amerika kommend, trat der Begriff »Manager« im Laufe der 1980er-Jahre auf die Wortfläche. Damit gemeint waren Menschen in Organisationen, die – im Unterschied zu den technischen Ingenieurberufen – Kompetenzen als Teamleiter und im Umgang mit Mitarbeitern aufwiesen. Keine Verwalter, sondern Handlungsmenschen. Das bedeutet: Sie warten nicht auf die Anordnungen aus der Vorstandsetage, sondern werden zu einem Katalysator und Vordenker. Manager formulieren Visionen und stellen Visionsgemeinschaften her; richten ihr Unternehmen in seinen Strukturen, Instrumenten auf die Zukunft hin aus. Spannenderweise wird auch der Begriff des »Managers« in der Folgezeit nicht mehr so eindeutig positiv wahrgenommen. Der Vorwurf: Sie managen das Thema Führung. Die Geschichte des Managements lässt sich als ständige Verfeinerung der Instrumente zur Beherrschung der Unternehmensabläufe und seiner Umwelt begreifen. Manager sind ebenfalls nur Angestellte ihres Unternehmens, und in dieser Rolle verstecken sie sich hinter den Programmen, die die Organisation von ihnen verlangt. Manager üben wieder Kontrolle aus, wie ehemals die Führungskräfte: Kontrolle darüber, wie die Instrumente ihre Wirkung entfalten. So sind wir wieder dort angelangt, wo Führungskräfte ehemals ihren Fokus legten. Wahrscheinlich benötigen Organisationen eine Dynamik und Wellenbewegung der Führenden und dafür neue Begriffe wie Leader, Impulsgeber und New Manager.

Zeitgeister in Organisationen

»Wenn eine Seite nun besonders hervortritt,
sich der Menge bemächtigt und in dem Grade triumphiert,
dass die entgegengesetzte sich in die Enge zurückziehen
und für den Augenblick im Stillen verbergen muss,
so nennt man jenes Übergewicht den Zeitgeist,
der denn auch eine Zeit lang sein Wesen treibt.«

Johann Wolfgang von Goethe

Welche Gespenster in den Organisationen haben Übergewicht und treiben ihr Wesen? Wir beschreiben im Folgenden vier Zeitgeister, die in Unternehmen spuken: Differenzierung, Ästhetisierung, Psychologisierung und Amerikanismus. Diese Zeitgeister sind nicht wirklich fassbar und – sie sind lediglich (un)durchsichtige Spiegelungen der Zeit, in der wir leben. Sie färben den Blick, sind weder gut noch schlecht: Sie sind einfach da. Eine Matrix des Phänomens Change.

Differenzierung

»Der Krieg war der letzte große Generator von Ordnung in einer Welt, in der anders als in der alten Welt die Kräfte auseinanderstrebten. Wenn man Modernität auf eine Formel bringen will: Die zentralen Instanzen der Gesellschaft wie Wirtschaft und Politik, Wissenschaft und Religion, Kunst und Bildung entwickeln völlig unterschiedliche interne Logiken, Erfolgsbedingungen, Reflexionstheorien, Erwartungsstile und Funktionen und werden einerseits abhängiger voneinander, andererseits bleiben sie stets krisenhaft, weil nicht wirklich mit Passung aufeinander bezogen« (Nassehi 2012, S. 38).

In so einer Welt der funktionalen Differenzierung wird jede zentrale Perspektive falsch. Das ändert allerdings nichts am Bedarf danach, besonders gerade dort, wo Bereiche und Unternehmen gesteuert werden. Nassehi beschreibt Modernität – zumindest diese Beschreibung erscheint uns konzis und prägnant – als ein Nebeneinanderdriften von Instanzen, von fehlender Passung, verschiedenartiger Gegenwart, die in ihrer Ungleichzeitigkeit per se Differenzen erzeugen und Konflikte produzieren. Diese Beschreibung erinnert uns an Beschreibungen von Menschen, die auf ihr Unternehmen schauen. Die Unübersichtlichkeit scheint ein prägendes Charakteristikum aller großen Unternehmungen zu sein, man kann sie nicht mehr wegdenken, doch dafür stiftet sie eines mit Gewissheit immer und überall: Träume von Klarheit, Einheitlichkeit, Durchregieren, Einverständnis und Gemeinsamkeit. Aus solchen Stoffen sind viele Produkte gemacht, die gern gekauft werden. Von kleinen Leuten, aber auch von großen Managern. Wer viel Angst hat oder wer Großes bewegen muss, kann sich nicht mit Paradoxien, Komplexitäten oder unlösbaren Problemen beschäftigen. Wer Angst hat, braucht Hoffnung auf Befreiung, und wer steuern will, klare Eindeutigkeiten, denen Menschen folgen.

»Komplexitätsreduktion« wäre ein Begriff, mit dem der Beitrag von Führungskräften für Unternehmen insgesamt beschrieben werden könnte. Die Verminderung von Kontingenz, von Willkür und Zufall in einer Organisation, die gemeinsam nach einem Ziel strebt.

Dieses Fehlen ist der Tenor des großen Jammerns, das überall zu hören ist an den Klagemauern der Organisationen. Alle schimpfen und jammern allerorten in den großen und kleinen Unternehmen, und die üblichen Katastrophenzwillinge werden als Hauptschuldige an die Wand gestellt: Führung und Kommunikation. An ihnen macht sich das ganze erlebte Unheil fest. Gelänge das besser, wäre es gut, so die Mär.

Die große, immer wiederkehrende Forderung an die Führungskräfte: entscheiden und informieren. Als ob sie das nicht täten. Sie tun es. Manchmal vielleicht zu wenig beherzt und noch nicht mal richtig. Doch die Halbwertszeiten – und damit die Bedeutung von Informationen und Entscheidungen – verringern sich dramatisch. Das jedoch wird nicht der Beschleunigung zugeschrieben, sondern ihren Opfern, den Beschleunigten selbst, in die immer schneller laufenden, dampfenden Schuhe geschoben.

In der beschriebenen Welt der Moderne wird das Geschäft der Komplexitätsreduktion immer komplizierter und kann in vielerlei Hinsicht nur unbefriedigend gelingen. Komplexitätsreduzierer müssen versagen, und unglücklicherweise steigt der Wunsch nach Klarheit und Übersichtlichkeit im gleichen Maß, in dem versagt wird. Dieses Dilemma wird so lange bleiben, bis andere Dilemmata auftauchen, die wir noch nicht kennen.

Ästhetisierung

»Es gibt nichts Notwendigeres als das Überflüssige« (nach Oscar Wilde). – Die moderne Welt ist rational oder sie will es sein. In unserer Art, Institutionen zu organisieren, mit Geld umzugehen, Wissen zu schaffen, Kinder zu erziehen, in Liebesbeziehungen zu leben oder uns selbst zu verstehen, dominieren die Vernunft und das Kalkül oder haben zumindest schon mal Einzug gehalten. Wir arrangieren unsere Lebensdinge gern zweckrational oder würden es gern tun und zeigen uns zumindest so, wenn wir nach Begründungen für irgendwelches Tun gefragt werden. Fehlt der Nachkommenschaft der Aufklärung eine solche, wird es verdächtig.

Literaturtipp

Der Bremer Professor Andreas Reckwitz beschreibt in seinem Buch »Die Erfindung der Kreativität« ein komplementäres Phänomen: Die Ästhetisierung der modernen Gesellschaft. Ästhetisierung beschreibt die Zunahme der Diskurse über »… Sinnlichkeit, Imagination, das Unbegriffene, das Empfinden, Geschmack, Leiblichkeit und das Schöpferische, das Zweckfreie, Erhabene und Schöne …« (Reckwitz 2012, S. 21).

Ästhetisierung zeigt einen gesellschaftlichen Sinneswandel. Eine dauerhafte Ausweitung ästhetischer Praktiken unter völliger Dominanz der zweckrationalen Lebenswelten. Gab es vormals ästhetische Episoden, in denen sich ein Individuum von einer Wahrnehmung und einem Affekt kurz verzaubern ließ, ändert sich das und wird neuerdings zum Zustand.

»Im Zentrum dieser Praktiken steht also die Hervorlockung ästhetischer Wahrnehmung – ob in anderen oder in einem selbst. Ästhetische Praktiken enthalten dann immer ein ästhetisches Wissen: kulturelle Schemata, welche die Produktion und Rezeption ästhetischer Ereignisse anleiten. Sie sind als Praktiken damit paradoxerweise durchaus nicht zweckfrei […] Ihr Zweck ist die Generierung zweckfreier ästhetischer Ereignisse« (Reckwitz 2012, S. 25). Reckwitz beschreibt fünf Strömungen in modernen Gesellschaften, die Ästhetisierung möglich gemacht haben und in denen sie sich selbst zeigt: Expansionismus der Kunst, die Medienrevolution, die Kapitalisierung, die Objektexpansion und die Subjektzentrierung (Reckwitz 2012, S. 30 ff.).

Die Expansion der Kunst Das Leben ist für viele kein Zwischenstadium mehr, das überlebt oder nur überstanden werden muss, bis die nächste (wichtigere) Runde beginnt. Vielmehr wird es zur ersten und letzten Gelegenheit. Das Leben wird gestaltbares Objekt, zum Lebenskunstwerk und jeder zum Bildhauer gegen sich selbst gedreht, ein Lebenskunsthandwerker. Auch die Künste selbst sind mehr und mehr Teil eines Lebensentwurfs, der vormals nur ein bürgerlicher war. Viele lassen sich von Musen küssen, küssen sie, und meistens wird dann mehr daraus.

Die Medienrevolution Überall Bilder. Überall Musik. Die audiovisuelle Kultur verwöhnt mit Bildern und Tönen. Wo alle jederzeit abgebildet werden können, dominiert das Sichtbare, und alle und alles soll schön sein. Wo Musik überall hintergründig erklingt, soll sogar der Lärm zum Klang werden.

Die Kapitalisierung Der Kapitalismus strebt danach, alles zu kommerzialisieren, auch Beziehungen zwischen Menschen, und er macht viele zu Konkurrenten. Viele würden der Feststellung zustimmen, dass Menschen im Umgang deshalb kälter werden. Die Warenwelt ist das Ausgleichsangebot. Im Kapitalismus sollen es die Dinge richten und zum Fetisch werden. Aufgeladen mit aller Lust, werden sie noch lieber und noch teurer. Auch deshalb müssen sie schön sein oder mindestens gut designt. Immer mehr.

Die Objektexpansion Je länger es Menschen gibt, umso mehr entsteht. Menschen waren schon immer Sachenmacher, Werkzeugmacher, Schmuckmacher. Menschen machen Sachen. Sachen machen Menschen. Es gibt immer mehr Dinge. Accessoires. Requisiten. Gegenstände. Bauten. Die künstliche Dingwelt wächst, und die Welt füllt sich immer mehr mit Artefakten. Sie bestimmen die Lebenswelten inzwischen mehr als die Natur. Menschen umgeben sich damit, sind umgeben und entwickeln Beziehungen zu ihnen. Das Handy, das Auto, die Tasche, die Kleidung, das Sofa, das Haus, die Straße. Ein Trost der Dinge.

Die Subjektzentrierung Komplementär zu den Dingen wird das Subjekt zentral. Die Moderne drängt das Selbst, das Ich, die Person, das Individuum in die Mitte der Aufmerksamkeit und des Diskurses. Psychologismen werden Teil der Alltagssprache. Die Empfindung, der Affekt, die Emotion, die Stimmung, das Innere werden zur Quelle ästhetischer Erfahrung durch Selbstreflexion.

Ästhetisierung meint auch eine Verlagerung der Aufmerksamkeit von den Dingen auf ihre Qualitäten. Denn dort, wo das Was selbstverständlich geworden ist, können sich Anbieter nur noch durch das Wie unterscheiden. Das betrifft Autos, Musik, Lebensmittelläden, Beratungsunternehmen, Webseiten, Büroarbeit … in gleicher Weise. Die ästhetische Aura unterscheidet Produkte oder Dienstleistungen.

Ästhetisierung betrifft zunehmend auch den Prozess der Herstellung von Dienstleistung und Waren: die Arbeit und ihre Kontexte. Die Aufhebung der Trennung von Lebenswelt und Arbeitswelt macht eine Annäherung notwendig. War die Geschichte der Unternehmen und Organisationen vornehmlich eine Geschichte ihrer Rationalisierung, so hat die Geschichte des Optimierens ihrer ästhetischen Praktiken bereits begonnen. Erfolg, Profit, Effizienz allein reichen nicht mehr, um als Unternehmung erfolgreich und attraktiv zu sein. Werte und Image außen, Kultur und Lebensqualität innen werden bestimmend. Die Ästhetisierung der Arbeitswelt wird zum notwendigen Luxus der Effizienz. Mitarbeiterzufriedenheit, schöne Folien, Unternehmenskultur, bunte Büros, aus Kollegen werden Kunden, Transparenz, Partizipation, Work-Life-Balance, wertschätzende

Beziehungen, gutes Feeling ... all das Gedöns ist überflüssig, aber notwendig. Das Zweckfreie kommt ins Zweckgebundene und macht sich breit. Die Puristen der schnörkellosen Effizienz malen Kringel, die Asketen werden barock. Ihre Change-Berater werden Ästhetisierungsagenten einer noch schöneren, noch neueren Arbeitslebenswelt. Quietschte es früher immer, wo man arbeitete, fielen Späne, wo man hobelte, so soll es heute geräuschlos sein oder die Musik so schön erklingen, dass kein Quietschen mehr zu hören ist, denn die Generation Y hört mit!

Geglaubt wird das absichtslose Interesse an der Zweckfreiheit von vielen nicht so recht. Man unterstellt eine böswillige Indienstnahme des Außerdienstlichen. Vielleicht wirken deshalb ästhetische Praktiken in Unternehmen oft noch so überspannt. Die Nerds der Rationalität werden zu Hipstern der Ästhetik, haben aber noch zu wenig Übung im Schönen, Guten, Wahren. Vielleicht trauen sie ihren eigenen Inszenierungen selbst nicht und vermuten hinter ihrem eigenen Tun die selbst versteckte Hidden Agenda.

Psychologismus

»Durch Worte kann ein Mensch den anderen selig machen
oder zur Verzweiflung treiben,
durch Worte überträgt der Lehrer sein Wissen auf die Schüler [...]
Worte rufen Affekte hervor und sind das allgemeine Mittel
zur Beeinflussung der Menschen untereinander.«

(Sigmund Freud 1999, S. 10)

Die Psychologen und Psychiater verändern die Worte in Unternehmen. Die Psycho-Industrie startete in den 1930er-Jahren. Seitdem hat sie die Gesellschaft erfolgreich psychologisiert – zu einem neuen emotionalen Stil, zu einer neuen Kommunikation und, wie es scheint, sogar zu einer gesellschaftlich anerkannten therapeutischen Haltung. Die Psychologen haben Felder aufgespannt und Probleme konstruiert, für die sie dann auch lukrative Antworten fanden.

Das begann mit Mayo (Human-Relations-Bewegung, s. S. 42 f.) und reichte bis hin zur erfolgreichen Psychologie Abraham Maslows, der sich das Modell der Bedürfnispyramide ausdachte, in der das Ideal der selbstverwirklichten Person ganz oben steht. – Neue Ansätze versuchten, die gewachsenen autoritären Tendenzen von Organisationen auszugleichen und die Ziele des Einzelnen und der Organisation unter einen Hut zu bringen. Es stand nunmehr nicht nur das Unternehmen an sich mit der Arbeit des Mitarbeiters im Mittelpunkt, sondern die individuellen Bedürfnisse und Ansprüche wurden beachtet. Das lag zur damaligen Zeit wohl in der Luft: Als Firmen immer größer wurden und neue Ebenen des Managements entstanden und vor allem der Dienstleistungsgedanke mehr in den Vordergrund geriet – in dieser Zeit schien es sehr sinnvoll zu sein, sich mit Personen, Interaktionen und Emotionen zu beschäftigen. Die Spezialisten dafür waren Psychologen und Psychiater. Sie erfanden für den Einzelnen das »Ich«, das nach psychologischer Selbstverwirklichung strebt: eine neue Sehnsucht nach seinem eigentlichen Selbst, oben auf der Spitze der maslowschen Bedürfnispyramide ... In den USA zunächst konnten diese Ideen besonders gut gedeihen (Abbott 1988, S. 148). Wie geschah diese Art von Anpassung?

Literaturtipps

Eva Illouz beschreibt in ihrem Buch »Die Errettung der modernen Seele« 2011 eindrücklich, wie sich das Gefühlsleben unter dem Einfluss der modernen Psychologie veränderte. Das Buch beginnt mit der USA-Reise Freuds und der Proklamation des Unbewussten als einer neuen großen kulturprägenden Erzählung, die bis heute einen unglaublichen Siegeszug quer durch alle Gesellschaftsschichten antreten konnte. Mit Autorin Eva Illouz gesprochen, hat dies innerhalb eines Jahrhunderts zu einer durchpsychologisierten Gesellschaft, zu einem neuen emotionalen Stil, zu einer neuen Kommunikation und letzten Endes sogar zu einem globalen therapeutischen Habitus geführt.

Psychologen sorgten zunächst dafür, dass der Einzelne sich selbst in den Fokus nimmt, seine Interessen erkennt und auch durchsetzt. Mit anderen Worten haben Psychologen (natürlich nur vor dem Hintergrund der kulturellen Umgebung, die ein solches Handeln zugelassen oder sogar gewünscht hat) es geschafft, dass sich das Individuum mit sich auseinandersetzt und diese Gedanken auch innerhalb von Wirtschaftsunternehmen Raum finden. Das geschah, indem sie bei reflexiven Schleifen den Emotionen besondere Aufmerksamkeit schenkten und diese mit den Marktentwicklungen kombinierten: so zum Beispiel mit Rationalität und Effizienz. Diese Worte gebaren die Psychologen, es waren keine Begriffe des Marktes per se. Es erforderte eine immense Arbeit der Psychologen, »bis Arbeiter und Manager davon überzeugt waren, dass sie nach ihren eigenen Interessen handeln sollten« (Illouz 2011, S. 108). Eigene Interessen, die rational umgesetzt werden: Die Durchsetzung der eigenen Interessen soll demnach nicht unkontrolliert erfolgen, sondern es brauchte dazu eine gewisse Reife, die jeder erlernen kann.

Nicht jeder lässt nunmehr seinen Gefühlen am Arbeitsplatz freien Lauf, sondern verhält sich so, wie es von ihm erwartet wird. Wutanfälle, Freude oder Traurigkeit werden unter Selbstkontrolle gehalten. Wenig spontanes Gefühl zu zeigen gilt als überlegen, weil es die Fähigkeit signalisiert, seine persönlichen Leidenschaften im Interesse des Ganzen zu zügeln. »Ganz gleich also, ob für religiöse

Bescheidenheit, vernünftiges Verhalten, aristotelische Mäßigung oder machiavellistisches strategisches Denken plädiert wurde, immer galt emotionale Selbstkontrolle als entscheidender Faktor für die soziale Existenz, für geistigen Fortschritt, Tugend und gesellschaftlichen Erfolg« (Illouz 2011, S. 113). Eine Reife, die es ermöglicht, sich selbst im Blick zu behalten, was sich in Selbstkontrolle und der Fähigkeit zum Verzicht auf die Zurschaustellung der eigenen Macht ausdrückt.

Und in diesem Feld konnten Psychologen und Psychiater agieren. Ihr Auftrag: Dem Selbst Orientierung und Handlungsstrategien geben und neue Formen des Sozialverhaltens kreieren (Illouz 2011, S. 107). Was vielleicht wie Aufklärung aussah, sich wie Selbstverwirklichung anfühlte, diente auch dazu, den Einzelnen in die Organisation und auch die Gesellschaft einzupassen.

Die Psychologen erschufen ein Modell des richtigen Sozialverhaltens, das sich vor allem in der Form der Kommunikation zeigte: Psychologen empfahlen nun Verständnis, Zuhören und das Gespräch auf Augenhöhe trotz hierarchisch strukturierter Organisationen. Das führte auf der einen Seite zu mehr Kollegialität und Teamgedanken, denn die Mitarbeiter fanden sich plötzlich in Dialogsituationen mit ihren Chefs wieder, wo sie sich noch kurz zuvor emotionalisierten Monologen ausgesetzt sahen. Auf der anderen Seite führten diese Entwicklungen dazu, dass Konflikte am Arbeitsplatz – statt Ausdruck mangelnder Struktur der Organisation oder diverser Interessengegensätze – zu psychologischen Angelegenheiten wurden, bei denen man sich nur selbst helfen konnte. Sie wurden eine Art »Persönlichkeitsproblem«.

Gefühle wurden so mehr und mehr einer genauen (Selbst-)Untersuchung unterzogen. Ein guter Manager zu sein hieß nun, den »komplexen emotionalen Charakter der sozialen Transaktionen am Arbeitsplatz erfassen und mit ihm umgehen« (Illouz 2011, S. 129) zu können. Konflikte sind nunmehr keine Frage des Wettbewerbs um begrenzte Ressourcen, sondern psychischer Natur, die man nur persönlich erfassen und bearbeiten kann. Traditionelle, maskuline, auf Zwang und Autorität beruhende Beziehungsverhältnisse wurden allmählich verworfen und zu emotionalen und psychologischen Verhältnissen umdefiniert. Manager werden zu Gefühlsbürokraten, »feminin-verstehend« und sogar »empathisch« soll der Führungsstil sein. Da stören spontane emotionale Ausbrüche die kommunikative Struktur, die ja zu mehr Produktivität führen soll. Dieses neue Verhältnis eröffnete die Option auf und den Zwang zu einer (scheinbaren) Harmonie zwischen der Organisation und dem Einzelnen.

Es werden Beziehungsqualitäten beschrieben, wie sie zuvor nur in privaten Kontexten bekannt waren, der Begriff Vertrauen ist so ein Beispiel: »De facto handelt es sich bei dem Vertrauen nur um eine andere Bezeichnung für Selbstkontrolle, weil es sich auf eine verlässliche Beziehung bezieht, in der es keine andere Garantie gibt als das gegebene Wort und die moralische Verpflichtung. Darüber hinaus ist sie moralisch gefärbt, während die Kontrolle von außen nur der Ausdruck eines Herrschaftsverhältnisses ist« (Boltanski/Chiapello 2006, S. 125).

Vertrauen wird das Merkmal der Verbindung zwischen den Menschen innerhalb der Organisation. Vertrauen soll entgegengebracht und empfangen werden. Man setzt voraus, dass es nicht ausgenutzt wird, weil der andere berechenbar – da rational – bleibt bei dem, was er tut und sagt. Der Zweck des Vertrauens ist die Einflussnahme auf die Selbststeuerung des Gegenübers, der das tun soll, was er tun soll, weil er es versprochen hat.

Noch eine weitere Schleife zum Thema Wirkungsweise des neuen Kommunikationsstils in den Organisationen: Durch Kommunikation zeigt sich der Einzelne nach außen, er versucht, sich mitzuteilen und gleichzeitig auch das Gegenüber miteinzubeziehen. Sich also darauf verstehen, wie man auf andere wirkt. Die eigene Kommunikation reflektieren, um dann zu entscheiden, was man machen kann, damit man seine eigenen Ziele erreicht. Dazu muss man wissen, was man selbst will und was der andere will: also einen Blick von außen bekommen. Perspektivwechsel, Rollentausch sind die Zauberworte, mit denen Psychologen dem Menschen helfen, zugleich die Interessen seines Selbst und die des Gegenübers zu erfassen. Diese Selbstbewusstheit wird auch heute den Führungskräften und Mitarbeitern in vielen Kommunikationsseminaren und Coachings gelehrt – Tendenz steigend. Kommunikationsfähigkeit wird überall an oberster Stelle gefordert und erwartet: beim Einstellungsgespräch, in der Führungstätigkeit, in Teamsitzungen – jeder verlangt es und jeder soll sich damit auseinandersetzen. Kommunikation ist in allen Workshops und Mitarbeiterbefragungen das Topthema.

Zusammenfassend haben die psychologischen Einwirkungen dazu geführt, dass der Einzelne gelernt hat, die originären Emotionen durch Selbstkontrolle bei sich zu behalten. Maniert könnte man es Entselbstung (als Worterfindung für Entfremdung von sich selbst) nennen. Man hat gelernt, Gefühle wie Verachtung, Wut, Bewunderung, Ängste, Scham, Schuld im professionellen Umfeld zurückzuhalten – diese werden eher als Zeichen emotionaler Unreife oder einer emotionalen Funktionsstörung gesehen. An ihre Stelle trat die Selbstbewusstheit (Eigeninteresse und Reflexion) zum eigenen Verhalten, im Besonderen zur Kommunikation. Ganz überspitzt gesagt bedeutet dies, dass die emotionale Selbstkontrolle dazu geführt hat, dass man sich in einer Form darstellt und kommuniziert, die eine (Arbeits-)Beziehung des Zusammenarbeitens erst ermöglicht: sich sich selbst entfremden, um in Kontakt zu anderen zu kommen!

Zeitgeister in Organisationen

Amerikanismus

Die USA galten vielen schon immer als ein Land des Fortschritts und der Innovation. Sie befanden sich schon immer in der Rolle eines Welttrendsetters. Unser deutscher Blick ging gern in diese Richtung, nicht nur was Managementstile und wirtschaftliche Dynamik anbelangt. Die USA waren und sind vielen bewusst oder unbewusst Vorbild. Das zeigen auch in jüngster Zeit die Pilgerströme deutscher Manager ins Silicon Valley.

Die Amerikaner haben nach dem Zweiten Weltkrieg beim Aufbau Deutschlands geholfen. Sie demokratisierten und kapitalisierten ein westliches Bollwerk gegen den Kommunismus. Ihre Sicht der Dinge wurde zum lebendigen Bestandteil der bundesrepublikanischen Geschichte. Die Begeisterung für den »American Way of Life« war auch vor den Türen der Organisationen nicht zu stoppen: der Wunsch nach dem »American Way of Management« (Reisach 2007, S. 14) ist immer noch spürbar. Die Managementtheorien und -methoden werden zum Vorbild und gern übernommen. Wer es dort geschafft hat, dem wird hierzulande Renommee geschenkt und der darf auf der Karriereleiter oft eine wenig schneller nach oben – es scheint als wertvoller zu gelten, amerikanische Luft geschnuppert als in Asien oder Afrika Erfahrungen gesammelt zu haben. So kommen die US-amerikanisch geprägten Ideen mehr und mehr in die Unternehmen. (Wir verallgemeinern und vereinfachen hier die Begriffe und sprechen von den »US-Amerikanern« und den »Deutschen« und »anderen« – die Tatsache, dass es Ausnahmen gibt und nicht alle über einen Kamm geschoren werden können, haben wir »amerikanisch« vernachlässigt.)

Wir führen im Folgenden einige Themen der Organisationswelt auf, die den Einfluss und die Unterschiedlichkeiten der beiden Nationen darstellen sollen:

Change-Management Das amerikanische Wort »Change-Management« wurde Teil der managerdeutschen Sprachkultur. Mit großen Visionen und emotionaler Aufbruchsstimmung werden optimistisch Missionen verkündet und die Zukunft heraufbeschworen – meist sind Großveranstaltungen die Schauplätze der sendungsbewussten Pioniergeister.

Ist die Begeisterung für eine Idee abgeflacht, so werden in den USA große Summen in Motivationskampagnen gesteckt. Motivation durch emotionale Beteiligung gehört zum Alltag. Immer wieder eignet sich Wal-Mart als Beispiel, wo morgens alle Mitarbeiter ihre Firmenbuchstaben grölen, um sich gemeinsam einzustimmen. Für die deutsche Sachlichkeit klingt das befremdlich, und dennoch versuchen Change-Abteilungen und Führungskräfte, ihre Mitarbeiter nach amerikanischem Vorbild emotional einzubinden. Auch hier werden Großveranstaltungen gern gekauft, und mancher Changer und Berater denkt sogar, dies sei schon der Change an sich. Emotionalisiert werden die Change-Prozesse – sogar heute noch – manchmal mit Trommeln und Luftballons. Gefühle ansprechen anstelle des Kopfes; die Sehnsucht nach Einheit stillen und mobilisieren zum Aufbruch in die Veränderung.

Deutsche reagieren bei mitreißenden Reden jedoch eher skeptisch und vermuten, dass Manipulation und Propaganda am Werk seien. Was begeistert rüberkommen soll, wird in deutschen Köpfen eher als »Schein statt Sein« wahrgenommen, und das Fehlen analytischer Begründungen und Erklärungen wird bemängelt.

Führung Deutschland hat sich durch den Blick auf die USA verändert. Waren noch in den 1980er-Jahren die Techniker diejenigen, die in Produktionsunternehmen nach oben aufgestiegen sind – so wurde in den 1990er-Jahren der Manager als neues Berufsbild geboren. Manager ohne fachlichen Nachweis konnten genauso oder einfacher die Karriereleiter nach oben klettern. Ausschlaggebend für höhere Positionen waren und sind vielmehr »das Wissen um Kennzahlen und Performance-Controlling, die Fähigkeit zu entscheiden und andere, höchst unterschiedlich definierte Führungsqualitäten« (Reisach 2007 S. 44). Branchenwissen ist nicht mehr wichtig, und Manager können somit durchaus austauschbar herumgereicht werden.

Die Welt ist so klein geworden, und die Vergleichsmöglichkeiten sind da – spürbar wird auch, dass amerikanische Topmanager – im Vergleich zu deutschen Topmanagern – eher »genommen« werden. Deutsche holen auf, indem sie sich anpassen: zumindest in der Sprache und im Auftreten versuchen Deutsche, amerikanisch zu wirken. Die vielen Anglizismen in deutschen Unternehmen sind der Beweis dafür.

In der globalen Welt werden Menschen benötigt, die global agieren. Diese Fähigkeiten werden eher amerikanischen oder amerikanisch geprägten Managern zugetraut als den deutschen Managern. Sie kennen die Erwartungen der Investoren und die Gepflogenheiten der amerikanischen Leitkultur. Und wenn man dort nicht gelernt hat, so muss man immerhin so tun, als ob.

Ausdruck dafür ist auch die stark ausgeprägte Handlungsorientierung der amerikanischen Führungskräfte. Handlungswille geht vor Bewahrung des Bewährten. Im Vordergrund steht eher: etwas bewegen wollen, seinen Stempel aufdrücken, das Unternehmen vorwärtsbringen. Das große Ganze wird erst im Rückblick angeschaut, und Selbstkritik hat dort wenig Platz. Gern sieht der Amerikaner eher das Positive – das macht alles auch so leicht.

Personalmanagement Christoph Barmeyer beschäftigt sich in seinem Aufsatz »Context matters« (Barmeyer 2012, S. 101 ff.) mit dem internationalen Transfer von Personalmanagementpraktiken. Zahlreiche Methoden und Instrumente USamerikanischen Ursprungs wurden in Deutschland bereitwillig übernommen. Um nur einige aufzuzählen: Knowledge-Management, Matrix-Organisation, Organisationskultur und Corporate Values, Management by Objectives, Feedback, 360°-Feedback, Empowerment, Assessment-Center, Coaching, Diversity-Management, Corporate Social Responsibility, Work-Life-Balance, Compliance (Barmeyer 2012, S. 107).

Für viele mögen diese Praktiken in deutschen Unternehmen schon selbstverständlich angekommen und transferiert worden sein. Die Frage ist, ob die Bedeutung und der Sinn amerikanischer Praktiken in andere Kontexte passen, zum Beispiel Feedback (s. »In Change-Gewittern«, S. 18 ff.). Es fehlt hier ein »Bewusstsein über die Kontextgebundenheit von Ideen, Methoden und Konzepten wie Personalmanagementpraktiken und deren (meist US-amerikanische) kulturelle Prägung« (Barmeyer 2012, S. 105).

Wettbewerb Schneller, besser, weiter und vor allem auch stärker als die anderen. Der Markt ist nicht nur das Grundmodell für die Wirtschaft, sondern auch für die Gesellschaft und für das Innere der Unternehmen – die Konkurrenz unter den Individuen ist Normalität (Hofstede/Hofstede 2006, S. 348 f.). Siegeswillen und Spaß an der Macht tragen wesentlich dazu bei, dass Gewinnen und auch Verlieren zum Tagesgeschäft gehören. Wer unten ist, stehe nur schnell wieder auf: Morgen ist ein neuer Tag mit neuen Herausforderungen. Jeder steht für sich, jeder kämpft für sich – als Individuum. Das wird zwar gleichermaßen in deutschen Unternehmen zunehmend gewünscht, aber gleichzeitig auch beklagt. Was in den USA spielerisch und leicht rüberkommt, sieht in deutschen Unternehmen eher verbissen und stur aus.

Haben Deutsche eine andere Prägung? Neben dem Individuum kommt in Deutschland auch der stark ausgeprägte Gemeinsinn zum Vorschein. Ein gemeinsames Streben nach sozialer Balance und Harmonie scheint hier wichtiger zu sein als in den USA. Die Schere zwischen Arm und Reich ist dort größer, und auch die Politik der sozialen Absicherung wird anders geregelt (Sozialversicherungen bei Arbeitslosigkeit, Alter, Krankheit, Pflegebedürftigkeit gibt es in den USA bisher nur sehr begrenzt). Will man diese Beobachtungen deuten, so könnte man sagen, dass in Deutschland der Wunsch nach Gleichheit größer ist, die Lebensverhältnisse sollen einander angepasst sein, und Ungerechtigkeit ist nicht erwünscht. Umgedeutet heißt das auch, dass der Umgang mit Unterschiedlichkeiten schwerer fällt und Konflikte vermieden werden. Die Deutschen scheinen mehr an ein »Wir« zu denken als an ein »Ich«. Der Wettbewerbsgedanke und somit das Denken nur an das eigene Vorankommen ist, zumindest vor diesem Hintergrund, schwerer zu verwirklichen.

Prozesse In vielen Büchern zur Managementtheorie und -praxis wird auf die Notwendigkeit und Alternativlosigkeit zur Koordination der Abläufe hingewiesen, und die meisten Managementtheorien stammen aus den USA. Ulrike Reisach (2007) stellt heraus, dass die standardisierten Prozesse in Amerika jedoch ganz anders gelebt werden als in Deutschland. Effizienzdenken als ultimativer Maßstab gilt für alle Lebensbereiche, für die Ausbeutung von Natur und Human Resources und für die Förderung des materiellen Fortschritts. Auch in deutschen Organisationen wird Effizienz als Maßstab der Dinge genommen: Prozesse helfen, Standards zu definieren und eine Vergleichbarkeit herzustellen, um dann wieder die Effizienz infrage zu stellen. Amerikaner haben die Einbettung der Prozesse in ihre Organisation so gelöst, dass nicht alle Aufgaben in solche Prozesse eingebettet sind. Nach wie vor sind die durch Small Talk bekannten US-Unternehmen so strukturiert, dass sie ihre Forscher und kreativen Köpfe in Forschungslabors oder Thinktanks auslagern. Dort können innovative Gedanken entstehen und gelebt werden – ohne klare Prozesse.

Ulrike Reisach beschreibt die deutschen Unternehmen wie folgt: »Ingenieurwissenschaftlich geprägte deutsche Manager sind von standardisierten Prozessen fasziniert. Oft vergessen sie dabei, dass die Prozesselemente Menschen sind, der Betrieb eine Gemeinschaft von Menschen ist, die möglicherweise ganz oder anders als vorausbetrachtend reagieren. [...] setzen sich in Deutschland immer häufiger standardisierte Abläufe durch – das betrifft oft solche Vorgänge, die eine ganz andere, etwa kreative oder kommunikative Dynamik haben und so nie duplizierbar sind. [...] Das Erfinden, Gestalten oder Beziehungenaufbauen lässt sich nur schwer als immer gleicher Prozess abbilden« (Reisach 2007, S. 139).

Mitarbeiter deutscher Unternehmen streben eher nach einem übergeordneten Gesetz, das auch analysierbar ist. Detailgenau wird dann versucht, für alle möglichen Situationen in Organisationen Prozesse zu entwickeln.

Zusammenfassende Gedanken

Warum haben Mitarbeiter deutscher Unternehmen so wenig Begeisterung für neue Managementtechniken und organisatorische Veränderungen?

Die Deutschen sind tendenziell ein Volk, das für Beständigkeit und Kontinuität steht. Mit radikalen Umbrüchen – wie in der Geschichte geschehen – sinkt die Lebensqualität und sind Verlustgedanken verbunden. Vielleicht werden diese Gedanken und Erfahrungen auch auf Organisationen übertragen und sind somit ein Grund für das Unbehagen in deutschen Change-Prozessen. Umorganisation verändert das Zwischenmenschliche und bringt etablierte Netzwerke durcheinander; das informelle Vertrauen und das Sozialkapital eines Unternehmens kommen so ins Wanken (Reisach 2007, S. 85). Das Unbehagen wächst. Das hohe Gut des Miteinanders wird nicht gern aufs Spiel gesetzt.

Ein Aufruf zu Aktionismus mit dem Ziel mehr Wachstum oder höhere Rendite reicht daher in der Regel nicht aus, um wirklich große Veränderungen voranzutreiben. Es braucht eine andere Art der Identifikation mit Change-Prozessen – dann gelingen Selbstmotivation und Aktionismus. Zur Identifikation scheint es für die Deutschen mehr Sinn zu benötigen. Und Sinn verändert sich nicht auf die Schnelle – hat man ihn einmal, so gibt man ihn nicht gern wieder her oder tauscht ihn gegen einen anderen ein. Zumal man ihn sich gemeinsam mühsam erarbeitet hat.

Die soziale Marktwirtschaft ist kein Paradies, auch hier gelten Prinzipien wie etwa, für Leistungswillen, Effizienz und Ressourcenknappheit zu sorgen. Nur scheint der Fokus ein anderer zu sein, zumindest braucht es ein Handeln auch in Bezug zur Vergangenheit. Zukunft braucht Herkunft.

Es gibt sie also, die europäischen Besonderheiten. Dabei ist nicht ein Ländermodell besser oder schlechter, die Mitarbeiter reagieren nur anders, weil sie eine andere kulturelle Prägung erlebt haben und erleben. Kurz und knapp: US-amerikanische Managementmodelle geistern durch deutsche Unternehmen – vielleicht ist das Überstülpen dieser Modelle in Ermangelung eines besseren Wissens hilfreich gewesen, nur spüren wir nun in vielen Bereichen, dass es nicht passt und zu Unbehagen, Unverständnis und Hilflosigkeit führt.

Anders anfangen, anders weitermachen

02

Was ist Passagement?	64
Prinzipien des Passagements	68
Anders verstehen	74
Anders weitermachen	98

Was ist Passagement?

Wenn Sie Menschen aus unserem Kulturkreis bitten, sie möchten doch ihr Leben grafisch darstellen, dann zeichnen sicher viele eine Strecke mit Anfangs- und Endpunkt. Auch Pfeile sind beliebt. Nach einer Metapher ist das Leben ein fliegender Pfeil, der am Beginn des Lebens abgeschossenen wurde und den Tod zum Ziel hat.

Pfeil Pfeile, die nach oben zeigen, sind beliebte Metaphern für Veränderungsprozesse. Von einem gegenwärtigen Ist-Zustand ausgehend, wird der Soll-Zustand beschrieben, meist auf einem höheren Niveau, auf einem anderen Level.

Links unten soll zu rechts oben werden. Dabei wird der gegenwärtige Zustand häufig als der schlechte beschrieben. Die Metapher Pfeil erzeugt sofort eine Unterteilung in Schlechtes und Gutes. Aus Alt mach Neu. Vom jetzigen Zustand in einen anderen Zustand, der dann auch irgendwann erreicht wird – und dann ist alles gut.

Nur: Gibt es diesen Zustand des Ziels wirklich?

Kreis Eine andere Metapher für das Leben ist der Kreis.

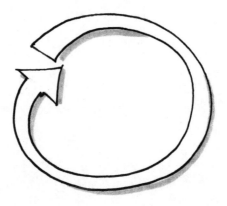

Was ist Passagement?

Der Kreis entsteht aus dem Pfeil, der auf sich selbst verweist. Der Kreis als perfekte Form. Der Kreis als Rad gedacht – wohl das einfachste und genialste technische Hilfsmittel. Irgendwo fängt das Rad an und irgendwo geht es weiter ...

Wir wollen Ihnen die Veränderungsarbeit in Unternehmen anhand eines Kreises zeigen. Es ist ein Zyklus, ein immerwährendes Arbeiten an den Themen.

Rad mit Beinen Ergänzen möchten wir das Rad: Ihm werden zwei Beine angehängt. Das ist eine Metapher für Prozessberatung, die uns sehr gut gefällt, auch wenn Sie den Sinn vielleicht nur erahnen können. Es wird etwas vermeintlich Überflüssiges hinzugefügt: zwei Beine. Aber: Nichts ist notwendiger als das Überflüssige.

Ein Rad mit Beinen: Damit kann das Rad auch Treppen steigen, Hürden überwinden und die Richtung ändern. Dem perfekt Vollendeten, dem eigentlich nichts hinzugefügt werden muss, wird etwas hinzugefügt: zwei menschliche Beine.

Prozessberatung ist oft genau das: Die perfekte Projektlogik wird durch Psychologik ergänzt ... doch wofür steht diese Psychologik? Sie steht für ein Stillstehenkönnen, sie steht für die Reflexion dessen, was im Rad stattfindet (das Innere der Organisation) – als Außenanhängsel stört sie beim Drehen des Rades (Reflexion als Intervention).

Nach unserem Beratungsverständnis benötigt eine Organisation die Reflexion, um die Folgen von Interventionen zu verstehen, um den Beratungsprozess flexibel an die jeweiligen Umstände anzupassen. Vielleicht muss das Rad ja in eine andere Richtung gedreht werden, um sich weiterzudrehen? Das könnten die Beine sehen (hätten sie Augen) – sie verkörpern somit das Reflexive, das die Organisation als störend, aber auch als bereichernd empfindet ...

Eine weitere Bedeutung für die Psychologik der Beine: Psychologik meint den Menschen, der durch Prozessberatung mitgenommen wird. Ohne die Beine dreht sich das Rad, jedoch kann es nicht gehen ohne Beine. Eigentlich stört er auch – der Mensch. Aber wenn er mitläuft und Richtungen bestimmt, kann er eine wunderbare Ergänzung zu dem ansonsten schon rundlaufenden Rad sein.

Wir nennen das Passagement. Passagement hilft dem Rad, Übergänge zu überwinden, Treppen zu steigen, Hürden zu nehmen und damit Richtungswechsel vorzunehmen. Klassisches Change-Management stellt alles auf den Kopf, Passagement stellt die Organisation auf die Füße.

Passagement

Mit Passagement ist gemeint: Unterstützung und Begleitung des Managements in Organisationen, die sich in Übergangssituationen befinden, und zwar auf struktureller, funktionaler, kultureller und persönlicher Ebene.

Das bedeutet: geeignete Wege suchen und gehen, Übergänge von einem alten Zustand in einen neuen, noch nicht bekannten Zustand gestalten. Passagement passiert permanent: Es beginnt mit Anfangen und geht weiter mit Weitermachen und Wiederanfangen und so weiter. Das Rad dreht sich ...

Widersprüche und Ungleichgewichte zwischen Strategie, Struktur und Kultur rauben Energie und verhindern Dynamik. Stellen sich Organisationen aber diesen Widersprüchen und lösen sie auf, entwickeln sie sich. Dynamische Unternehmen verbinden die Ziele der Strategie mit der Logik ihrer Struktur und dem Selbstverständnis ihrer Kultur. Diese interne Passung geschieht im Wechselspiel mit einem bewegten Außen. Es ist ein ständiges Managen von Übergängen.

Folgen Veränderungsprozesse einer reinen Projektlogik und lassen die Psychologik außer Acht, dann bewirkt der Prozess genau das, was viele sich insgeheim wünschen: nichts. Passagement integriert die Psychologik in die Projektlogik, und so verändert sich in der Veränderung auch die Kultur und kultiviert die Veränderung. Veränderte Strukturen und Prozesse können Teil einer neuen Lösung oder Fortschreibung des alten Problems mit anderen Mitteln sein. Das hängt davon ab, wie sie verstanden, akzeptiert und umgesetzt werden. Die Haltungen der Mitarbeiter bestimmen dabei ihr Verhalten. Passagement versucht, Menschen für den Wandel zu gewinnen und sie dabei für ihre eigene Entwicklung zu öffnen.

Dafür braucht es Handwerkszeug – keine Tools –, eher Folgendes:

- alles Handeln auf diesen größeren gesellschaftlichen Hintergrund hin auszurichten
- in unterschiedlichen Logiken zu denken und fähig zu sein, verschiedene Lebenswelten, Kulturen und Denkansätze zu integrieren
- damit zu rechnen, dass grundsätzlich immer auch die Möglichkeit des Scheiterns besteht

Passagement eben.

Prinzipien des Passagements

»Ich mag keine Prinzipien. Ich bevorzuge Vorurteile.«
(Oscar Wilde)

Passagement hat sich in der Arbeit mit Organisationen entwickelt. Es gibt weder ein Phasenmodell noch eine Rezeptur. Was wir Passagement nennen, besteht aus einigen Prinzipien und Methoden, die wir aus der Reflexion unserer Arbeit gewonnen haben. Im Folgenden beschreiben wir diese Prinzipien. Sie dienen der Orientierung, ohne einen Weg vorzugeben, und es scheint uns so, als sei man bei ihrer Verfolgung wirksamer als ohne.

Helfen wir Organisationen, sich zu bewegen, so helfen unsere Prinzipien dabei, nicht in extrem tiefe Löcher der Enttäuschung zu fallen, denn sie versprechen keine großen Visionsbilder.

Kultur und Change versöhnen Veränderte Strukturen und Prozesse können Teil einer neuen Lösung oder Fortschreibung des alten Problems mit anderen Mitteln sein. Das hängt davon ab, wie sie verstanden, akzeptiert und umgesetzt werden. Die Haltungen der Mitarbeiter bestimmen dabei ihr Verhalten. Passagement versucht, Menschen für Veränderung zu gewinnen, nicht, sie zu verändern. Für die Kultur des Unternehmens gilt das in ähnlicher Weise. Sollen Veränderungen im Hinblick auf Struktur, Prozesse oder Strategien wirksam sein, ist es wichtig, immer auch Perspektiven zu schaffen, die die Kultur miteinbeziehen, wertschätzen und entwickeln.

Zwischen Tür und Angel würde Ed Schein die Kultur eines Unternehmens definieren als bewährte Art und Weise, wie Probleme in einem Unternehmen gelöst werden. Jemand, der aus einer pragmatischen Kultur kommt, würde Kultur definieren als: »So machen wir das hier.« Menschen mit systemisch-komplexem Hintergrund würden Unternehmenskultur vielleicht umschreiben als Wechselwirkung zwischen selbstverständlich gewordenen Grundannahmen, Überzeugungen, Normen, Werten und Haltungen, die bei vielen in der Organisation gelten und wirksam sind.

Uns gefällt unsere eigene Kulturidee ganz gut, weil sie in ihrer Diffusität nicht lehrbuch-, aber alltagstauglich ist. Sie entstand in Anlehnung an den Satz: »Stil, das ist der Mensch selbst.« Wer dem Satz zustimmt, der stimmt dann vielleicht auch hier zu: »Kultur, das ist das Unternehmen selbst …«, und man kann gern die systemische Absurdität hinzufügen: »... wenn keiner zuschaut.« Wer Kultur verstehen will, der blickt auf Prozesse, Strukturen, Lebens- und Arbeitsgefühl der Menschen, ihre Überzeugungen, Geschichten, die sie erzählen, Zeichen, die sie verwenden. In der Kultur zeigt sich, wie im Unternehmen etwas unternommen wird oder auch nicht. Als Produkt der Annahmen im Unternehmen, dessen Multiplikanden nicht mehr analysierbar sind, hat sie alle als Multiplikatoren. Changismus-Initiativen, die Kultur per Folie, Akklamation oder mit Bildungsangeboten verändern wollen, sind zum Scheitern verurteilt.

Sollen Veränderungen wirksam werden, unabhängig davon, ob es darum geht, ein neues IT-Programm einzuführen oder eine Fusion zu bewerkstelligen, brauchen Veränderer immer die schonungslose Reflexion über die Kultur. Denn nach wie vor gilt der Satz: Culture eats strategy for lunch. Veränderungen ohne Kulturarbeit funktionieren nicht.

Eine Organisation als Minigesellschaft verstehen Wenn wir mit einer Organisation als Ganzes arbeiten, sehen wir sie als Ganzes, als kleine (geschlossene) Gesellschaft. Sie ist ein Gebilde aus Gruppen und Individuen, die zusammenarbeiten und dabei immer wieder Interessen- und Zielkonflikte austragen. Menschen realisieren unterschiedliche Wert- und Lebensvorstellungen, die manchmal losgelöst sind vom Zweck des Gesamten. Die Kompliziertheit und die Komplexität moderner Gesellschaften finden sich auch in den Unternehmen wieder, und es ist gut, wenn Träume vom perfekten Unternehmen auch Träume bleiben. Ein perfektes Unternehmen wäre ein totalitäres Unternehmen.

Wo wir mit Menschen individuell arbeiten, begegnen uns Organisationen als Lebensraum, Heimat für manche, die Zugehörigkeit und Nähe stiftet. Anderen ist sie Kampfplatz des Ehrgeizes oder eine Bühne der Eitelkeiten.

In der Arbeit mit der Organisation werden ein cooler, analytischer Blick und zugleich ein liebevoller Beziehungsaufbau und Engagement in der Arbeit mit den Menschen benötigt, die sie bei der Gestaltung ihres Lebensraums Organisation ermutigt und unterstützt.

Passagement statt Change Am besten wäre es, sofort damit aufzuhören, Change-Projekte so großartig aufzusetzen. Besser wären permanente Anpassungsleistungen, die das Gegebene erweitern, modellieren und Teil des Alltagsgeschäfts werden. Keine riesigen Kick-offs mehr, die zu viel auslösen, was sie nicht einlösen können. Organisationen sind eigentlich große Gesprächsrunden, so kann an manchen Stellen Einfluss auf das Gespräch genommen werden. Der gesamten Organisation zuzuhören wäre natürlich am schönsten. Und wenn Berater Menschen das Gefühl geben können, nicht immer nur Opfer der Umstände sein zu müssen, sondern mit anderen gemeinsam ihr Ding machen zu können, dann ist das schon viel.

Leidensdruck statt Dringlichkeit Manager sind meist nicht diejenigen, die das operative Geschäft machen. Zudem lässt sich feststellen, dass es eine Machtverschiebung gegeben hat: von den Operativen hin zu den Vermessern.

Die Aufteilung der Zuständigkeiten in großen Unternehmen zwischen denjenigen, die managen, und den anderen, die gestützt auf Fachkenntnisse, die operative Arbeit tun, hat zu einer Entmachtung der Fachleute geführt und gleichzeitig zu einer überdimensionierten Aufwertung von Führung, Messung und Steuerung.

Dabei könnte es so einfach sein: Wer die, die sich mit den Themen auskennen, fragt, was sie brauchen, um gut arbeiten zu können, kommt in der Regel an die wirklich bedeutsamen Themen.

Taten statt Worten Handeln ist wichtiger als PowerPoint. Dort, wo es darum geht, etwas anders zu machen, soll es getan werden. Als Appelle formuliert: Arbeitet nicht mehr mit Visionen, Absichtserklärungen, Veränderungsappellen! Lasst Taten sprechen! Die Einzigen, die Führungskoalitionen verändern können, sind diese selbst. Storymaking ist wichtiger als Storytelling!

Echte Bilder statt Visionen Face Reality: Gut wäre, weniger von der Zukunft zu träumen und stattdessen das anzuschauen, was im Hier und Jetzt ist. Also am besten dorthin gehen, wo etwas getan wird und wo sich etwas tun soll. Perspektivwechsel durch Bewegung ermöglichen. Lernreisen nach innen und außen machen! Im Hotel hat man nur Visionen. Auf Reisen entstehen echte Bilder.

Die Spannung zwischen Ist und Soll und die Idee, vom Ist zum Soll zu kommen, enttäuschen zunehmend – weil genau das meistens nicht gelingt. Wie wäre es, wenn der Traum einer idealen Organisation zerstört würde und es gelänge, die bestehende Kultur anzunehmen und an ihr weiterzuarbeiten?

Heterarchie statt Hierarchie Mehr Führung wird gebraucht. Aber anders. Verteilte Führung. Führung aber ist zu wichtig, um sie nur den Führungskräften allein zu überlassen. Irgendwann am Ende steht verteilte Führung oder Selbstführung. Viele übernehmen Führungsaufgaben, und alle führen sich selbst.

Besinnen statt emotionalisieren In den meisten Organisationen gibt es Geschichten von (missglückten) Veränderungen, und die machen die Geschichte des Unternehmens aus. Diese Geschichte ist Teil der Kultur (die verändert werden soll). Anhand der Art und Weise, wie solche Changes durchgeführt wurden, was sie bewirkt, was sie nicht bewirkt haben und wie sie verarbeitet wurden, können das System und seine Menschen verstanden werden. Große Emotionalisierungen in Veränderungsprozessen erzeugen vor allem Enttäuschungen. Besinnen wäre wichtiger: nachsinnen dem, was bisher hilfreich war, was nicht, sich gemeinsam der Reflexion hingeben und daraus das Neue entstehen lassen.

Schätze ausgraben statt alles neu erfinden Das hilft: sich in der Organisation wie Trüffelschweine auf die Suche begeben: Wo haben sich gute Lösungen entwickelt? Vielleicht brechen sie Regeln und bleiben deshalb im Verborgenen, aber sie leben. Diese Musterbrecher bieten Lösungen an – diese gilt es zu stärken und zu verbreitern! Es sind diejenigen, die sie vorantreiben, die unterstützt werden sollten. Genau diese gilt es zu Changern zu machen!

Weisheit der vielen statt Silberrückenentscheidungen Entscheidungen verarmen, wenn sie einer allein trägt. Mitarbeiterschwarmintelligenz ist da und kann dank Technik auch zunehmend genutzt werden. Die Weisheit der vielen nutzen: Strukturen so aufbauen, dass es geht. Für Transparenz sorgen, damit Entscheidungsspielräume sichtbar werden. Am besten auch noch die Kunden integrieren. Die »Weisheit der vielen« ist die Alternative zu Überheblichkeit, Kurzsichtigkeit und Naivität des Einzelnen.

Spiele aufdecken statt spielen Organisationen sind Spielwiesen. Entdeckt und verstanden kommen sie ins Offene und werden so dekonstruiert. Dann können sie auch verändert werden. Ein Offenmachen benötigt ein Gegenüber, das die Offenheit aushalten kann: Ist das Verborgene der Schutz für die Organisation, ist behutsames Aufdecken ratsam.

Führungskoalitionen verändern sich statt die anderen Zunächst gilt es, die Führungskoalitionen zu verstehen: Veränderung beginnt oben. Die Organisation ist so, weil Führung so ist. Menschen verhalten sich systemlogisch. In ihrem Verhalten richten sie sich danach aus, was die Organisation tatsächlich von ihnen erwartet beziehungsweise was sie denken, was von ihnen erwartet wird. Das ist nicht immer das, was in den internen Selbstdarstellungen der Organisation geschrieben steht. Die Einzigen, die Führungskoalitionen verändern können sind: sie selbst.

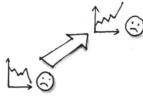

PASSAGEMENT STATT CHANGISMUS

HETERARCHIE STATT HIERARCHIE

WEISHEIT DER VIELEN
STATT SILBERRÜCKENENTSCHEIDUNG

SPIELE AUFDECKEN STATT SPIELEN

SCHÄTZE AUSGRABEN
STATT ALLES NEU ERFINDEN

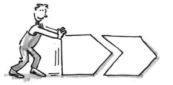

KULTUR UND CHANGE VERSÖHNEN

Prinzipien des Passagements

LEIDENSDRUCK STATT DRINGLICHKEIT

ORGANISATIONEN ALS MINIGESELLSCHAFT VERSTEHEN

TATEN SIND VISIONEN

BESINNEN STATT EMOTIONALISIEREN

FÜHRUNGSKOALITIONEN VERÄNDERN STATT DIE ANDEREN

HANDELN STATT WORTE

Anders verstehen

Wir beschreiben in den weiteren Kapiteln Formate, Methoden und Designs, wie in Unternehmen mit einschlägiger Vergangenheit Veränderung neu aufgesetzt werden kann. Wir empfehlen darin eine Abkehr vom Changismus, der überformten und ideologisierten Change-Arbeit. Je größer die Erfahrung einer Organisation mit schlechten Veränderungsprozessen, desto zwingender erscheint uns in der Arbeit das Folgende.

»Anders verstehen« nennen wir unser Beginnen. Das bedeutet: Wir arbeiten nicht mit Diagnosen im Sinne einer Sammlung von Informationen. Passagement-Berater stellen vor allem Beziehung her und gewinnen – wo möglich – neues Vertrauen, weil sie die Change-Geschichte des Unternehmens selbst zum ersten Thema machen. Verstehen geschieht in dieser Weise immer als Dialog, bei dem Berater und Kunden gemeinsam begreifen, was war und was ist. Welche Kultur, Regeln und Tabus in einer Organisation gelten, lässt sich gut erforschen, wenn man die Geschichte ihrer Veränderungsprozesse – Gelingen und Scheitern – beleuchtet. Sich »anders verstehen«, sich als Organisation besser zu verstehen wäre aber auch ein Ziel des gesamten Prozesses selbst. Denn was wäre eine Veränderung anderes als sich, seine Rollen, seine Aufgaben, seine Kollegen, sein Umfeld in einer anderen Weise als bisher zu verstehen?

Archäologie der Veränderungsruinen

Ach, es gibt Vergangenheit? Wer Unternehmen verstehen und verändern will, braucht eine Führung durch die Veränderungsruinen. Mit anderen Worten: Wer verändern will, muss auch die vorherigen Spielzüge kennenlernen – das Metaspiel. Organisationaler Wandel basiert auf der Veränderung von »Spielen«, die in der Vergangenheit bestanden haben. Wir nennen sie hier Routinespiele. Routinespiele bewahren Bestehendes, sie stellen den Organisationszweck sicher und ermöglichen den Spielern einen Handlungsspielraum.

Für das Verstehen von Routinespielen sind also die Kenntnis über den Verlauf der letzten Routineveränderungsspiele und das Wissen darüber, welchen Einfluss sie auf die Regeln der Organisationen hatten, unabdingbar. Ein Berater muss sich auf die Spiele einlassen, um zu verstehen, was gespielt wird.

Spannend wäre auch, einen Blick auf die früheren Berater zu richten:

- Wie viele Berater haben schon mitgespielt?
- Welche Beraterspiele werden und wurden gespielt?
- In welcher Sache wurde der Berater dazugeholt?
- Welchen Einfluss hatten die Beraterspiele auf die Organisation?

Enttäuschung wird zynisch

Den Blick auf Vergangenes zu richten ist eines der großen Tabus. Gerade wenn es um Change geht, soll das Neue nicht beschmutzt werden – durch das Alte, Missglückte. Dabei gibt es in den meisten Organisationen eine erzählte Geschichte der (missglückten) Veränderungen – oder viele davon. Will man eine neue Veränderung ermöglichen, wird es darum gehen, die Geschichte der Veränderung anzuschauen und – wo notwendig – neu zu verarbeiten, das heißt: sie zu verändern.

Bei allen Veränderungen geht es in besonderer Weise darum, Menschen zu gewinnen, mit ihnen loszugehen, »aufzubrechen« im eigentlichen Sinne des Wortes, Neues zu wagen, es anders zu machen, sich vielleicht sogar neu zu erfinden. Um das zu erreichen, war in der klassischen Veränderung immer zweierlei notwendig: der Druck durch Hierarchie und die Verführung durch Attraktivität. Die Attraktivität ist die Vision, die oft, im wahrsten Sinne des Wortes, das Wunschbild vieler ist.

Aber genau darin liegt die Gefahr: Veränderung, vor allem Kulturveränderung, ist immer eine Projektionsfläche für übersteigerte Erlösungsfantasien, die immer enttäuscht werden (müssen). Und werden sie nicht als Erfolg erlebt, dann erzeugen sie Zynismus.

Große Visionen werden versprochen – Versprochenes ist immer groß, weil zukünftig und deshalb nicht nachprüfbar. Und je schwerer die Menschen sich unter ihrem Joch beugen, desto größer sind die Erwartungen an den Change. Das erzeugt – unwillkürlich – Hoffnung darauf, dass all das, was schlecht ist, endlich gut wird. Manchmal sind die Erwartungen so hoch, dass gute, aber kleine Veränderungen aus der Erwartungshöhe einfach nicht mehr gesehen werden können.

Berater schüren die Emotionen

Aus Erfahrungen werden in der Regel Erwartungen. Aus unserer Beraterpraxis wissen wir, dass die meisten Menschen keine guten Erfahrungen mit dem Spielverlauf der Veränderungsprozesse gemacht haben und daher nichts Gutes von zukünftigen Spielzügen erwarten.

Etliche Changer sind wie Messiasse, Helden, die gegen Regeln verstoßen und dazu aufrufen. Die für die gute Organisation kämpfen und schließlich ein Teil von ihr sind. Der Berater verkörpert dann die eigentlich gute Idee der Organisation, er erzählt, wie es sein könnte und wovon sie alle träumen.

Die Emotionalisierungsspektakel in Form klassischer Kick-offs (in vielen Fällen eingebettet in Großveranstaltungen) sind häufig billige Einladungen in die Regression, scheinbar Teil eines Ganzen zu werden, das es nicht gibt und nicht geben wird. Sie treiben Menschen noch höher auf die Erwartungsgipfel, und sie fallen tief (oder erfrieren in eisigen Höhen).

Menschen in Unternehmen sind voll von solchen Geschichten. Sie erzählen sie klagend, bisweilen anklagend. Das Jammern der Mitarbeiter – ein bekanntes Ritual in großen Organisationen – könnte allerdings der Anfang einer neuen Verarbeitung des Erlebten sein, wenn die Opfer nicht im Selbstmitleid stecken bleiben. Jammern war schon immer ein Teil der Psychohygiene der Abhängigen. Manchmal glauben wir Autoren (aus eigener Erfahrung), dass ausgiebiges Jammern und Klagen vor Burnout schützen kann, weil all den anderen für alles alle Schuld gegeben werden kann. Gibt es einen wohltuenderen Freispruch? Es mag nicht gerecht und nicht produktiv sein, aber es ist gesund!

Wer also Neues ermöglichen will, muss den alten Geschichten Gehör schenken, auch wenn es Mühe bereitet, weil die meisten Wege zum Neuen durch diese alten Jammertäler führen. Im Folgenden beschreiben wir unsere Methoden, wie aus Jammertiraden und Vorwürfen dann aber doch eine produktive Empörung werden kann, aus der die Energie für eine Veränderung der Veränderung entsteht.

Verstehen ... Die Geschichte der Veränderungen ist auch die Kulturgeschichte des Unternehmens, die es zu verstehen gilt. Hat man sie verstanden, hat man viel verstanden.

In der Veränderungsruinenschau begegnet man den Projekten, die begeistert begonnen und nie beendet wurden. Manager sind keine Häuslebauer, die dranbleiben und rumbasteln, bis es gut ist. Lieber beginnen sie Neubauten. Sie sind Neubaunomaden, ziehen weiter, wenn etwas zu schwierig wird und zu lange dauert. Für die, die sich etwas erhofft hatten, die Sesshaften, ist das schmerzhaft.

Das System wird am besten verstanden, wenn die Art und Weise sowie die Auswirkungen – gute wie schlechte – der vorangegangenen Changes betrachtet und verstanden werden. Daher ist es wichtig, noch bevor der nächste Change eingeläutet wird, anzuschauen, was schon alles versucht wurde. Welche Changismus-Erfahrungen gibt es bereits im System? Und wie war das alles? Diese Art des Vorgehens passt auch gut zu unserer (europäischen) Art der Erforschung (un)bewusster innerer Landkarten: Wer sind wir eigentlich?

Neues Anfangen Deshalb braucht ein Next Change ein neues Anfangen. Das bedeutet, nicht gleich mit neuer Dringlichkeit zu starten. Eben nicht mit der neuesten Version einer Vision, die allen andern gleicht.

Wie wäre ein Anfang durch Innehalten? Mit der Überlegung, was in den vergangenen Veränderungsprozessen schiefgelaufen ist. Wo liegen die Kränkungen? Welche Zynismen waren die Folge? Wie viel Glaubwürdigkeit ging verloren? Das hört sich religiöser an, als es ist, das muss kein Trauerspiel sein und keine Büßerrunde. Face Reality genügt. Das wäre nämlich die Basis für einen Neuanfang. Eine Unterbrechung der bisherigen Changismus-Rituale.

Um Verzeihung bitten Man hat sie noch vor Augen: die Entschuldigungsrituale der TEPCO-Manager aus Fukushima. Das wirkt für unser Empfinden devot, zu gewollt. Es ist aber ein wunderschönes Beispiel einer lebendigen Fehlerkultur, wenn das Management beginnt, über die eigenen Fehler nachzudenken, zu berichten und um Entschuldigung zu bitten. Selten haben wir so intensive Meetings erlebt, selten war der Einstieg in einen Change-Prozess leichter als dort, wo es gelang, mit dieser großen Geste zu beginnen. Und keiner hat das Gesicht verloren. Alle gewannen sie an Glaubwürdigkeit und hätten es vorher nicht für möglich gehalten.

Veränderungsruinenschau Und was spricht dagegen, erst einmal in Workshops daran zu arbeiten, was war, bevor man sich auf die Zukunft stürzt? Das kann in unterschiedlicher Intensität geschehen. Aber die, die sich hauptberuflich damit auseinandersetzen, das Ändern beizubringen oder zu ändern, die internen Teams und die externen auch, die sollten sich das Vergangene genauer anschauen. Und nicht nur wegen der Katastrophen, sondern auch, um das zu finden, was funktioniert.

Wie macht man eine Veränderungsruinenschau?

Eine Veränderungsruinenschau ist keine Großveranstaltung. Aufmerksames Zuhören und das Verstehen der Vergangenheit finden, in kleinen Runden statt. Mit den Führungskräften, mit den Change-Erfahrenen. Die Offenlegung und das Durchsprechen alter Enttäuschungen und Fehler helfen der Organisation und dem Einzelnen, ein neues Bild zu entwickeln und eine neue Geschichte zuzulassen.

- Welche Veränderungsprozesse waren für unsere Organisation bedeutsam?
- Welche Ziele hatten wir und welche sind erreicht worden?
- Welche Gruppen in der Organisation haben den Prozess in welcher Weise erlebt?
- Welche Verlierer, welche Gewinner gab es?
- Wer erzählt welche Geschichten über den Prozess?
- Welche Konsequenzen wollen wir ziehen?

Der gemeinsame Spaziergang durch die Veränderungsruinen und die Moderation des gemeinsamen Gesprächs bei der Beantwortung der Fragen sind in dieser Beratungsphase die zentrale Arbeit. Durch die Auseinandersetzung mit der Veränderungsbiografie wird vieles verständlich und transparent – kurz gesagt: Die Ruinenspaziergänger erhalten eine Antwort auf die Frage: Wie ticken wir eigentlich? Was bedeutet das für unser Passagement?

Anders verstehen

Wenn Lösungsversuche Probleme machen ...

*»Hm ... wenn das die Lösung ist,
dann hätte ich gerne mein Problem zurück!«*

(Ein Kunde)

Organisationen lösen Probleme in der Regel mit den Strategien, die üblicherweise erfolgreich sind. Eine solche Strategie kann der Einkauf externer Beratungsleistungen sein. Misslingen Lösungen mit den üblichen Mitteln, verschärft sich der Problemdruck. Auch solche Situationen sind Anlässe für Beratung. Die gesamte Problemlösungsstrategie muss überdacht werden. In solchen Fällen arbeiten wir mit Konzepten, die auf der Arbeit von Steve de Shazer beruhen und von uns modifiziert wurden.

Probleme und Lösungen

Alltagsproblem und Alltagsbewältigung

Beispiel 1: Train the Changer

Ein Personalentwickler in einem mittelständischen Unternehmen versteht seine Arbeit als Trainingsvermittler. Führungskräfte werden in Seminaren geschult. Als Vorbereitung und Begleitmaßnahmen für eine Zusammenlegung zweier Bereiche kauft er Seminare zum Thema Change-Kompetenz bei einem Trainingsanbieter ein. Die Seminare finden zunächst viel Zuspruch, dann immer weniger. Die Teilnehmer beklagen sich über zu wenig Praxisrelevanz. Der Personalentwickler wechselt daraufhin den Trainingsanbieter.

Beispiel 2: Teamentwicklung sticht Strukturveränderung

Eine interne Change-Abteilung erhält den Auftrag, die Einführung neuer Geschäftsprozesse in einer Abteilung der eigenen Organisation zu begleiten. Die Changer legen ihren Schwerpunkt auf Teamentwicklungsmaßnahmen, weil die Mitarbeiterzufriedenheit bei der Mitarbeiterbefragung schlechte Werte hatte. Die Einführung der neuen Prozesse gelingt nur unzureichend. Die Mitarbeiter sind unzufrieden mit den neuen Prozessen, die nicht funktionieren. Die Changer führen das auf die Unzufriedenheit der Mitarbeiter zurück und holen externe Berater für eine intensivere Teamentwicklung.

Beispiel 3: Die Nummer mit dem Kummer(kasten)

In einer Organisationseinheit mit viel Schichtbetrieb und wechselnden Teamzusammensetzungen werden Qualitätsprobleme plötzlich sichtbar, weil gesetzliche Rahmenbedingungen Offenlegungen erforderlich machen. Es kommt zu gegenseitigen Schuldzuweisungen und zu spürbarer Unzufriedenheit. Über viele Jahre sind es die Mitarbeiter gewohnt, von ihren Führungskräften nur schriftliche Anweisungen zu erhalten. Viele sehen ihre Führungskräfte nur wenige Male im Jahr. Als Lösungsmaßnahme installiert die Bereichsleitung Kummerkästen, die anonym genutzt werden können, und lässt Qualitätszahlen am Schwarzen Brett aushängen. Die Kummerkästen werden kaum genutzt, aber die Qualitätsprobleme verschwinden. Auf Nachfrage geben die Mitarbeiter zu, die Dokumentation – nicht die Qualität – ihrer Arbeit geändert zu haben. Die Bereichsleitung ist davon überzeugt, dass die anonymen Kummerkästen geholfen haben.

Die »richtigen« Lösungen für diese drei Probleme finden Sie im letzten Abschnitt dieses Kapitels!

Arbeit könnte beschrieben werden als der permanente Versuch, die Ist-Situation einer gewünschten Soll-Situation anzugleichen. Manchmal kommt es dabei zu Schwierigkeiten in Form von Hindernissen oder Ähnlichem. Die Arbeit besteht dann darin, die Schwierigkeiten zu beheben beziehungsweise das Hindernis aus der Welt zu schaffen. Meistens funktioniert das. Manager beschreiben ihre Arbeit oft so, als täten sie nichts anderes: Schwierigkeiten beheben, um die Ist-Soll-Verwandlung zu gewährleisten. Gelingt es nicht, die Schwierigkeiten wie üblich zu beheben, dann hat man ein Problem.

Probleme rufen in der Regel Lösungsversuche auf den Plan (wenn man nicht einer viel zu alten Weisheit folgen will: Was von selbst kommt, geht auch wieder von selbst). Probleme werden dann auch immer zu Bewährungsproben. Sie verlassen die Routinen und haben Potenzial für Menschen, sich zu beweisen: als Kompetenzträger, als Helden, als Besserkönner und so weiter. Das können Routinen in der Regel nicht bieten. Die Bewältigung von Problemen ist somit stets auch eine Quelle der Selbstbestätigung. Manchmal ihre Ursache.

Ursachen und Wirkungen

Lösungsversuche sehen in der Regel so aus, dass versucht wird, die Ursachen des Problems zu finden und zu beseitigen. Die häufigsten Erfolge bei Problemlösungen scheinen in diesem Vorgehen begründet. Keine Wirkung ohne Ursache. Ursache weg. Problem weg. Menschen konnotieren Probleme mit Ursachen. Diese Konnotationen sind abhängig von ihrem Fühlen, Wissen, Denken ... von ihren Erfah-

Anders verstehen

rungen ... Manchmal führt die Synchronizität des Auftretens zweier Ereignissen dazu, sie in eine kausale Verbindung zu bringen. In einer Vielzahl der Fälle funktioniert auch hier das Vorgehen: Eine Ursache wird identifiziert, eliminiert und das Problem verschwindet.

Wirklich haarig wird es erst, wenn ein oder mehrere Lösungsversuche scheitern. Was dann? In der Regel wird das Problem dann als »schwierig« eingestuft. Lösungsversuche helfen nicht.

In vielen Fällen geschieht anschließend das: Es werden andere Ursachen gesucht und nach dem obigen Muster verfahren. Oder die Lösungsversuche werden intensiviert. Es wird mehr des gleichen Lösungsmusters versucht. Gleichzeitig wird das Problem als »sehr schwierig« eingestuft.

In der Regel sind Lösungsversuche das, was einer, der ein Problem hat, tut, um es loszuwerden. Naturgemäß wird derjenige, der Lösungsversuche unternimmt, diese als das bestmögliche Vorgehen einstufen. Die meisten Menschen neigen in der Regel nicht dazu, ihre eigenen Lösungsversuche als problematisch anzusehen: Sie versuchen ja alles nach bestem Wissen und Gewissen. Normalerweise führen nicht erfolgreiche Lösungsversuche zu einer Aufwertung des Problems (und nicht zu einer Disqualifizierung der Lösungsversuche). Das Problem wird als besonders problematisch gesehen. Problematisch heißt schwer lösbar. Je problematischer, desto unlösbarer.

Der Blick auf die Lösungsversuche

Die Ursache für Probleme mit Problemen liegt vor allem darin, dass bei nicht funktionierenden Lösungen meist nicht eine andere Lösung, sondern mehr derselben Lösung versucht wird. Oft führt das zu einer Stabilisierung oder Verstärkung des Problems.

Wenn Lösungen Probleme nicht lösen, sind sie keine Lösungen mehr, sondern Teil des Problems. Es sind dann Lösungsprobleme. Lösungen werden vor allem dann zu Lösungsproblemen, wenn die Überzeugung vorherrscht, die versuchte Lösung sei der einzige Weg, das Problem aus der Welt zu schaffen.

Der Einstieg in einen Veränderungsprozess bedeutet häufig den Einstieg in einen Kreislauf, in dem die Überzeugungen über Ursachen und ihre Lösungswege (auch wenn sie nicht helfen) fest zementiert zu sein scheinen. Berater tauchen ein in einen Kosmos von Problemzuschreibungen und Lösungswegelagerern. Oft werden sie mit »großen Problemen« konfrontiert und sollen alte Lösungsversuche einfach nur besser machen. Hier helfen Steve de Shazers Ideen, die er in zahlreichen Büchern veröffentlicht hat.

Lösungsmuster

Literaturtipps

Das Grundlagenwerk zur lösungsorientierten Kurzzeittherapie ist sein Buch »Der Dreh. Überraschende Wendungen und Lösungen in der Kurzzeittherapie« (2012). De Shazers Ansatz ist eine spannende Verschmelzung der hypnotherapeutischen Interventionen Milton Ericksons mit lösungsorientierten Vorgehensweisen der systemischen Kurzzeittherapie. Eine sehr gut lesbare Zusammenfassung der Arbeit Steve de Shazers und seiner Frau Insoo Kim Berg (auch für fachfremde Leser) ist »Mehr als ein Wunder: Die Kunst der lösungsorientierten Kurzzeittherapie« (Shazer/Dolan 2013). Die Leser erhalten einen umfassenden Einblick in die Grundlagen dieser Therapieform und zahlreiche Fallbeispiele der lösungsfokussierten Kurzzeittherapie.

Anders verstehen

Gaben wir früher bei Problemlösungen sofort unser Bestes und wollten alte Lösungsversuche nur besser machen, machen wir nun Problembesitzer mit dem lösungsorientierten Ansatz tiefer vertraut. Dabei vermitteln wir Impulse des lösungsorientierten Ansatzes, statt direkt an Lösungsversuchen zu arbeiten. Häufig mit beeindruckenden Veränderungen im Hinblick auf die Art und Weise, wie Probleme in der Organisation angegangen werden.

Impuls 1: Soll etwas verändert werden? Handelt es sich überhaupt um ein Problem? Oder muss das Problem als etwas akzeptiert werden, was so ist, wie es ist? Letzteres erkennt man meist daran, dass anderswo mit ähnlichen Umständen gekämpft wird.

Ein Problem macht sich verdächtig, wenn es zu lange ungelöst bleibt, weil es die Vermutung nährt, dass es an dem vermeintlich Schlechten auch etwas Gutes gibt. »Cui bono?«, lautet also die Frage. Erst wenn der Nutzen, den die Organisation aus einem Problem zieht, geringer ist als das damit verbundene Leid, ist sie bereit, etwas zu ändern.

Fragen, die weiterhelfen, sind:

- Wie erhält die Organisation das Problem aufrecht?
- Was müsste passieren, damit das Beschlossene nicht umgesetzt wird?

Impuls 2: Die Zukunft ist wichtiger als die Vergangenheit Lassen wir die Vergangenheit dort, wo sie hingehört: im Vergangenen. Nicht interessant sind Ursache-Wirkung-Zusammenhänge. Lösungsorientiertes Denken heißt hingegen, die Auflösung des Problems nicht in der Ursache zu suchen, sondern in der Frage, wie sich die Zukunft verändern lässt.

Fragen dazu sind:

- Was kann die Organisation zukünftig anders machen, um das Problem nicht mehr zu haben?
- Wer muss wie handeln?
- Wenn über Nacht ein Wunder geschähe, was wäre dann anders?

Impuls 3: Die Lösung ist schon vorhanden Wer ein Problem hat, hat eine Ahnung von der Lösung. Wer unter einem Problem leidet, muss eine Idee davon haben, wie es wäre, wenn das Problem nicht vorhanden wäre. Das heißt aber in der Regel, dass Zustände bekannt sind, in denen das Problem nicht existiert. Diese Momente, diese Zeiten interessieren. Denn sie bringen nicht das Problem näher, sondern die Lösung. Organisationen stabilisieren in ihren Vorgehensweisen sich selbst und sind durch ihre Regeln und Strukturen konservativ.

Fragen dazu:

- Wenn es sich um ein Problem handelt, das anderswo vielleicht nicht so auftritt oder gelöst wurde, taucht die Frage auf: Welche Lösungen wurden versucht? Wie halten sie das Problem aufrecht?
- War es schon immer so?
- Gab/gibt es Ausnahmen, wo das Problem so noch nicht auftrat/auftritt?

Impuls 4: Kleine Änderungen in der Sichtweise oder im Tun genügen Wird das Problem deshalb stabilisiert, weil die Überzeugung dominiert, der aktuelle Lösungsversuch sei der richtige, genügen schon kleine Veränderungen, um große zu erzeugen. Es geht nicht darum, zu verstehen, wie ein Problem zustande kommt, sondern darum, Spielregeln zu ändern, ein anderes Spiel zu spielen.

Fragen dazu sind:

- Welche Ursache-Wirkung-Überlegungen dominierten unser Handeln bisher?
- Wenn wir ganz andere Ursachen annehmen würden, welche Handlungen würde das nach sich ziehen?

Übrigens: Alle drei in den Beispielen beschriebenen Lösungsversuche haben geholfen:

- Im ersten Fall führte der Wechsel des Trainingsanbieters tatsächlich zur vermehrten Teilnahme an den Seminaren (ob die Zusammenlegung der beiden Bereiche tatsächlich ein Erfolg war, wollte uns auch nach mehreren Jahren niemand bestätigen – es wurde aber auch nie dementiert).
- Im zweiten Fall haben die Externen intensiv die Teams entwickelt. Die Prozessvorgaben werden nach wie vor nicht eingehalten, aber alle verstehen sich prächtig, und die Ergebnisse stimmen.
- Im dritten Fall blieb die Bereichsleitung von der Lösung überzeugt. Obwohl unsere Psychologen Studien vorlegen konnten, die bewiesen, dass Kummerkästen keine Wirkung haben. Inzwischen ist der Bereichsleiter in die Konzernzentrale aufgestiegen und arbeitet daran, die Kummerkästen konzernweit zu installieren. Unsere Psychologen bekamen allerdings keine Aufträge mehr von diesem Kunden ...

Dekonstruktion der Kommunikation

Werden Abteilungen oder Teams neu zugeschnitten, Zuständigkeiten anders geordnet, Reportings frisch zugeteilt und Organigramme neu gemalt, dann sollen die, die zuvor zu jemandem »Chef« gesagt haben, es nun bei einem anderen tun; oder diejenigen, die sich vorher als »Team« bezeichnet haben, sollen das nun nicht mehr tun. Die Aufbauorganisation ist somit verändert worden.

Sollen Menschen, die vorher voneinander etwas wollten, nichts mehr voneinander wollen und die, die zuvor miteinander Abmachungen getroffen haben, das nicht mehr miteinander, sondern mit anderen tun, dann sind die Prozesse neu konzipiert worden.

Wenn Ausreden und Begründungen, die vorher gewählt wurden, nicht mehr genutzt oder freundlicher formuliert werden sollen; wenn bestimmte Sichtweisen, die zuvor verschwiegen wurden, jetzt gesagt werden sollen, dafür aber anderes nicht mehr gesagt werden soll, dann heißt das: Kulturveränderung.

Wenn das, was bisher gesagt wurde, aus anderen Gründen oder zu anderen Zwecken als bisher gesagt werden soll, wurde die Strategie verändert.

Organisation verändern heißt immer Kommunikation verändern. Das wissen wir von den Systemikern. Sie fanden den Ausweg aus dem alten Dilemma: Personen verändern oder Strukturen verändern? Kommunikation verändern!

Wie geht das?

Ein kurzer Blick auf den klassisch-systemischen Change hilft vielleicht: Üblicherweise wird kein prinzipieller Unterschied zwischen einer Gruppe und einer Organisation gemacht. Für Berater manifestiert sich die Organisation in wechselnden (Workshop-)Gruppen, auf die sie dann einwirken. Sie verstehen sich als Veränderer von Gruppenkommunikation, aus der die Organisation besteht. Verändern sie die Kommunikation der Workshop-Gruppen – so die Logik –, verändern sie die Organisation. Das geschieht bei systemischen Organisationsberatern mit gruppendynamischen Übungen und Lernspielen, die man noch aus den alten Encounter-Gruppen kennt.

Die Erfahrung zeigt: Das reicht nicht aus. Die alte Zen-Weisheit: »Wenn ein Baum im Wald umfällt, macht er auch ein Geräusch, wenn niemand es hört«, lautet, übertragen auf den systemischen Berater: »Wenn kein Berater mehr zuhört, wie lange hält sich ›gute‹ Kommunikation?«

Die Schwierigkeit, die Kommunikation in realen Arbeitskontexten zu verändern, lösen die Betroffenen häufig, indem sie gedanklich zwei Sprachwelten schaffen. Zwei Kommunikationsweisen. Sich in zwei Rollen teilen: Seminar- und Workshop-Welt auf der einen und Alltagswelt auf der anderen Seite. Gab man sich in der einen fröhlich offenes Feedback und beschwor die neue Fehlerkultur, fällt man in der anderen ganz erlöst wieder zurück in geübte Muster und lässt alles beim Alten. Damit kommt man ganz gut durch.

In Organisationen existiert ein Kommunikationsuniversum »Workshop und Seminar« neben anderen Paralleluniversen – ohne gegenseitige Berührungen und Bedeutsamkeiten füreinander. Erfahrenen Bewohnern von Unternehmenswelten fällt es leicht, zwischen den Universen zu pendeln und jeweils den passenden Slang zu wählen.

In Unternehmen kennen die meisten die Praxis des »Schönredens« zur Befriedung von Chefs, Kontrollgremien oder Kollegen, um Schlendrian zu vertuschen, Zeit zu gewinnen oder Probleme einzugrenzen, indem man sie dort lässt, wo man sie nicht lösen kann, statt sie nach oben zu tragen, wo man sie zwar auch nicht lösen kann, aber heroischen Manageraktionismus auslösen würde. Eine Art Mixtur von Ausreden, Schönfärberei und Wirklichkeitsumschreibung, oft PowerPoint-gestützt, wortreich, blumig, farbenfroh. Viele kennen solches Tun noch aus der Schule, wenn die Hausaufgaben fehlten ...

Mag sein, dass Kommunikationen verändert werden, allein die Frage bleibt: Wie groß ist ihr Gültigkeitsbereich und was wird geredet, wenn der Berater weg ist?

Kommunikationsanalyse als Rollenanalyse

In unserer Beratungspraxis erweitern wir die Perspektive über die Kommunikation hinaus und arbeiten zunehmend mit rollenanalytischen Elementen. Dabei hilft uns die dramatologische Sicht, die eine Organisation als interaktive Inszenierung versteht, wie sie unter anderem Ferdinand Buer verschiedentlich dargestellt hat (Buer 2010; auch Buckel, Christoph in: Reineck/Anderl 2012, S. 25 und S. 369 ff.; Ameln/Kramer 2007, S. 17 ff.).

Zentrale Elemente dieser Perspektive auf Organisationen sind folgende: Menschen in Organisationen sind Rolleninhaber und Rollenspieler. Sie sind aktiv und passiv an Spielen beteiligt. Spiele sind Handlungs- und Kommunikationsmuster, denen eine Regelhaftigkeit zugeschrieben werden kann und in denen bestimmte Rollen verteilt sind. Rollen können beschriebene Positionen in Organisationen (CEO, Betriebsrat, Leiter IT) oder informeller Natur sein (graue Eminenz, Liebling des Chefs, Lame Duck). Diese Spieler sind es, die die Organisation ständig (re)produzieren, sie erzeugen das System, in dem sie leben. Rollen sind bestimmt durch

Anders verstehen

Vorgaben, Erwartungen, Zuschreibungen, Interpretationen von außen und vom Rollenträger selbst. Rollenträger erfüllen in unterschiedlicher Weise Erwartungen von außen und nutzen die Rolle auch in unterschiedlicher Ausprägung für eigene Pläne, Interessen und Vorstellungen. Im Rahmen der Toleranzen, die von außen durch Normen und Konsequenzen vorgegeben sind, können Rollen sehr unterschiedlich interpretiert werden. Es gibt Spielräume. Damit werden Rollenakteure gleichzeitig zu ihren eigenen Drehbuchschreibern und Regisseuren.

Rollen in Organisationen sollen Kontingenz reduzieren und Handlungen vorhersagbar machen. Diese Erwartung wird nur zum Teil erfüllt. Auch in einem Fußballspiel sind die Rollen und Ziele klar verteilt, und dennoch bleibt der Spielverlauf meist offen.

Zur Durchsetzung von Machtspielen gilt beispielsweise: In Unternehmen können formal ranggleiche Personen ganz unterschiedliche Einflusspotenziale haben, und auch Mitarbeiter können ihre Führungskräfte fest im Griff haben und deren Entscheidungen mitbestimmen. Solche Spiele werden in komplexen Organisationen gespielt, weil Interessen üblicherweise nur dadurch umgesetzt werden können, dass Koalitionen gebildet werden. Rollenspieler verhalten sich »mikropolitisch«, indem sie Gefolgsleute anwerben, die sie für das Erreichen der eigenen Ziele arbeiten lassen und die ihnen als Gegenleistung ihrerseits Unterstützung gewähren.

Spiele in Organisationen haben, wie alle anderen Spiele auch, bestimmte Regeln. Dadurch gibt es Spielräume, Spielchancen, aber ebenso die Möglichkeit, ausgespielt werden zu können. Manchmal haben die Spielarten und die Spielregeln einer Organisation eine gemeinsame Charakteristik, die mit der Geschichte oder Branche zu tun hat (Form dominiert Inhalt, Solidarität vor Individualität, Schnelligkeit vor Abstimmung und so weiter).

In unserer Arbeit haben wir den Versuch aufgegeben, eine Zentralperspektive auf ein Unternehmen zu finden. Wir wissen: Wir betreten eine große Spielwiese, auf Einladung von Spielern, die Spiele spielen. Vielleicht ist es die Einladung, Spiele zu verändern, zu beenden, oder sie ist selbst nur ein Spielzug. Ein alter Berater sagte einmal: Ein Berater ist kein Berater. Er übernimmt Funktionen in Spielen. Oft sind externe Berater Veränderungsspielprofis, die eingewechselt (oder ausgewechselt) werden, um gegen die Widerstandsspielprofis besser spielen zu können. Inzwischen gibt es in den großen Konzernen routinierte heimische Veränderungsspielprofimannschaften, die nur wenig Verstärkung durch externe Profis brauchen. Man trifft hier auf eingespielte Gegner, die mindestens eines verbindet: Change-Routinen (im Angriff oder in der Abwehr, je nachdem).

Was bedeutet die rollenanalytische Sicht für die Beratung?

Wie die Arbeit in einer Organisation aussieht und wie sie organisiert wird, hängt also von den Spielweisen dieser verschiedenen Akteure (Rollen) ab. Sie können sich ergänzen, nebeneinanderher laufen, leerlaufen oder gegeneinander spielen. Berater werden manchmal gerufen, wenn Akteure aus Unternehmen mit Spielen oder Spielweisen nicht mehr zurechtkommen oder wenn bestimmte Spiele gar nicht gespielt werden. Manchmal sind Berater von vornherein Teil eines Spiels, oder sie werden es.

Berater helfen in der Regel, Verwirrspiele zu ordnen, Dynamiken, Spielzüge, Logiken und Muster herauszuarbeiten und Möglichkeiten für neue Spielzüge oder Mitspieler zu finden. Letztlich geht es darum, zu verstehen, warum bestimmte Akteure tun, was sie tun. Gelingt es, ihre Spiellogik nachzuvollziehen, Spiele aufzudecken, ist viel gewonnen.

Berater kommen, um zu erforschen, was sich wirklich abspielt – sie »müssen aber auch wissen, was sich abspielen sollte und was sich abspielen könnte« (Buer 2010, S. 255).

Methodisch ermöglicht die Spielmetapher die Reflexion, Beschreibung, Erklärung und Veränderung von Kommunikationsphänomenen. Aus Opfern werden Täter. Wo es Inszenierungen gibt, kann es auch Neuinszenierungen geben. Nach unserer Erfahrung gelingt es Menschen aus Organisationen leicht und schnell, solche Spiele zu identifizieren und zu benennen, Rollen im Spiel zu zeigen. Auch nehmen sie die Spielallegorie gern auf, weil ihnen die Zwecklosigkeit (im doppelten Sinne des Wortes, Abkopplung vom Unternehmenszweck, Freiheit von Sinn des Spiels um des Spiels willen), die der Spielbegriff nahelegt, gut passt.

Organisation als Spielfeld zu begreifen bedeutet damit auch, bestimmte Strategien zu verstehen. Am Beispiel sogenannter Widerstandsphänomene ist das sehr auffällig. Oft wird Widerstand gegen Wandel als Geschlossenheit Einzelner oder einzelner Gruppen oder durch »bürokratischen Immobilismus« (Willke 1992, S. 25) verstanden, jedoch selten wird der Widerstand »als sehr rational begründete Strategie bestimmter Akteure rekonstruiert, für die ein Innovationsspiel mehr Nach- als Vorteile mit sich bringt« (Iding 2010, S. 202).

Werden Change-Spiele gespielt, sind die Rollen in den meisten Fällen klar verteilt. Die Guten sind: die Progressiven, die etwas verändern und aus Amtsschimmeln Rennpferde machen wollen (auf dieser Seite sind üblicherweise die Berater). Die Bösen sind: die Konservativen, die nichts verändern wollen und für Kontinuität eintreten oder gegen alles oder für gar nichts zu sein scheinen. So werden zwangsläufig Sieger und Verlierer produziert.

Eine Alternative wäre das Verändern der Metaregeln im Metaspiel. Dazu sind zunächst Verstehen und Analysieren notwendig. Wir folgen Iding, wenn er schreibt: »Diagnoserelevante Informationen zu gewinnen verlangt strategisches Vorgehen des Beraterteams und ist nicht mit der naiven Informationsbeschaffung der klassischen OE zu verwechseln, die umfassende Fragebogenaktionen an den Anfang der Beratung stellte« (Iding 2010, S. 201).

Wir arbeiten in der Regel nicht in der Reihung: zuerst Diagnose, dann Intervention. Interventionen sind immer auch Diagnosen und umgekehrt. Zur Veranschaulichung folgen nun einige »Bei-Spiele«, die gern in Unternehmen gespielt werden.

Beispiele

Beispiel 1: Entscheidungsloses Management (Innovationsspiel)

Rollen: Abwägende Perfektionisten, unzufriedene Progressive.
Ort und Handlung: Managementmeetings, in denen Entscheidungen für Veränderungen getroffen werden sollen.
Wiederkehrende Spieldynamik: Die unzufriedenen Progressiven wollen abschaffen, neu einführen, verändern. Die abwägenden Perfektionisten sorgen sich um Konsequenzen, möchten erst sämtliche Facetten betrachten. Es gibt höflichen Austausch von Vorteilen und Bedenken. Entscheidungen werden vertagt.
Möglicher Gewinn: Entscheidungen werden vermieden. Die abwägenden Perfektionisten verhindern eine Veränderung, ohne offen dagegen zu sein. Die unzufriedenen Progressiven können vorgeben, alles versucht zu haben.

Beispiel 2: Kreativ-spontanes Management (Innovationsspiel)

Rollen: Dynamische Manager, sture Operative.
Ort und Handlung: Strategieentwickelnde Manager in Meetings oder Workshops und nachfolgende Rollouts.
Wiederkehrende Spieldynamik: Die Manager sind schnell und begeistern sich für neue Ideen. Kreativ, flexibel, voll von Innovationen, wollen sie mitreißend sein und andere begeistern. Probleme werden zu Herausforderungen umfunktioniert, häufig auch nur oberflächlich übergangen. Es werden Visionen und Handlungsfelder beschrieben, Broschüren verfasst. Sie treiben vieles voran, bringen aber wenig zu Ende. Die operativen Führungskräfte verhalten sich eher gewissenhaft und regelkonform. Sie verhalten sich wie Bedenkenträger und reden in Ja-aber-Sätzen.
Möglicher Gewinn: Die Feindbilder sind klar beschrieben. Es sind die anderen. Erfahrungsgemäß gibt es in der Gruppe der Manager Zweifler am Kurs, genauso wie in der Gruppe der Operativen. Weil die Rollen jeweils von den anderen schon besetzt sind, erspart man sich eine unangenehme Auseinandersetzung mit der eigenen Peergruppe.

Beispiel 3: Vorsicht, beleidigte Mitarbeiter! (Innovationsspiel)

Rollen: Nette Manager, beleidigte Mitarbeiter.
Ort und Handlung: Unternehmen in der Krise.
Wiederkehrende Spieldynamik: Offensichtlich sind die Ergebnisse schlecht und die Kunden unzufrieden. Die meisten Mitarbeiter sind seit vielen Jahren im Unternehmen und zeigen sich voller Leidenschaft. Das Management beschließt einen Veränderungsprozess zur Neufokussierung und Qualitätsverbesserung.
Im obersten Führungskreis zeigen sich die Manager radikal und wild entschlossen, auch unangenehme Entscheidungen umzusetzen. Die gleichen Manager sind in der Kommunikation der Entscheidungen und in der Umsetzung der beschlossenen Maßnahmen im eigenen Bereich zaghaft und vorsichtig. Rücksicht und Sanftheit prägen alle Formulierungen. Die Notwendigkeit für eine Veränderung wird nicht gesehen. Gleichzeitig entsteht der Eindruck, dass es gar nichts zu besprechen gibt.
Gewinn: Das Vermeiden verhindert, dass Probleme offen angesprochen werden und Mitarbeiter eventuell beleidigt reagieren. Es besteht die Sorge, dass die Mitarbeiter der Führung ihre Loyalität kündigen, wenn Tabus gebrochen werden. Im Kreis der Führungsmannschaft wird das Problem nicht angesprochen, man zeigt sich wild entschlossen, oder Themen werden einfach abgenickt und/oder diffus gehalten, um weiter im eigenen Feld das tun zu können, was man für richtig hält.

Beispiel 4: Reziprozität (Machtspiel)

Rollen: Helfer und Gerettete.
Ort und Handlung: Fertigung.
Wiederkehrende Spieldynamik: Zwei Meistereien sind unterschiedlich erfolgreich. Die Ausbringung ist in der einen viel höher als in der anderen. Die Krankenzahlen differieren erheblich. Es gibt eine gute Meisterei und eine schlechte. Der »gute Meister« hilft dem anderen gern aus, verlangt dafür aber Entgegenkommen bei der Verteilung von Ressourcen und Vorzügen, die der guten Meisterei Vorteile bringen und die Unzufriedenheit in der »schlechten« Meisterei verstärken.
Gewinn: Ein Status quo wird aufrechterhalten, weil es keine anderen Lösungen zu geben scheint oder diese als zu riskant eingeschätzt werden.

Spiele wie die beschriebenen entstehen, wenn Menschen zusammenarbeiten. Sie haben keinen Anfang, keinen Urheber. Sie sind Evolutionen von Kooperation, die überleben, weil sie in eine Binnenstruktur passen. In den meisten Fällen werden sie als Problem erst dann wahrgenommen, wenn man sie im Kontext des Ganzen betrachtet. Für die Spieler allerdings ist das Spiel oft kein Problem, sondern eine Lösung, wenn auch nicht immer die angenehmste. Weil Spiele nicht als Spiele erkannt werden und sie den Spielern alternativlos erscheinen, erleben wir die Wirkung von solchen Spielanalysen meist als überraschend und befreiend für alle Spieler. Spielanalysen sind – so erscheint es uns – das Lachen einer Organisation über sich selbst.

Die Methode Berater-Netzwerk-Analyse Je mehr gespielt wird, desto stärker ist auch die Wirkung der Analyse auf eine Veränderung. Je mehr die Spieler bei der Analyse eingebunden sind, desto besser verstehen sie die Dynamik und umso größer ist der Wunsch, etwas zu verändern. Spiele funktionieren nur, solange sie nicht als Spiele entlarvt sind. Spiele werden entlarvt, indem ihre Regeln beschrieben werden, wodurch die Vorhersagbarkeit der Kommunikationssituation möglich wird. Wir beschreiben im Folgenden die Methode der Berater-Netzwerk-Analyse. Zum einen gibt es die Möglichkeit, auf kommunikativer Ebene zu reflektieren, und zum anderen, in spielerischer Art die Thesen zu finden, mit der die Organisation sich umgibt.

Die Berater-Netzwerk-Analyse

Kommunikation lässt sich am besten in Kommunikation reflektieren. Man muss über Spiele gemeinsam sprechen, um sie wirklich zu verstehen. Verstehen heißt: Spielstrategien nachvollziehen, Regeln identifizieren, Gewinne und Verluste bilanzieren und die Beteiligung der verschiedenen Akteure aufzeigen.

Dabei verzichten wir auf die Suche nach einer zentralen Perspektive und nutzen stattdessen viele unterschiedliche Sichten. Im Folgenden eine Auswahl von Perspektiven:
- Mensch und Rolle
- Kommunikation/Unternehmenskommunikation
- Deutungsmuster und mentale Modelle
- Legitimation (Sein und Schein)
- Macht und Spiele

Erste Perspektive: Mensch und Rolle

Die Grundfragen lauten: Wie verhalten sich die Menschen im Unternehmen? Wie denken und fühlen sie? Fragen nach: Gewordensein, Denkmustern, Deutungsmustern, Stimmungen, Verfasstheiten.

Auf der Verhaltensebene geht es um Folgendes: Verhalten, interaktioneller Umgang, Stimmung, Deutungsmuster, Höhe der Klagemauer, Interventionen/Analysen.

Zweite Perspektive: Kommunikation/Unternehmenskommunikation

Die Grundfrage ist: Ist die Kommunikation professionell?
Verhaltensebene: Offenheit, Ehrlichkeit, Substanz der Kommunikation in Gremien/in Medien.

Dritte Perspektive: Deutungsmuster und mentale Modelle

Folgende Grundfragen sind wichtig: Welche Muster gibt es bei den Sinnkonstruktionen? Welche Informationen gibt es über den Verlauf der letzten (Innovations-, Führungs-, Kommunikations-)Spiele? Welchen Einfluss haben sie auf die Regeln?
Verhaltensebene: Eine Analyse der Narrative zeigt, welche Richtungen bei der Erklärung von Phänomenen eingeschlagen werden (das machen die nur, weil …). Was ist der Mainstream der Kommunikation? Welche Redewendungen tauchen immer wieder auf? Welche Geschichte hat die Organisation am meisten geprägt? Was ist das größte Problem?

Vierte Perspektive: Legitimation (Sein und Schein)

Grundfrage: Von wem werden Prozesse, Regeln und Strukturen als passend erlebt, von wem nicht, und inwieweit bilden sie tatsächlich das Tun der Organisation ab?
Verhaltensebene: Flachheit, Machtdistanz, Unterlaufungsgrade, eigentliche Belohnungsmuster/Legitimationen.
Weitere Fragen: Welche Muster gibt es bei der offenen und heimlichen Belohnung von Verhalten? Wie ist das Unterlaufen der Regeln geregelt? Mit welchen Begründungen werden Regeln gebrochen? Wie werden Regeln unterlaufen, umgangen, und wie wird darüber geredet? (Legitimation) Was sind eigentlich die Belohnungsmuster? (Legitimation)

Fünfte Perspektive: Macht und Spiele

Grundfragen: Wer bestimmt eigentlich die Regeln? Welche Standardspiele werden gespielt? Wem nützen die Spiele, die gespielt werden, noch, für welche anderen Zwecke?
Verhaltensebene: die Key-Player im System finden. Wer hat Beziehungsmacht? Machttabus und Abhängigkeiten im System identifizieren. Wer hat Einfluss und nutzt ihn zu wenig?

Was machen wir nun mit den Antworten auf diese Fragen? – Bei der Betrachtung dieser Elemente geht es uns vor allen um ihr Zusammenspiel. Wir schauen Achsen an, Einzelelemente und ihren Bezug zum Ganzen. Wir nutzen für die Datensammlung und das Erstellen eines Gesamtbilds Berater, die in der Organisation arbeiten,

Anders verstehen

und Unbeteiligte. Dabei folgen wir der Erfahrung, dass Kommunikation nur in Kommunikation begriffen werden kann. Die Methode der Berater-Netzwerk-Analyse konstituiert ein Ergebnis, das die Stimmung und die Reaktionen der Berater auf das System als Teil des Kommunikationsgeschehens einbezieht. Mit einer anderen Methode würden wir ein anderes Ergebnis erhalten. Die Berater-Netzwerk-Analyse geht über klassische Interviews oder das naive Sammeln von Informationen hinaus. Sie wird an mehreren Zeitpunkten eines Beratungsauftrages eingesetzt.

In der Anfangsphase machen wir uns ein Bild von der Organisation, indem wir nach ersten Gesprächen im Beraterkreis Thesen bilden. Die Berater-Netzwerk-Analyse besteht in einer Art informeller Befragung vieler Beteiligter. Dabei hilft unser guter Beziehungsaufbau, wir interessieren uns vor allem für Flurgespräche und informelle Zugänge. Wir nutzen alle möglichen Kanäle. In sequenziellen Netzwerktreffen werden die Fragen von allen Beteiligten immer wieder (neu) beantwortet und zur Thesenbildung genutzt.

Die Thesen der Berater-Netzwerk-Analyse werden in verschiedenen Gremien der Organisation zur Diskussion gestellt und dienen so der Reflexion und dem Distanzgewinn.

Einige Ergebnisse aus Berater-Netzwerk-Analysen

Die Kommunikation ist nicht offen und ehrlich: Die Fehlerkultur ist intransparent. Informationen werden geschönt und gefiltert. Mitarbeiter haben Sorge, für Fehler abgestraft zu werden. Für Führungskräfte kommt es darauf an, Erfolgsmeldungen an die nächsthöhere Hierarchie zu funken. »Alles im grünen Bereich« hat die Meldung zu lauten, um sich in einem optimal beförderungswürdigen Licht zu präsentieren. Eine Karriereorientierung ist somit oftmals mit dem politisch glatten Auftreten eines »Machers« verknüpft.

Appellokratie: Es gibt eine Schieflage von Informations- und Kommunikationsfluss. Nach wie vor ist der Gedanke bei Führungskräften stark verbreitet: »Ich habe es doch schon gesagt! Darüber habe ich informiert ...« Bei den Mitarbeitern scheint es jedoch nicht anzukommen, und die Frage, in welcher Form Informationen und Entscheidungen Einfluss auf sie haben, bleibt offen. Möglicherweise ist die momentane Kommunikation zu wichtigen »heiklen« Themen nicht ausreichend genug beziehungsweise scheint ein Widerstandsphänomen deutlich zu werden. Dabei ist nicht mehr desselben (mehr Informationen und mehr Dialoge) gemeint und Erfolg versprechend. Es sind eher andere Wege der Übermittlung von Information und Kommunikation gemeint.

Von der Basis aus betrachtet, erscheinen die üblichen hierarchischen Kommunikationswege blockiert: Enttäuschungen und Probleme werden nicht über die normalen hierarchischen Wege nach oben geleitet. Auch in den Teamentwicklungsmaßnahmen, die eine eigenverantwortliche Initiative des Teams und eine Aufbruchstimmung fördern sollen, zeigt sich: Die verabschiedeten Maßnahmen sind oftmals entweder oberflächlich und trivial, oder es werden ganze Kataloge von Forderungen an die »Retter« in der Zentrale adressiert. Der zuständigen Führung wird mit Argwohn begegnet, und Gruppenleiter werden zumeist von der Kritik ausgeklammert (»Die können ja, so wie wir, auch nichts ändern«).

Auch angesichts der langen Entscheidungswege und der Bürokratie (die Angst vor falschen Entscheidungen ist ausgeprägt – es gilt, sich jeweils abzusichern ...) werden Veränderungswünsche gar nicht mehr artikuliert. Das Ergebnis der blockierten Kommunikation über den Normalweg sind eine große Passivität und die Hoffnung auf einen »Retter« an der Unternehmensspitze, der die Basis wieder aus dem Dornröschenschlaf aufweckt.

Der Unternehmensspitze wird in viel größerem Maße zugetraut, ein offenes Ohr für die Probleme an der Basis zu haben, als den »Schönrednern« im mittleren und oberen Management. Erst wer »oben« angekommen ist, kann den Menschen »unten« wieder zuhören, so der Mythos.

Das Wissen im Unternehmen ist fragmentiert: Die Perspektive anderer Bereiche ist kaum bekannt oder wird selten in die eigenen Situationsbewertungen einbezogen. Unklarheit bezüglich der Rollen, Handlungsspielräume und Unwissen über Rollen und Schwierigkeiten der anderen Funktionsbereiche fördern Projektionen und Missverständnisse. Zugleich fehlt eine grundlegende Empathie gegenüber anderen Funktionsbereichen. Die Bereitschaft, sich in die Mokassins der anderen hineinzudenken, ist nicht gegeben. Auch der Sinn vieler Regelungen ist an der Basis nicht mehr bekannt.

Es besteht eine Kultur des Misstrauens statt des Vertrauens: Scheinbare Widersprüche sind spürbar. Prozesse oder die Realität leben? Prozesse sind vorhanden und sollen eingehalten werden. Ein anderer Blick auf die Realität zeigt jedoch, dass sehr viel mehr Spontaneität und Flexibilität gelebt werden, aufgrund von gegebenen Umständen. Alle Abläufe sind durchgeregelt, weil Mitarbeitern nicht zugetraut wird, die angemessene Handlung im passenden Moment zu vollziehen oder das rechte Wort zu äußern. Auf der anderen Seite wird viel gestohlen (wer so mit uns umgeht, hat auch nichts anderes verdient ...) Die Verhältnisse führen in einen vitiösen Zirkel.

Spiele lassen sich nur in Spielen reflektieren (Soziodrama)

Das Soziodrama wurde von Jacob Levy Moreno (1889–1974) entwickelt. Er war der festen Überzeugung, dass die einzelnen Personen niemals getrennt von ihrem sozialen Umfeld betrachtet werden können. Soziodrama hilft dabei, das soziale System sichtbar und sogar erfahrbar zu machen: »Die Strukturen und Prozesse eines sozialen Systems werden mit szenischen Mitteln konkretisiert und auf diese Weise nicht nur verbal, sondern auch handelnd erfahrbar gemacht« (Ameln/Kramer 2007, S. 120).

Die Gruppe legt ihr kollektives Wissen frei. Dieser »Wissensaustausch« findet allerdings nicht im Gespräch, sondern in direkter Interaktion untereinander statt. Soziodramen haben gegenüber (Struktur-)Aufstellungen den Vorteil, dass Informationen über Konstellationen, Abstoßung/Anziehung und Nähe/Distanz um einen Interaktionsaspekt erweitert werden: Beziehungsgeflechte sind nie statisch, sie bestehen immer auch aus Rollen, die miteinander in Interaktion treten. Auf diese Weise erleben Teilnehmer im Soziodrama sehr dynamisch und am eigenen Leib, wie ein (nontriviales) System funktioniert.

Wann wird das Soziodrama in der Berater-Netzwerk-Analyse eingesetzt? Ein kurzes Beispiel dazu:

Ergebnisse einer Mitarbeiterbefragung

Eine Mitarbeiterbefragung wurde durchgeführt, und alle Mitarbeiter wurden anschließend in Folgeworkshops in ihrem Team mit ihrer Führungskraft in ein Gespräch über die Ergebnisse gebracht – moderiert von Beratern. Die Führungsspitze eines Bereichs wollte nicht nur das Zahlenergebnis der Mitarbeiterbefragung, sondern auch ein darüber hinausgehendes »wörtlich-analysiertes« Ergebnis. Sie wollte Stimmungen und mögliche Lösungen herausgearbeitet bekommen.

Ein Vorschlag für Prioritäten sollte erarbeitet werden, was eine Beratergruppe mit internen und externen Beratern für das Vorgehen im weiteren Prozess empfahl. Komplex der Auftrag und komplex die Suche nach einem gemeinsamen Ergebnis: mehrere Berater, noch mehr Ideen und Vorschläge. Hier half die Methode des Soziodramas, die komplexen Zusammenhänge in dieser Form darzustellen und zu sortieren.

Doch: Wie wird ein Soziodrama durchgeführt? Es folgt nun eine kurze Zusammenfassung (nach Reineck/Anderl 2012, S. 200 f.):

Das Soziodrama

Inhalte und Zielsetzung: Im Soziodrama treten die verschiedenen Rollen (zum Beispiel Gruppen, Institutionen, Themen, Aspekte) einer Organisation in Interaktion. Die Teilnehmer erleben im Spiel sehr anschaulich, wie eine Organisation funktioniert.

Ablauf: Der Ablauf ist in drei Phasen gegliedert. Bei der »Erwärmung« geht es darum, sich kognitiv und emotional auf das Thema einzustimmen. In der »Aktionsphase« wird das Szenario von allen Teilnehmern im Rollenspiel erkundet. Im »Rollenfeedback« berichten die Teilnehmer von ihren Erlebnissen während des Spiels.

Erwärmung: Die Teilnehmer gehen in Kleingruppen von drei bis sechs Personen zusammen. Im Brainstorming überlegen sie in etwa zehn Minuten, welche relevanten Gruppen/Institutionen, Aspekte und Themen es im Unternehmen und im Unternehmensumfeld gibt. Beispiele dafür sind die Mitarbeiter, Führungskräfte, Kunden, der Betriebsrat, aber auch die Unternehmenskultur, das Gewinnstreben, die Wirtschaftskrise, die Politik, die Gesellschaft und vieles mehr.
Im Plenum stellt jede Gruppe ihre Ergebnisse vor. Gemeinsam wird entschieden, welche Gruppen und Themen im anschließenden Spiel auf die Bühne geholt werden.

Aktionsphase: Die Teilnehmer teilen nach Belieben die in der Erwärmung ausgewählten Rollen zu. Eine Gruppe wie der Betriebsrat kann dabei von einer oder mehreren Personen gespielt werden. Die Teilnehmer treten in ihren Rollen miteinander in Interaktion: Automatisch bilden sich Grüppchen, entstehen Diskussionen und kristallisieren sich Sympathien heraus. Beispielsweise könnten sich Führungskräfte und Betriebsräte schlecht verstehen, die Unternehmenskultur und die Mitarbeiter dagegen gut.

Nachdem das Spiel ungefähr zehn Minuten gelaufen ist, kann es entweder beendet oder mit entsprechenden Leitfragen oder Anweisungen des Beraters in eine andere Richtung geleitet werden.

Leitfragen oder Anweisungen könnten sein:
- Bisher haben Sie die Jetzt-Situation des Unternehmens dargestellt. Wie sieht es in zehn Jahren aus (alternativ: vor zehn Jahren)?
- Die Wirtschaftskrise (oder jede beliebige andere Rolle auf der Bühne) verliert an Bedeutung, was bedeutet das für alle anderen?
- Wie könnten Sie Ihre Rolle anders ausfüllen, welche Veränderungsimpulse haben Sie?
- Versuchen Sie, mit den Rollen auf der Bühne in Kontakt zu kommen, mit denen Sie sich am wenigsten verstehen!

Der Berater kann die Dynamik des Spiels durch den Einsatz von psychodramatischen Handlungstechniken beeinflussen:
- »Freeze«: Der Berater bittet alle Rollenspieler, in der Position zu verharren, in der sie gerade sind. Fragen an Einzelne oder an alle können sein: In welcher Konstellation befinden Sie sich gerade? Wen mögen Sie, wen nicht? Was möchten Sie jetzt tun?
- »Doppeln«: Um bestimmte Elemente des Spiels zu spiegeln und zu verstärken, stellt sich der Berater hinter (oder neben) einzelne Rollenspieler und imitiert ihre Körperhaltung und das, was sie sagen.
- »Kollektiver Rollentausch«: Der Berater hält das Spiel an und bittet alle Rollenspieler, reihum die Rollen zu wechseln. Anschließend beginnt das Spiel von vorn – aus anderer Perspektive.

Rollenfeedback: Die Teilnehmer berichten, was sie in ihren Rollen auf der Bühne erlebt haben.

Und wer noch mehr zum Soziodrama lesen möchte, dem empfehlen wir das folgende Buch:

Literaturtipp

In seiner Einführung ins Soziodrama »Soziodrama praktisch. Soziale Kompetenz szenisch vermitteln« (2001) gibt Ron Wiener eine gute Anleitung für die Durchführung von Soziodramen, gibt Hinweise, worauf ein Leiter achten muss, und bietet einige Anwendungsbeispiele für verschiedene Kontexte.

Anders weitermachen

Viele sagen, die Hauptaufgabe eines Beraters bestünde darin, die Menschen im Unternehmen so lange bei Laune zu halten, bis die Autopoiesis wirke und sich das System von selbst gewandelt habe. Aber auch das wäre eine Kunst. Wir Autoren wollen das nicht glauben. Allerdings meinen wir, dass sich Verändern verändern sollte. Wir halten Organisationsentwicklung für veraltet, wenn sie die intrapersonalen, interpersonalen und moralischen Orientierungen bei Problemlösungen überbetont und dem Verhalten mehr Bedeutung zuspricht als der Struktur, in die das Verhalten eingebettet ist. Das Sein in der Organisation bestimmt schon sehr das Bewusstsein.

Wir empfehlen auch, Abschied zu nehmen vom alten Beraterbild: dem überlegenen und handelnden Meister der Veränderung, der sich auskennt und als unbewegter Beweger seinen Change-Instrumentenkoffer öffnet und die Organisationsinsassen nach seiner Musik zum Tanzen bringt.

Wir beschreiben im Folgenden Haltungen und Formate des Next Change, als eine Form des kontrapunktischen Suchens von Auswegen aus unverschuldeten Unmündigkeiten und als vorsichtige Impulse zu Denkpausen in den Zeitschleifen des Immergleichen.

Organisationale Aufklärung: Das Ende der Illusionen

Ein ganz normaler Organisationsarbeitsalltag

Ken ist Führungskraft und führt. Den ganzen Tag. Er entscheidet gern und viel, und wenn er es tut, dann ist das entschieden: klar, richtig, transparent. Ken hat Autorität, ohne autoritär zu sein. Er kennt sich fachlich aus, lässt aber seinen Mitarbeitern den Raum, Lösungen selbst zu erarbeiten. In schwierigen Situationen hilft ihm das Leitbild seines Unternehmens. Die Richtung ist klar: weltweiter Marktführer. Benchmark sein.

Kommt Ken nicht weiter, bringt er seine Anliegen in die kollegiale Fallbesprechungsgruppe ein, die sich einmal im Monat trifft. Ein interner Moderator begleitet die Führungskräfte aus unterschiedlichen Abteilungen, die miteinander aus Fehlern lernen und ganz offen ihre Probleme besprechen.

In der Mittagspause gehen die meisten Führungskräfte gemeinsam joggen oder zum Mittagessen, um neben der Arbeit noch andere, privatere Themen auszutauschen – eben eine andere soziale Beziehung aufzubauen. Ken gelingt die Work-Life-Balance. Seine Arbeit füllt ihn aus und befriedigt ihn, weil sie ihm Sinn gibt, denn er weiß, wozu das alles. Er kennt den Beitrag seiner Arbeit zum großen Ganzen. Er gibt gern offen Feedback, nimmt dabei kein Blatt vor den Mund, kann aber das, was er ausdrücken will, so sagen, dass es nicht verletzend wirkt: als Ich-Botschaft. Er fühlt sich als Teil einer großen Führungsmannschaft. Er ist gut informiert, weil er alle bedeutsamen Themen wiederum von seiner Führungskraft mitgeteilt bekommt. Die Besprechungen sind effektiv, humorvoll und voller Wertschätzung der Abteilungen füreinander.

Hat seine Mitarbeiterin Barbie ein Problem, kommt sie zu ihm und lässt sich coachen. Seine Tür steht immer offen. Beide haben sie immer nur eines im Kopf: das Wohl der Kunden. Barbie darf vieles. Weil Entscheidungen dort getroffen werden, wo das Wissen sitzt. Barbie und ihre Kolleginnen und Kollegen, die sich nach effektiven Meetings offenes Feedback geben, sind »empowerte« Mitarbeiter, die von der Vision träumen, Mission, Leitbild, Strategie und ihre Ziele kennen, grenzenlose Fehlertoleranz, überbordende Kreativität und strotzende Innovationskraft haben, eine zauberhafte Kultur, Wertschätzung allenthalben.

Welch wunderbare Unternehmenswelt! Die Beschreibung der Arbeitswelt von Ken und Barbie scheint nur wenige klitzekleine Übertreibungen zu enthalten. Allerdings gelten die Übertreibungen nur für die Realität der Organisationen – im Kopf der Protagonisten gibt es in vielen Fällen dieses Bild einer guten, erfüllten Arbeitswelt. Die Wunschvorstellungen werden dann auf die Realität der Arbeitswelt projiziert und nicht eingelöst, was zu großem Zweifel führt. Alle Insassen von Organisationen – Manager und Gemanagte – tun es immer wieder: Sie wundern sich, dass am Ende des Ganzen ein Auto herauskommt, die Züge fahren, der Kunde tatsächlich, das bekommt, was er will (oder wollen soll).

Für diejenigen mit Innensicht bleibt also die Frage offen: Wie kann so viel Chaos, Improvisation, Prozesskletterung, Krisenmanagement, das beziehungsweise die wir betreiben, dann doch immer wieder zum Erfolg führen? Die Organisation scheint immer klüger als ihre Insassen. Sie kriegt es irgendwie hin, auch wenn so mancher darauf wetten würde, dass es nicht gelingt. Organisationen sehen immer schlechter aus, als sie sind. Sie werden in ihrer Unempfindlichkeit meist unterschätzt.

Stefan Kühl, einer der besten Organisationsversteher, die uns bisher untergekommen sind, versucht das Mysterium des doch irgendwie Funktionierenden aufzuklären: »Organisationen scheinen über ›Tricks‹ zu verfügen, um die internen Kommunikationsprozesse beständig, berechenbar und regulierbar zu machen, um so zu verhindern, dass die internen Prozesse zu einer rein zufälligen Ansammlung von Kommunikationen verkommen« (Kühl/Moldaschl 2010, S. 219).

Diese Tricks sind – so Kühl – die Organisationsstruktur oder, systemisch gesprochen, die »Entscheidungsprämissen«. Das sind vorgegebene Rahmenbedingungen, die Organisationen kennzeichnen. Treten Menschen in eine Firma, einen Verband, eine Behörde oder Ähnliches als Mitglieder ein, können sie nicht irgendetwas tun, sondern sollen das tun, was in ihrer Rolle als Pförtner, Entwicklungsleiterin oder Berater erwartet wird. Würden Einzelne beginnen, zwischen zwei oder während eines Meetings Klavier zu spielen, Seil zu hüpfen oder Lollys zu tauschen, würde das in der Regel Sanktionen nach sich ziehen (solange sie nicht der Boss sind …).

Auch scheint schwer vorstellbar, dass die Entwicklungsabteilung eines Autokonzerns sich plötzlich entscheidet, nur noch die Flauschigkeit von Teddybären zu optimieren. Struktur gewordene Vorgaben manifestieren sich für Organisationsmitglieder und -teile in Rollenerwartungen, die sie zu erfüllen haben. Im Gegensatz zu – beispielsweise – Rollen in der Familie können Rollenträger diese Rollen auch wieder verlieren, wenn sie den Erwartungen nicht entsprechen.

Organisationen haben einen hohen Grad an Robustheit, weil sie Individuen, vermittelt über Rollenerwartungen, nur bestimmte Handlungen erlauben und andere nicht. Sie halten viele Störungen, Abweichungen, Interventionen aus, ohne ihren Output zu ändern. Sie sind zäh. Glauben Manager, sie haben es mit Gesamtlösungen zu tun, so sind ihre Einflussmöglichkeiten doch nur beschränkt. Das eben macht den Vorteil der völligen Fragmentierung aus. Die relative Unverbundenheit schützt auch vor völligem Scheitern: Wenn in einem Bereich etwas schiefgeht, dann geht es nicht überall schief. Ein Erfolgsfaktor der fragmentierten Organisation ist ihre Trägheit: Eben weil nicht alle Rollouts umgesetzt werden, läuft der Laden. So machen sich die Widerständigen um das Ganze verdient.

Wären Organisationen Menschen, wären sie ziemlich einfach strukturiert: hätten wenig Interessen, würden immer nur vom Gleichen in verschiedenen Variationen reden und sich, ganz egoistisch, nur für sehr wenige ausgewählte Themen interessieren. Von den meisten Geschehnissen in der Welt nähmen sie gar keine Notiz … und das wäre sehr gut so, denn das hielte sie irgendwie gesund.

Umgekehrt haben diejenigen, an die die Organisation Erwartungen hat, natürlich auch Erwartungen an die Organisation. Dass sie für ihre Arbeit Geld bekommen, dass Organisationen rational und gerecht sind, dass sie Wertschätzung bekommen und so weiter. Diese Erwartungen können vernünftig sein oder auch nicht. In der Regel sind die Erwartungen, die an eine Organisation gestellt werden, immer höher als das, was sie einlösen kann. Organisationen sind und waren immer schon Projektionsflächen für Wünsche, Sorgen, Enttäuschungen und Träume, deren Ursprünge, aber auch Erfüllungsorte, nur woanders liegen können als zum Beispiel in einem Instandhaltungswerk für Straßenbahnen.

Woran liegt das? Vielleicht daran, dass Menschen immer das Gefühl haben, mehr in ein Unternehmen zu geben, als sie bekommen –, und wahrscheinlich stimmt das auch. Beruf und Arbeit waren schon immer zentrale Größen für die Identität. Vielleicht wird sich das irgendwann einmal ändern. Menschen gaben

Unternehmen wohl schon immer Zugriff aufs Private. Nur scheinen diese sich das Private heute mehr nehmen zu wollen denn je: Enthusiasmus, Leidenschaft, Gefühl ... den ganzen Menschen eben. Die Beziehung wird wirklich privat.

Der Illusionenaufräumdienst

Wo wir in Unternehmen in Veränderungsprozessen arbeiten, treffen wir häufig auf überhöhte Erwartungen oder auch Enttäuschungen, die – aus unserer Sicht – illusorisch sind und eine gute Entwicklung stören. Wir Berater treffen uns dann und reden darüber, welchen Illusionen wir begegnen und bei welchen Illusionen wir den Mitarbeitern sinnvollerweise helfen sollten. Wir nennen das Illusionenaufräumdienst.

Helfen bedeutet in diesem Sinne, die Illusionen sichtbar und besprechbar zu machen (und damit aufzuräumen) oder sie als Illusion im Versteck zu belassen (und damit nicht aufzuräumen). Die Illusionen sind Ausdruck der Beobachtungen der Berater. Zusammengefasst in Thesen können diese in unterschiedlichen Gremien vorgestellt und diskutiert werden, zum Beispiel in Führungskräfteveranstaltungen, Workshops mit Mitarbeitern, Großgruppentreffen oder auch in Gesprächen mit Einzelnen (der Flurfunk hört mit!). Thesen werden vorgetragen und angeschrieben, um sie anschließend durchsprechen zu können.

Eine Gruppe denkt, indem sie spricht. Nach dem Gespräch wird die Welt nicht besser sein, die Arbeit wird sich nicht verändern. Spürbar ist jedoch die befreiende Wirkung, nicht einer Fantasie nachzuhängen, die es gar nicht geben kann. Eine Entlastung des Einzelnen tritt ein: Diejenigen, die Probleme gern persönlich nehmen und verändern wollen, merken dann, dass sie persönlich es nicht ändern können und dass sie lernen müssen, damit umzugehen.

Im Folgenden haben wir drei Illusionen beschrieben, die uns häufig in Unternehmen begegnen und die wir gerne aufräumen. Inhaltlich betreffen sie folgende Themenbereiche: Kultur-Change-Prozesse, Diversifizierung und Führungskräfte.

Illusion 1: Hoffentlich ist nach dem Change-Prozess alles besser ... (Kultur-)Change-Prozesse sind schwierig, vor allem dann, wenn sie etwas verändern sollen. Es gibt heute keine Veränderungsprojekte mehr, die anfangen und enden, und danach ist alles besser. Solche Hoffnungen werden zwar in der Regel am Anfang geweckt, aber sie bleiben selten lange wach. Organisationen machen ihre Insassen selten glücklich. Es gibt zu viele Reibungsverluste, Widersprüche, Paradoxien, »Unmöglichkeiten«.

Wenn Organisationen beginnen, sich mit sich selbst zu beschäftigen, dann sollten Modulationen des Gegebenen schon zufrieden machen. Sehen wir eine Organisation als ein großes Gespräch an, dann sind Berater eingeladen, an diesem großen Gespräch teilzunehmen. Vielleicht können sie an manchen Stellen auf die Wendungen dieses Gesprächs Einfluss nehmen, Impulse geben, neue Themen öffnen. Das wäre doch schon sehr viel. Vielleicht können sie helfen, dass Menschen in Unternehmen sich nicht immer nur als Opfer der Umstände oder der anderen begreifen müssen, sondern ins Handeln kommen und mehr ihr Ding machen ...

Wenn wir also annehmen können, dass es keine wirklich gute Organisation gibt und dass Führung, Zusammenarbeit, Kultur immer ähnlich wie ein Garten sind, der viel Arbeit macht, dann wendet sich der Blick. Dann geht es nämlich vielmehr darum, die Sinne zu schärfen für das, was gut ist im Schlechten, oder sogar zu sehen, wozu das Schlechte bisher gut war, und, nachdem dies eventuell erkannt worden ist, das Schlechte durch etwas weniger Schlechtes zu ersetzen.

Kultur verändern und Veränderung kultivieren hieße dann, sich mit weniger zu bescheiden. Nicht die ganz großen Veränderungen zu wollen und es als Scheitern zu betrachten, wenn ein idealistisches Leitbild nicht umgesetzt wird, die neue Strategie nicht in den Köpfen aller ist und, und, und ...

Vielmehr hieße es, akzeptieren zu lernen, dass nicht alle den gleichen Ehrgeiz haben, dass Führung oft nicht ausgeübt wird, Kommunikation versandet und Umsetzungen nicht in vollem Umfang stattfinden. Und dennoch weiterzumachen und dennoch vielleicht Utopia zu suchen und so zu tun, als wäre das Beste möglich. Dabei aber – und das wäre der Unterschied – verzeihend zu bleiben, wenn das Gewünschte nicht eintritt, nicht nach Schuldigen zu suchen oder bitter zu werden.

Illusion 2: Wenn doch alle an einem Strang zögen ... Es ist ein alter, großer Wunsch derjenigen, die Organisationen führen und sich in dünner Luft ganz oben befinden: eine verschworene Gemeinschaft Gleichgesinnter um sich zu wissen, in der alle nur ein Ein-Verständnis haben und aus diesem heraus für die Organisation richtig handeln. Bemühungen von Beratern und Managern, solche Allianzen von Einverstandenen herzustellen, enttarnen manchmal emotionale Defizite der Bemühten, immer aber deren Naivität. Solches Tun mündet häufig in Visionsformulierungen, die knapp Fanclubniveau erreichen und Mitarbeiter zu Recht in tiefen und authentischen Sarkasmus führen statt zu gewünschter Gefolgschaft. Organisationen müssen intern Streit haben, um die Komplexität der Außenwelt innen abzubilden. Beispiel: Die Marketingabteilung fordert den schnelleren Wechsel der Farbpalette, die Fertigung kommt damit nicht zurecht. Die Personalabteilung forciert Diversity-Programme, das übrige Unternehmen interessiert sich nicht dafür. Zusammengefasst: Organisationen sind gezügelte Konfliktaggregate.

Große Organisationen haben keine Zentralperspektive mehr: Sie sind multikulturell und heterointentional. »Die Konsequenz dieser Ausrichtung der Organisation auf ganz verschiedene Umwelten ist [...], dass zwar unterschiedliche

Umweltanforderungen bearbeitet werden können, die Organisation jedoch intern keine Rationalisierung mehr in Hinblick auf lediglich ein Bezugsproblem hat [...]. Die stringente auf einen Zweck ausgerichtete Organisation ist ein Ding der Unmöglichkeit« (Kühl/Moldaschl 2010, S. 221).

Illusion 3: Wenn es doch gute Führung gäbe ... Führungskräfte sind gefragt: als Projektionsfläche. Sie werden hingenommen wie das Wetter und sind ähnlich beliebt als Gegenstand von Tratsch und Jammerrunden.

Der Führung mangelnde Fähigkeiten zuzuschreiben ist ein beliebtes Erklärungsmuster für fast jedes Problem. Führungskräfte leiden an Überforderung, das zeigen die Zahlen: Sie sind anfällig für psychische Erkrankungen und zahlen einen hohen Preis. Jemand sagte einmal: »Wer Karriere macht, hat keine Biografie.« Um die Fußballmetapher zu bemühen: Die Schuld hat immer zuerst der Trainer. Nicht weil es so ist, sondern weil die Konsequenzen überschaubar bleiben.

Maßnahmenfreundlich wird in Unternehmen Komplexität da reduziert, wo Führung als One-Man-Show missverstanden wird, damit bei festgestelltem Führungsdefizit Seminare Abhilfe von der Ratlosigkeit schaffen können. Personalentwickler, die sich in hippen systemischen Fortbildungen im Netz der Interdependenz verstricken, schwenken dann wieder auf kommode Big-Man-Theorien aus den 1950er-Jahren ein, als Führung tatsächlich noch genau das war: eine »Führer befiehl, wir folgen«-Veranstaltung. Führung, obwohl Produkt zahlreicher Multiplikanden, wird als Primzahl gehandelt.

Aber: Führung kann nur in der Interdependenz verstanden werden. Führung ist Kommunikation der besonderen Art, in der der eine möglicherweise denkt, er habe etwas zu sagen, und der andere vielleicht vermutet, er habe das zu tun. Würde die Fußballmetapher passen, wäre Führung nicht die Intervention des Trainers am Spielfeldrand, sondern vielmehr der Ball, von vielen getreten ...

Latenzen suchen: Unter Prozessen, da liegt der Strand!

Eine Organisation handelt parallel offen und versteckt. Es gibt sichtbare Strukturen und Prozesse, die das Ziel von Veränderungsvorhaben sind. Versucht wird, einen Soll-Zustand zu definieren und danach zu streben, ihn zu erreichen. Eine andere Betrachtungsmöglichkeit von Veränderungsvorhaben wäre, sie eben nicht im Hinblick auf Ist versus Soll zu sehen, sondern die Energie dafür zu nutzen, aus den Latenzen der Organisation zu schöpfen. Latenzen sind verborgene und vielleicht sogar verbotene Lösungen im System. Stefan Kühl schreibt dazu: »Die Überlegung dabei ist, dass in diesen Latenzen der Zugang zu anderen (vielleicht auch erfolgreicheren?) Organisationsstrukturen liegt« (Kühl/Moldaschl 2010, S. 235).

Es ist spannend, sich Latenzen in einem System näher anzuschauen. Dabei sollte man eher auf das achten, was (im Verborgenen) getan wird, als auf das, was getan werden soll. Es ist wichtig, hier sensibel nach Themen zu suchen, die in der Organisation nicht – offiziell – wahrgenommen werden. Es gilt, diesen Schatz zu heben: unentdeckte, schlafende, aufgegebene oder gescheiterte Prototypen. Prototypen für das Handeln einer Organisation zu finden, die von der Regel abweichen, sie jedoch wettbewerbsfähig halten oder werden lassen.

Verborgene Strukturen sind (Kühl/Moldaschl 2010, S. 232):

- **Ausgeblendete Alternativen:** Es gibt mehrere Möglichkeiten, ein Ziel zu erreichen – nicht genutzte Alternativen werden gern unsichtbar gemacht, weil sie den eigentlichen Prozess irritieren würden. Als Ablenkung vom täglichen Handeln könnten sie zur Trägheit beitragen, da man permanent damit beschäftigt wäre, zu überlegen, wie man es anders oder besser machen könnte.
- **Regelabweichungen:** Offizielle Strukturen können nicht alles erfassen, was zum Erfolg des Gesamtwirkens notwendig wäre. Unsichtbares unterstützt und unterläuft somit das Gesamtsystem. Regelabweichungen wirken im Verborgenen, weil sie im Offenen nicht erwünscht sind und sanktioniert würden.

Wir gehen davon aus, dass die im Verborgenen stattfindenden Musterbrecher diejenigen Handlungsmuster für die Organisation sind, die sie verändern können. Als Ausnahme sind sie bereits da: Lösungen können nur im System gefunden werden, und unser Ansatz bietet hierfür eine besondere Herangehensweise.

Inselhopping zu den Musterbrechern Nicht nur Strukturen und Prozesse sind als Musterbrecher hervorzuheben, sondern jedwede Art des Handelns in Organisationen, die von der Regel abweicht. Es gibt eine Praxis des gelebten Anderstuns. Muster werden dort gebrochen, wo etwas nicht nach den gewohnten Spielregeln oder Kommunikationsspielen passiert. Mit einzigartigen Lösungen finden Musterbrecher Mittel und Wege, sich im Wettbewerb Vorteile zu erarbeiten. Sie leben im Sowohl-als-auch. Sie bringen etwas auf den Prüfstand, was sonst nicht hinterfragt wird. Sie holen das Verborgene ins Offene. Sie schauen hin. Sie bauen um. Sie organisieren anders. Sie sind sich bewusst, dass sie sich entscheiden nach dem Motto: »Es gibt Probleme und viele Lösungen – egal, wofür du dich entscheidest, du wirst auf neue Probleme stoßen.« Diejenigen, die Muster brechen, wollen versuchen, eine besondere Form zu finden – gegen die gewöhnlichen bequemen Routinen. Dabei müssen das keine großen Veränderungsprozesse sein, auch die kleinen Dinge und Themen machen glücklich.

Es folgen einige Beispiele zur Verdeutlichung:

Musterbrecher in der Praxis

Führungsstil wird verändert: Auf einem Werksgelände herrschten Kontrolle und Misstrauen – durch eine veränderte Struktur schaffte die Führungskraft mehr Zutrauen und eine gerechtere Aufgabenteilung unter den Mitarbeitern, und sie ließ sie darüber hinaus mitsprechen und mitentscheiden. Diese Führungskraft erreichte das, was andere Werke nicht erreichen – eine höhere Mitarbeiterzufriedenheit, Vertrauen in das eigene Handeln und in die Organisation.

Alle moderieren: Besprechungen und Workshops wurden in dieser Organisation oft von den Führungskräften selbst durchgeführt. Dies stand auch in ihren Zielvereinbarungen. Letztendlich liegt dieses Handwerk aber nicht jedem, und eine Führungskraft wagte die Übergabe an die Mitarbeiter, die die Sitzungen in wechselndem Modus moderierten. Das klappte gut. Als das bekannt wurde, folgten viele ihrem Beispiel.

Radikale Reduktion von Besprechungen: Eine Führungskraft hatte den Mut, Besprechungen radikal zu verringern. Erst im Geheimen – aus Angst vor Sanktionen. Über einen längeren Zeitraum hinweg konnte die Führungskraft das jedoch nicht verheimlichen und erzählte daher den Kollegen ganz offen, was sich durch die Verringerung verändert hatte.

Belohne dich selbst: Boni-Systeme sind schwierig für Organisationen, weil die Belohnung der Arbeit die Mitarbeiter unter Umständen mehr beeinflusst als die Arbeit selbst. Es werden Handlungen getätigt, die nur etwas mit dem Bonus zu tun haben. Wie viel es wohl allein kostet, wenn sich die Mitarbeiter über ihre Boni unterhalten? Boni sind meist zu komplex und ungerecht (wenn der eine für dieses belohnt wird, wieso der andere dann nicht für das?). Ein Teil eines Unternehmens wollte diese Form nicht mehr und entschied sich – unter Einbeziehung von Betriebsrat und Mitarbeitern – für eine radikal andere Lösung, die alle gemeinsam erarbeiten sollten. Dieser Prozess brauchte seine Zeit, doch die Lösung war schließlich nachhaltig und das Thema verschwand aus den täglichen Gesprächen. Dieser Vertrag wurde als Vorbild für andere Bereiche übernommen.

Innovation innovativ: Wo darf Innovation innovativ sein? Wo Konserven konservig? Ein Forschungs- und Entwicklungsbereich möchte innovativ sein und Produkte für den Weltmarkt entwerfen, Innovationen werden in aufwendig gestalteten Kreativworkshops versucht. Wenn Innovation in Konserven entsteht, ist sie meist nicht wirklich anders als alles andere. Selten wird aus solchen Workshops etwas Neues entwickelt – sie sind lediglich eine gute Ablenkung von den im Hintergrund entstehenden Innovationen. Innovationen entstehen in vielen Fällen ungeplant – Zeit, zu denken, hilft. Ein Bereich gibt seinen Mitarbeitern wöchentliche Konzeptzeit, um Themen anders zu denken, ein anderer Bereich einen Tag im Monat – diese Zeit steht zur freien Verfügung für Denken oder Tun.

Personalplanung zu kurzfristig: Erst am 22.12. wussten die Mitarbeiter, ob sie über Weihnachten im Schichtsystem arbeiten mussten oder nicht. Es ist eher unzumutbar, der Familie eine solche Ungewissheit zuzumuten. Ein Mitarbeiter aus der Organisation hatte den Impuls, diesem Dilemma ein Ende zu setzen, er arbeitete im stillen Kämmerlein eine Lösung aus und durfte sie sogar prüfen: Es gelang ihm, nachzuweisen, dass es möglich war, schon Anfang November einen Personalplan für Weihnachten zu haben. Leider ist bis zum jetzigen Zeitpunkt nicht klar, ob die Lösung die interne Mikropolitik übersteht ...

Die Veränderung eines Systems kann nur von innen passieren. Dazu werden Impulse von außen benötigt, doch die Veränderung können nur die Menschen als Handelnde vollziehen. Menschen, die das Gewohnte verändern wollen, sind die echten sozialen Stars. Das können Führungskräfte sein, aber auch Mitarbeiter. Sie hinterfragen das Wie im Was. Sehen nicht nur die Effizienz, sondern auch die Vielfalt. Von diesen Inseln geht eine Energie aus. Sie zu finden ist erholsam (auch für Berater). Kommen die Musterbrecher auf die Bühne, können andere nur noch (zu)schauen. Dabei soll nicht Best Practice kopiert und ausgerollt, sondern lediglich das Ungewöhnliche wahrgenommen werden: Jeder Bereich hat seine eigenen Muster, die in Augenschein genommen werden können. Leider sind Muster nicht kopierbar, aber sie bringen eine Energie, nach der sich viele sehnen, die ihnen signalisiert: »Es geht.« Am besten verbreitet sich etwas, wenn es eine positive Ausstrahlung hat.

Bemerkt werden diese Musterbrecher nur, wenn sie betreut und gepflegt werden. Es braucht die Aufmerksamkeit und Förderung von oben, damit Musterbrecher leben können. Musterbrecher benötigen Menschen, die ihr Handwerk erweitern und weiterlernen können. Das braucht Freiraum – tritt eine Führungskraft nicht aus dem Strudel des Alltags hinaus, ist sie keine Hilfe für den Bereich. Distanz ist notwendig, um die richtigen Dinge zu tun. Welches Businessproblem haben wir? Welchen Druck spüren wir? Was steuert uns? Was können wir Gutes für die Organisation, die Kunden, für unser Ziel tun?

Muster helfen, Komplexität zu reduzieren Warum gibt es überhaupt Muster in den Organisationen? Warum ist es manchmal hilfreich, sie zu verändern? Organisationen versuchen, sich selbst zu erhalten, indem die Menschen in ihnen das Bestehende aufrechterhalten und immer genau das tun, was sie schon immer so getan haben (Muster). Wie ist es sonst zu erklären, dass die Menschen in einer Organisation gern tun, was vorgegeben ist? Organisationen sind funktional geprägt: Wenn ein Mitarbeiter in eine neue Firma kommt, kann er nicht einfach das machen, was er möchte, schon gar nicht etwas völlig anderes oder Neues, das vom bisherigen Weg abweicht.

Die Zugehörigkeit zu einer Organisation ist nicht mit einer familiären Struktur vergleichbar, im Unternehmen muss der Mitarbeiter sich anpassen: an Hierarchien, Verantwortlichkeiten, Kommunikationswege – ansonsten wird er sanktioniert oder ausgestoßen. Der Mitarbeiter richtet sein Handeln, sein Verhalten und die Kommunikation an diesen Regeln aus, und die Organisation stellt auf diese Weise sicher, dass die Mitarbeiter im Sinne der Organisation handeln. Die Deutsche Bahn wird also eher nicht auf die Idee kommen, plötzlich archäologische Expeditionen ins ewige Eis zu übernehmen – das gehört (noch) nicht zu ihrer Funktion.

Nur so können Organisationen sich gegenüber ihrer Umwelt abgrenzen. Nur so haben sie eine Existenzberechtigung, weil sie durch ihre Strukturen einen selektiven Blick haben und sich dadurch gegen die Komplexität der Welt abschotten können. In Teilen der Managementlehre hat sich in diesem Zusammenhang die Metapher des Autos durchgesetzt. Eine Organisation funktioniert demnach wie ein Auto, sie ist ein geschlossenes System – sie arbeitet nach Plan, hat einen eindeutigen Zweck und handelt durch ihre Einzelteile.

Doch dieses Bild hat sich mittlerweile zunehmend aufgelöst: Organisationen sind nicht trivial, sondern, wie die systemische Theorie sagt, nicht triviale Systeme. Gemeint ist damit, dass Organisationen nicht wirklich steuerbar sind.

Eine Organisation muss viele innere und äußere Anforderungen erfüllen (Politik, Gewerkschaft, Verbraucherschutz, Umweltschutz, Gesetze, Shareholder …).

Eine Organisation teilt sich die Arbeitsgebiete auf, sodass jeder Bereich eine andere Logik hat und verschiedene Ziele verfolgt. Ferner »lebt« eine Organisation in der Gegenwart und trifft Entscheidungen in einer »konstruierten Hier-und-Jetzt-Welt«; einer Realität, die sie sich macht und auf die sie sich bezieht. Eine einzig richtige Wahrheit gibt es nicht, die Realität entsteht durch Selektion. Es gibt in Organisationen nur wenige Möglichkeiten, in Wenn-dann-Programmen zu denken, sie sind lediglich in standardisierten Bereichen wie Fließband oder Callcentern sinnvoll.

Wenn sich an dieser Stelle beim Leser alles im Kopf dreht, ihm schwindlig wird und sich auf der Stirn kleine Falten bilden, dann ist er richtig und genau dort angelangt, wo die Welt der Organisationen anfängt. Sie ist komplex und besteht aus einer Vielzahl von Widersprüchen und Verstrickungen.

Weil das alles für den Menschen schwer aushaltbar ist, versucht er verständlicherweise immer wieder, die Komplexität zu reduzieren, damit sich das Ganze nicht mehr so diffus und unsicher anfühlt. Die meisten Menschen geben ihre Ressourcen an die Organisation ab und möchten gemanagt werden. Sie sehnen sich nach einer stabilen Welt ohne Veränderung, an Muster, die dafür sorgen, dass sie sie verstehen. Jeder denkt: Irgendwann müssen wir doch einen Zustand erreicht haben, in dem alles gut ist. Auch danach werden Strukturen und Prozesse in Organisationen ausgerichtet. Mithilfe von Planung und Steuerung wird versucht, die steigende Komplexität zu regulieren. Darüber hinaus helfen Muster den Organisationen, die Komplexität zu reduzieren.

Manchmal ist jedoch das Aufrechterhalten nicht hilfreich, weil nicht (mehr) wettbewerbsorientiert, nicht (mehr) kundenorientiert, nicht (mehr) zeitgemäß oder nicht (mehr) strategieunterstützend. Dann hilft es, nach Ausnahmen zu suchen, Ausnahmen, die passieren, ohne dass sie schon jemand bemerkt hat, oder ... sie wurden bereits abgelehnt.

Paradoxien Beruhigend ist das Suchen nach Musterbrechern in den Bereichen, in denen es sowieso widersprüchlich zugeht. Dort wird besonders deutlich: Es gibt nicht nur eine Lösung. Paradoxes Handeln ist in Organisationen keine Ausnahme, sondern Alltag. Hier einige Beispiele für Paradoxien in Organisationen:

- Unternehmen benötigen klare Zielvorgaben, aber auch die Bereitschaft, jederzeit von diesen Zielen abzuweichen.
- Prozesse sollen eingehalten werden, aber gleichzeitig muss für die Ausführung der Arbeit Verantwortung übernommen werden.
- Mitarbeiter werden in Entscheidungsprozesse eingebunden, was zu einer insgesamt breiteren Sicht führt, aber die starke Einbeziehung der Mitarbeiter erschwert eine Fokussierung auf Themen.

- Komplexität soll ausgehalten werden, und Reflexionsschleifen sind erwünscht, aber gleichzeitig ist schnelles Handeln notwendig.
- Ein partizipativer Führungsstil ist dem Unternehmen sehr wichtig, bei einer Führungsspanne von beispielsweise 100 Mitarbeitern ist das jedoch schwer umzusetzen.
- Freiräume (für Innovationen, Entwicklung, Lernen) werden geschaffen, gleichzeitig ist aber eine Kultur des schlechten Gewissens spürbar: »Da steht meine Arbeitskraft der Organisation nicht zur Verfügung, und ich bin anderen eine Last, da sie meine Arbeit machen müssen! Also arbeite ich doch lieber mustergültig.«

Wie geht man nun mit den Widersprüchlichkeiten von Organisationen um? Die Realität der Widersprüchlichkeiten ist zu komplex und hat keine wirkliche Lösung. Jedoch können Ausnahmen helfen, wenn man etwas einfach versucht – in die eine oder andere Richtung.

Deshalb gilt: Sagen, was ist. Vor dem Hintergrund der Unsteuerbarkeit ist es für Organisationen erst einmal hilfreich, die Themen zu erkennen und anzunehmen, dass etwas so ist, wie es ist. Widersprüchlichkeiten sind da. Paradox wird gehandelt. Mehrdeutig sind die Unternehmensziele, ausgedrückt in der Bereitstellung von Ressourcen, die nicht eindeutig zugeordnet werden.

Ein Beispiel dazu:

Fehlende Strukturen in der Organisation werden auf der Beziehungsebene zwischen den Menschen ausgelebt

Wenn Kollegen der Führungskraft erkennen, dass sie Konkurrenten um dieselben Ressourcen sind und so die Zusammenarbeit erschwert wird, reicht es oftmals aus, dies anzusprechen und die Themen auf den Tisch zu legen, um die Arbeitsbeziehung zu stabilisieren. Was offen angesprochen wird, wabert nicht im Verborgenen herum. Das Verhalten soll – nicht unbedingt – durch die offene Aussprache verändert werden; aber durch die Erkenntnis erwächst eine Grundlage, zu der man sich intellektuell und emotional eine Meinung bilden kann. Ist alles auf dem Tisch, kann darüber gelacht, geschmunzelt, gestritten, gestaunt werden.

Und die wichtigste Erkenntnis: Es sind eigentlich nicht die Personen, die streiten, sondern ihre Funktionen.

Unklar definierte Strukturen führen nur dazu, dass Probleme zwischen den Personen ausgelebt werden – auch auf zwischenmenschlicher Ebene. Aber wer kann in einer Organisation schon alles so klar definieren, dass keine Lücke bleibt?

Mit Radikalität Manchmal hilft nur die Keule – also das Tun, und zwar mit Radikalität. Die Konzerne, von denen wir in diesem Buch sprechen, haben schon viel erlebt – vor allem redenderweise. In vielen Fällen fehlen radikale Entscheidungen oder auch starke Irritationen und Konsequenzen, damit die Organisationen diese Notwendigkeit auch spüren.

Organisationen sind an Veränderungen gewöhnt, und die Keule muss schon richtig groß sein, damit sie wahrgenommen wird.

Musterbrecher

Zusammenfassend lässt sich festhalten:
- Musterbrecher sind diejenigen Entwicklungen, die eine Organisation wettbewerbsfähig bleiben beziehungsweise werden lassen.
- Musterbrecher lassen sich auf der Ebene der Strukturen und der Prozesse oder in den Haltungen oder Handlungen finden.
- Musterbrecher sind Ausnahmen im System.
- Musterbrecher sind oft Energiebringer für andere Bereiche und Menschen.
- Musterbrecher sind radikal und irritierend.

Was muss die Organisation tun, wenn sie die verborgenen, verbotenen Lösungen finden möchte?

Zuallererst ist das Hinschauen wichtig. Wege zu finden, die ein Hinschauen ermöglichen, um die Musterbrecher zu finden. Seltsamerweise fällt es den Beteiligten oft gar nicht so schwer, eigene Muster zu identifizieren und auch die Musterbrecher zu benennen. Ist das nicht so offensichtlich, kann man auf folgende Möglichkeiten zur Bewusstmachung zurückgreifen:

Wer sucht nach den Musterbrechern?

Reflexionsgruppen

Mithilfe einer Reflexionsgruppe können Themen gefunden werden: Aus »jedem« Bereich wird eine Person eingeladen, ihre Probleme zu beschreiben. Gemeinsam wird nach Mustern geschaut (Zusammenarbeit, Führung, Schnittstellen und so weiter) und überlegt, wo es Ausnahmen gibt. Wer versucht, etwas anders zu machen? Welche verbotenen Lösungen gibt es? Welche Lösungsidee ist bereits gescheitert?

Anders weitermachen

Innere Lernreise

Eine innere Lernreise (s. auch »Leidensdruck statt Dringlichkeit«, S. 70) bringt Führungskräfte an die Basis und zu den Problemen. Hier benötigen die Führungskräfte jedoch eine besondere Hinführung, um auch tatsächlich das andere zu sehen – das, was ihnen im Alltag verborgen bleibt. Wie kann ein Perspektivwechsel gelingen? Beispielsweise werden Fragen gemeinsam erarbeitet, die gestellt werden können. Oder Führungskräfte besuchen die Bereiche, denen sie nicht hierarchisch vorgesetzt sind.

Führungskräfte-Workshop

Eine Veranstaltung mit Führungskräften, bei der gemeinsam an Themen wie Kommunikation und Zusammenarbeit gearbeitet wird. Neugier wecken für die eigene Organisation und gemeinsam die Situation analysieren: Wo passieren Dinge, die ungewöhnlich sind? Wo gibt es Musterbrecher? Um in einen offenen Dialog zu kommen, braucht es auch eine Kultur dafür. Daher ist diese Form der Analyse in (Groß-)Veranstaltungen nicht überall umsetzbar.

Die Suche nach Musterbrechern ist dabei eingebettet in das bereits existierende Change-Vorhaben, in die umzusetzende Strategie oder den zu lösenden Problemzusammenhang. Hilfreich ist es auch, mehrere Veränderungsvorhaben gleichzeitig zu starten und zu schauen, wie sie miteinander (nicht) harmonieren.

Ist-Ist-Prozesse

Eine spezielle Form des Musterbrechens ist die aufmerksame Beobachtung der Ist-Ist-Prozesse. Was heißt das? Will man dem Thema Veränderung eine Richtung geben, so ist häufig das Soll das Vorbild für die Richtung, in die man verändern möchte. Wir lieben die nach oben gehenden Pfeile, die das anzeigen, was wir noch erreichen wollen und wonach wir streben. Wie wäre es, wenn wir einfach einmal danach schauen, wie es jetzt und hier tatsächlich aussieht: Go to Gemba. Gemba ist ein japanischer Begriff und bedeutet »der eigentliche Ort« oder »der reale Ort«. Benutzt wurde der Begriff »Go to Gemba« im Lean Management: Eine Idee, dass alle Probleme vor Ort beobachtbar und auch lösbar sind. Als Methode verstanden gehen Führungskräfte direkt dorthin an die Maschine oder zu einer Person, wo Probleme aufgetaucht sind. Und: Die Ist-Prozesse aufschreiben und als Grundlage für das tägliche Handeln nehmen. Wie sieht die Struktur aus – nicht auf dem Papier und in den Tabellen, sondern wie lebt sie wirklich? Ist-Ist-Analyse: Wie laufen die Prozesse »wirklich wirklich« – nach der Analyse werden dann die Prozesse geformt.

Schauen wir auf die Ist-Ist-Prozesse, dann helfen folgende Fragen:

- Wer redet mit wem?
- Wer übergibt wem?
- Wer handelt mit wem?
- Was können wir?
- Was können wir nicht?

»Wir müssen uns verstehen lernen«

Eine Organisation hat sich die Mühe gemacht, mit allen Führungskräften zu sprechen, und daraus ein Bild der Struktur der Organisation konzipiert. Davor schien alles beliebig und willkürlich, keiner hatte die Zusammenhänge wirklich verstanden. Es grenzte an ein Wunder, dass die Organisation ein weltweit erfolgreiches Produkt herstellte und verkaufte. Also dachten sich die oberen Führungskräfte: Wir müssen uns verstehen lernen, und malten das Big Picture. Das Resultat war keine komplett andere Organisation als vorher, und prinzipiell lief alles weiter wie bisher – aber die Mitarbeiter waren zufriedener dabei. Sich einordnen zu können bringt Zufriedenheit.

Wäre ein Berater am Werk gewesen, hätte er mit dem Kunden eine Vision oder ein Zielbild erarbeitet und danach versucht, die Dinge in Richtung Soll zu verändern. Die Diskrepanz zwischen Ist- und Soll-Zustand wird von Beratern gern als Energiequelle für den Veränderungsprozess genutzt. Dabei wird suggeriert, dass Organisationen durch den Beratungsprozess »zu einer schlüssigeren, konsistenten und letztlich rationaleren Funktionsweise kommen können, durch die letztlich alle Mitarbeiter gewinnen würden« (Kühl/Moldaschl 2010, S. 225).

Instant Change: Die Wahrheit einer Absicht ist die Tat

»… denn die Wahrheit der Absicht ist nur die Tat selbst.«

(G. W. F. Hegel)

Einer von uns Autoren schaut manchmal gern Filme, in denen in Variationen immer dieselben beiden Sätze vorkommen:

- Satz 1: Wir wissen nicht, was es ist, aber es kommt direkt auf uns zu!
- Satz 2: Geben Sie mir bitte den Präsidenten!

Mit diesen zwei Sätzen ist ein ganzes Filmgenre für seine Liebhaber beschrieben. Derzeit arbeiten wir in der Beratung von Führungskreisen mit zwei ähnlichen Zaubersätzen, die große Wirkung zeigen, und wundern uns immer wieder, wieso eigentlich. Die derzeit griffigsten Interventionen – so scheint es uns – liegen in zwei Sätzen:

- Satz 1: Die Einzigen, die Sie in Ihrem Unternehmen verändern können, sind Sie selbst.
- Satz 2: Lassen Sie bitte Ihren Aussagen, die Sie im Zukunftsbild (in der Ansprache an die Mannschaft, im Strategie-Rollout oder Ähnlichem) formulieren, nicht nur Taten folgen, sondern viel besser: Gehen Sie voraus! Finden Sie eine Handlung oder Entscheidung, die Ihre Aussage so untermauert, dass sie auch geglaubt wird.

Satz 1 erzeugt bei den Anwesenden sehr viel Nachdenklichkeit, dann Zustimmung, und anschließend kann mit ernsthafter Selbstkritik begonnen werden, die meist Bedingung für eine Neuausrichtung ist. Die Lieblingsaktivitäten aller in allen Veränderungsbemühungen sind nämlich immer auf die gleiche Zielgruppe gerichtet: die anderen.

Bei der Absicht eine bessere Fehlerkultur einzuführen, führt die Frage »Für welche falschen Entscheidungen sollten wir uns bei der Mannschaft eigentlich entschuldigen?« im Anschluss an die erste Frage zunächst in bitter-melancholische Stimmung, dann aber in außerordentlich vielen Fällen zu überraschenden Handlungen.

Wir stellen fest: Es gibt eine große Müdigkeit bei den Managern und eine noch größere bei den Gemanagten. Man mag keine Sätze mehr hören. Keine Appelle. Keine Vorsätze. Keine Versprechen. Keine Visionen mit Best in oder Best of. Man glaubt nicht mehr. Schon deshalb, weil die, die das alles verkünden, oft so schnell wechseln, dass sie das Schlusswort ihrer eigenen Rede nicht mehr hören können, weil sie schon wieder an einem anderen Einsatzort sind. Wer wirklich Menschen bewegen will, braucht Taten, die etwas bewegen, die nicht nur symbolisch sind, sondern Zeichen, die auf etwas Bedeutendes hinzeigen, also selbst bedeutend sind.

Allüberall fordern die Manager dazu auf, mutig zu sein: Mut zu Führung. Mut zu Fehlern. Mut zu Entscheidungen. Die beste Art und Weise, Mut in einem System zu erzeugen, wäre, ihn selbst aufzubringen. Das gilt übrigens auch für Vertrauen oder Wertschätzung.

EINES TAGES, ALS ALLE VISIONEN UND MISSION-STATEMENTS WAHR WURDEN...

Mission-Statements

Kleiner Exkurs

Viele, die sich geknechtet fühlen, nutzen das neue Modewort und fordern »Wertschätzung« ein – und wenn sie so richtig mit der Mode gehen, ergänzen sie es um die Superfloskel »nachhaltig«. Ergänzen könnten sie es neuerdings auch noch durch die supergeile Silbenfloskel: »neuro«, also: nachhaltige Neurowertschätzung ...
Der beste Tipp: Wo Wertschätzung (oder was damit gemeint ist) fehlt, wäre es am besten, sie selbst einzubringen. Erfahrungsgemäß sicher (und bestimmt wissenschaftlich beweisbar) kommt das Verhalten, das man in ein System gibt, irgendwann zu einem selbst zurück.

Wenn Manager in ihren Unternehmen Mut brauchen, dann ist die beste Weise, ihn zu erhalten, ihn selbst zu zeigen. Dabei hilft recht oft eine kleine Parade der heiligen Kühe, die im Unternehmen zufrieden grasen und eigentlich geschlachtet werden sollten.

Luftschlösser in Organisationen Veränderungen, Verschlankungen, Verbesserungen – sich wandeln braucht Zeit und Geduld, Weitblick und Strategie. Problematisch wird es jedoch, wenn eher ein Nichtumsetzen von Maßnahmen, Visionen, Leitbildern auffällt ... Entscheidungen kommen nicht – oder nur sehr langsam – zustande, viele Workshops werden abgehalten und Luftschlösser werden gebaut, in der Realität geht es aber keinen Schritt weiter.

Das ist eine Realität in der Organisation: Warum setzen Organisationen so wenig um und wieso dauert alles so lange? Können Organisationen auch einen Burnout haben? Oder sind sie einfach faul? Visionen werden erarbeitet und liegen in der Schublade. Besprechungen münden in schriftlicher Ausgestaltung von Maßnahmen, die nicht erledigt werden. Warum ist das so? Welche Phänomene stecken dahinter?

- fehlende Richtung (Vision, Ziel)
- mangelnde Einbindung der Mitarbeiter (Kommunikation)
- Komplexität (Paradoxien, Widersprüche)
- Ressourcenmangel
- Nichthandeln aus Angst vor Scheitern
- fehlende Erfolgskontrollen, fehlende Konsequenzen

Diese Erkenntnisse sind nicht neu, und doch wird dieser Entwicklung wenig entgegengesetzt. Vielleicht, weil es nicht geht ...?

Systemisch betrachtet: Die Organisation ist nicht dazu da, sich zu verändern und für schnelle Umsetzung zu sorgen. Der Organisationsforscher Karl Weick stellte dazu fest: »Organisationen halten Leute beschäftigt, unterhalten sie bisweilen, vermitteln ihnen eine Vielfalt von Erfahrungen, halten sie von den Straßen fern, liefern Vorwände für Geschichtenerzählen und ermöglichen Sozialisation. Sonst haben sie nichts anzubieten« (Weick 1985, S. 375).

Nach all diesen Beobachtungen hilft nur: umsetzen, umsetzen und umsetzen. Taten, statt zu warten. Impulse dazu wollen wir hier beschreiben.

Ziele und Visionen in fünf Szenen Hilfreicher als das aufwendige, gute Formulieren von Zielen, vor allem bei Kulturentwicklungsprojekten, ist die Frage nach fünf Szenen, die nach dem Zurücklegen des Weges zu filmen wären. Diese beschreiben oft eindringlicher, worum es geht. Es werden Szenen aus der Zukunft entworfen. Zugegebenermaßen ist diese Intervention inspiriert durch die Wunderfrage von Steve de Shazer. Der schönste Impuls im Kurzzeit-Coaching nach Steve de Shazer ist die Verschreibung des Verhaltens selbst, das in der Wunderfrage vorweggenommen wurde, als Hausaufgabe.

Fünf Szenen

Meist sind es die Führungskräfte, die ihre Vision oder ihre Ziele formulieren oder formuliert haben. In einem Workshop wird daran szenisch gearbeitet. Die Absichtserklärungen werden dann nicht schriftlich in Worte gefasst, sondern in Szene gesetzt. Durch die Inszenierung werden die Themen sichtbarer (anstelle von Absichtserklärungen), um die es geht. Attraktive und verständliche Bilder werden entwickelt durch Fragen wie:

- Wenn die Ziele/Visionen umgesetzt sind, welche konkreten Situationen stellen Sie sich vor?
- Stellen Sie sich vor, über Nacht ist ein Wunder geschehen: Wenn wir einen Film über das neue Verhalten/über die Veränderung drehen würden, was würden wir sehen, hören, erleben?
- Was passiert konkret? Was tun die Personen?

Die Führungskräfte entwickeln diese Szenen gemeinsam – daraus kann dann ein Film gedreht werden (gegebenenfalls durch Schauspieler dargestellt). Gute Erfahrungen haben wir damit gemacht, wenn die Szenen beispielsweise in einer Abendveranstaltung aufgeführt werden.

Anmerkungen zur Wirkungsweise

Auf spielerische Art und Weise machen sich die Teilnehmer Gedanken um ihre Zukunft. Statt Angst vor der Zukunft kommt durch die Szenen am Ende eine Lust auf die Zukunft oder mindestens Spaß heraus!

Rollout

Zur weiteren Verbreitung (sogenannter Rollout) gilt es Folgendes zu beachten: Sollen die Themen unter den Mitarbeitern verbreitet werden, so ist es sinnvoll, die Verfilmung in den Teams zu zeigen. Danach folgt ein Austausch, was die Mitarbeiter verstanden haben und was das für das Team bedeutet. Damit auch die Mitarbeiter aktiv in den Visions- oder Zielprozess eingebunden sind, eignet sich folgende Frage an das Team: »Was müssen wir tun, damit diese Szene umgesetzt wird?«

Mit dieser Interventionsform arbeiten wir auch mit Führungsteams – mit erstaunlichen Erfolgen.

Knapp und konsequent

Da werden dann bei Präsentationen vor dem Leitungskreis nur noch drei Folien (statt bisher 30) akzeptiert. Und es funktioniert. Seit einem Jahr. Und der Laden ist immer noch erfolgreich.

In einem anderen Fall wurde festgelegt: Wenn fünf Minuten nach Besprechungsbeginn nicht alle Eingeladenen anwesend sind, fällt die Besprechung aus. Das führte im Unternehmen zu mehr privaten Verabredungen, weil viele Menschen früher zu den Besprechungen kamen und dann beim Small Talk gemeinsame Hobbys entdeckten. Ach ja: und zu größerer Pünktlichkeit.

Not-to-do-Listen In Berlin lebt ein Känguru in einer WG. Zumindest behauptet das Marc-Uwe Kling, ein begnadeter Autor und Kabarettist. Bevor das mit Sicherheit zu erwartende Buch »Känguru-Weisheiten für Manager« erscheint, gestehen wir, eine schöne Idee daraus übernommen zu haben, die Klings Känguru schon länger praktiziert: das Führen und konsequente Befolgen einer Not-to-do-Liste. Wir arbeiten damit in Managergruppen: manchmal modifiziert zur Never-more-to-do-Liste.

Die Not-to-do-Liste

In der Regel gibt es nach Zusammenkünften mit Beratern Maßnahmenpläne und Ähnliches. Immer kommen all diese Vorhaben zum Alltäglichen noch hinzu. Interessante Dynamiken entstehen in Workshops, wenn die Vereinbarung gilt, neue Aktivitäten nur dann zu planen, wenn dafür alte fallen gelassen werden können.
Wir brauchen solche Listen, weil es nach unserer Erfahrung mindestens ebenso viele alte Ausführungsbestimmungen und deren Ausführungsdurchführungen abzuschaffen wie Neues einzuführen gibt. Erhellend sind auch Listen mit Aufzählungen, was von den Anwesenden im Workshop eigentlich beeinflusst werden kann und was nicht, und dann nur noch über die Dinge nachzudenken, die beeinflusst werden können.

Literaturtipp

Die Bücher von Marc-Uwe Kling »Die Känguru-Chroniken« (2009), »Das Känguru-Manifest« (2011) und »Die Känguru-Offenbarung« (2014) haben eigentlich nichts mit Change in Organisationen zu tun, sind aber sehr anregend und unterhaltsam geschrieben. Sie helfen, die Welt besser zu verstehen, und wer wollte das nicht? .

Power-Workshop: Visionen für Praktiker Wir sammeln gute Erfahrungen in Organisationen, in denen viel geredet und wenig umgesetzt wird, indem wir »einfach« ins Tun einsteigen. Wir verschreiben dann eine »Tatenspritze«. Diese Tatenspritze heißt Power-Workshop. Eine zeitaufwendige Analyse der Gesamtsituation des Unternehmens unterbleibt. Es gibt auch keinen Blick von ganz oben auf die Organisation.

Der Charme liegt im Kleinen – im detaillierten individuellen Prozess. Beispiele könnten das Abschaffen bestimmter Verwaltungsformulare oder die Umgestaltung der bereichsübergreifenden Zusammenarbeit, die Neugestaltung von Prozessen oder auch Veränderungen von Teammeetings sein. Selbst mit kleineren Maßnahmen kann es gelingen, über Teilerfolge und Teilumsetzungen neuen Mut zu entwickeln und auch Vertrauen, dass sich etwas verändern kann.

Die Durchführung von Power-Workshops hat ihren Ursprung in der Fertigung, wo neue Produktionsabläufe in einem Prozessgang sofort umgesetzt werden. Wichtig ist die Zusammensetzung der beteiligten Experten und Entscheider – die »empowerten« Teilnehmer sollen tatsächlich die Durchsetzungskraft haben, die Änderungen anzugehen.

Power-Workshops

Was ist das Ziel eines Power-Workshops?

Power-Workshops ermöglichen schnelle, fokussierte Entscheidungen. Ein Power-Workshop ersetzt nicht den dauerhaften Kulturwandel, vielmehr ist er ein Kulturbruch, ein Anstoß und Mutmacher für Veränderung. Er kann eine bestimmte Haltung fördern. Er bündelt das Wissen und die Erfahrung mehrerer Spezialisten für die Entwicklung konkreter Maßnahmen, die von allen getragen werden sollen.

Wo liegen die Stärken von Power-Workshops?

Nach unserer Erfahrung wecken Power-Workshops viel Interesse auch bei den Nichtbeteiligten. Wenn sich ein Team vornimmt, ein Problem zu bewältigen, das schon lange gärt, dann wollen viele wissen, ob das gelingt. Die Beteiligten lernen in kurzer Zeit viel über Machbarkeit und Wirksamkeit. Und die Organisation selbst erlebt: Veränderung kann gelingen. Durch das Verschieben des Fokus vom Reden über Veränderung auf das Ergebnis des Handelns beginnt ein dynamischer Prozess mit einem hohen Energielevel und viel Ausstrahlungskraft.

Anders weitermachen

Wo liegen die Grenzen von Power-Workshops?

Ein dauerhafter Kulturwandel kann so nicht erreicht werden, aber es ist eine kreative Möglichkeit, ins Handeln zu kommen. Mit Blitzaktionen kommt es zu schnellen Ergebnissen, doch es bleiben lediglich (viele) punktuelle Veränderungen, die auch Gefahren in sich bergen:
- Veränderungen, die vielleicht nicht in eine Vision oder Strategie eingebettet sind
- Mitarbeiter, die ihre Befugnisse überschreiten
- Rückfälle in alte Muster, weil alles zu schnell geht
- nicht alle (wesentlichen) Mitarbeiter werden mitgenommen.

Umsetzung

Der Auftrag und der Rahmen des Power-Workshops werden in einem Vorbereitungs-Workshop festgelegt. Der konkrete Auftrag muss in einer Woche erkannt und entschieden werden können. Als Ergebnis sollen Dinge passieren, die man sehen kann.

Zu Beginn des Power-Workshops analysieren alle Teilnehmenden gemeinsam die Situation. Dabei sind die Ursachen nicht relevant, die Lösungen hingegen zentral. Im nächsten Schritt werden Ziele erarbeitet, Ideen entwickelt und entsprechende Maßnahmen abgeleitet. Nun gilt es, diese Maßnahmen auch sofort umzusetzen.

In der Reflexion wird der Prozess angeschaut, und es wird bewertet, ob das Ziel erreicht wurde. Ergeben sich bei der Umsetzung neue Erkenntnisse oder wurde das Ziel verfehlt, wird weiter nach Verbesserungsideen gesucht, die anschließend umgesetzt werden. Diese Schleifen wiederholen sich so lange, bis der Ansatz überzeugend ist ... und meistens passiert das alles in (maximal) fünf Tagen.

Scheitern als legitime Option

Vergleichbar mit einer Expedition, einem Gipfelsturm, wird die beste Mannschaft mit allen erforderlichen Ressourcen ausgerüstet und versucht gemeinsam, den Gipfel in fünf Tagen zu erreichen. Schlagen Wind und Wetter um, wird die Route geändert, werden neue Wege gesucht. Ein Power-Workshop kann auch scheitern. Alles oder nichts: Der Gipfelsturm kann gelingen – oder auch nicht. Stehen die Rahmenbedingungen dem entgegen, kann die Expedition auch abgebrochen werden. Ein wohlwollender Abbruch zum Wohle der Beteiligten.

Wege gehen statt Worte finden

Szenische Organisationsberatung Manchmal ist es nicht möglich, eine Maßnahme sofort in die Tat umzusetzen, eine Handlung in der Praxis auszuführen. Dennoch ist ein Tun möglich: auf der Bühne. Szenische Organisationsberatung ist an die handlungsorientierte Methode des Psychodramas angelehnt und hilft den Beteiligten, nicht nur zu kommunizieren, sondern auch in Handlungen überzugehen. Diese Form bietet die Möglichkeit, in einem Workshop tatsächlich Veränderungen auf der Bühne zu erleben. Im Vordergrund steht das Tun, über das Tun die Haltung zu verändern und zu spüren, dass dies möglich ist.

Der Mensch und die Beziehungen der Menschen untereinander stehen im Vordergrund der szenischen Organisationsberatung. Psychodramatische Methoden wie Aufstellungen, Skulpturen, Rollenspiele oder Soziogramme ermöglichen den Teilnehmern, Teams und Abteilungen, ihre Themen so zu erleben, dass sie alte Interpretations- und Rollenmuster anpassen und verändern können. Dabei werden (festgefahrene) Strukturen, Denk- und Verhaltensweisen mithilfe szenischer Perspektivwechsel aufgebrochen und Erkenntnisse über die eigenen Rollenmuster (und die anderer) gewonnen.

Das Ziel ist, für bekannte Situationen und/oder Probleme neue Lösungen oder für neue Situationen und/oder Probleme adäquate Lösungen zu kreieren, die dann in der Praxis sofort umgesetzt werden können. Im Gegensatz zu »normalen« Workshops werden nicht Maßnahmen vereinbart, sondern im Workshop selbst erfolgen die Umsetzung und die Reflexion über die Wirkung.

Szenische Organisationsberatung: der Spontaneitätstest

Besonders gut gelingt diese Beratung in der Form des Spontaneitätstests in Workshops. Im Spontaneitätstest geht es darum, auf die »üblichen« Situationen aus dem beruflichen Alltag spontan und kreativ zu reagieren, also ein Experiment zu wagen. Ziel ist es, die Schwäche beziehungsweise die Angst beim anderen zu bemerken und ihn einer Situation auszusetzen, in der er mit dieser konfrontiert ist.

Die Teilnehmer entwerfen eine kurze Szene zum Thema, die ein oder mehrere Teilnehmer (als Fallgeber) nicht kennen und die eine Anforderung enthält, auf die sie spontan und unvorbereitet reagieren müssen. Im Rollenspiel wird das neue, spontane Verhalten gleich umgesetzt und dann die Reaktion darauf reflektiert.

Wenn ein Team, eine Abteilung oder ein Teilnehmer zum Beispiel schon im Vorfeld eine Lösung für eine bestimmte Situation entwickelt hat, kann im Realitätscheck diese Situation auf der Bühne inszeniert werden, um zu testen, inwiefern die erarbeitete Lösung umsetzbar ist.

Gerade mit dieser Intervention haben wir viele spannende, interessante und auch völlig überraschende Ergebnisse erzielt.

Karrieremeile

Der Gruppe war bekannt, dass die Person sich immer einwickeln ließ, neue Aufgaben zu übernehmen, und schlecht ablehnen konnte. Sie schaffte ihr Arbeitspensum aber nur, weil sie Überstunden machte oder die Themen mit nach Hause nahm. Die Gruppe überlegte sich etwas für ihren übereifrigen Ehrgeiz. Sie nannte die Szene: Karrieremeile. Jeder aus der Gruppe machte ein verlockendes und verführerisches Angebot an sie, das sie ablehnen musste – und zwar mit Begründung. Zum einen wurde der Person klarer, dass sie eine sehr ehrgeizige Frau war, und zum anderen lernte sie, Themen abzulehnen (die sie eigentlich machen wollte).

Sinnen nach den eigenen Leitsätzen – Werte im Experiment Werden Bereiche neu verknüpft (besonders im Bereich der Zentralisierung von Querschnittsbereichen wie Personal, Einkauf und Ähnlichem), so ist der Wunsch groß, sich als Einheit zu verstehen, gemeinsame Werte zu haben und zu leben, strategische Themen zusammenzuführen. Gerade dort, wo Matrixstrukturen bestehen, ist es schwierig, diesen Dialog über alle Standorte zu führen. Eine Möglichkeit besteht darin, über geschaffene Werte oder Leitsätze eine Gemeinsamkeit zu formulieren. Diese Werte werden in den meisten Fällen im stillen Kämmerlein von wenigen ausformuliert und in die Breite kommuniziert. Aber auf diese Weise passiert wenig.

Häufig werden dann Berater beauftragt, dafür zu sorgen, dass die Werte in besonderer Form in der Organisation ausgebreitet und so alle Mitarbeiter der einzelnen Bereiche und Standorte integriert werden. Eigentlich können solche Aufträge nur scheitern: Weder wird es gelingen, alle Mitarbeiter für die Werte zu interessieren, noch darüber eine gemeinsame Identität zu schaffen.

Aus der Praxis: Personalbereich wird zentralisiert

Der Personalbereich eines Konzerns sollte zentralisiert werden. Die Zentrale der Organisation hatte für den gesamten Personalbereich (für die Regionen) sehr aufwendig neue Leitsätze gefunden. Der Hintergrund war, dass der Personalbereich zentralisiert werden sollte und alle sich als Einheit begreifen sollten, um in Zukunft nach außen hin geschlossen aufzutreten.
Auf diese Weise sollte es einfacher werden, eine gemeinsame Strategie durchzuführen und eine höhere Standardisierung zu erreichen (nicht mehr: Jede Region macht, was sie will). Es gab spannende Marketingaktionen (zum Beispiel Roadshows) und viel Kommunikation darüber. Jedoch war zu spüren (Flurfunk, Interviews …), dass die Sätze bei den Mitarbeitern der einzelnen Standorte kaum ankamen, die Personaler sich nicht zugehörig fühlten und die interne Zusammenarbeit sich nicht verbesserte. In dieser Situation wurden wir gebeten, die Organisation zu unterstützen und die Leitsätze im gesamten Personalbereich lebendig wahrnehmbar »auszustreuen«.

Für solche Aufträge sind Berater dankbar, so auch wir, und wir versuchten, das Unmögliche möglich zu machen. Wissend, dass die Personalabteilung danach nicht anders handeln würde, dass die Zusammenarbeit sich nicht wirklich verbessern würde. Die Zentrale und die einzelnen Standorte werden immer unterschiedliche Interessen haben, und doch benötigt eine Organisation Unterstützung im Dialog über die Leitsätze.

Die große Frage ist nun: Wie werden Leitsätze und Werte zum Thema einer Organisation? – Das gelingt in lebendigen Dialogen mit den Mitarbeitern an besonderen Orten. Die Leitsätze werden mit Handlungen und Erfahrungen an speziellen Orten verknüpft: nicht nur sprechen, sondern sie auch erfahrbar machen. Das können Herausforderungen sein, die zum Thema des Leitsatzes passen.

Anders weitermachen

Sinnen nach den eigenen Leitsätzen – Werte im Experiment

In diesem Fall beschreiben wir die Intervention anhand unseres Praxisbeispiels. Dort ging es beispielsweise um das Thema: »Wir sind die Umsetzer!« Die Umsetzung aus dem Leitsatz bedeutete Folgendes: bessere Zusammenarbeit, mehr Vernetzung, Kommunikation, internes/externes Marketing, kontinuierliche Verbesserung und Selbstbewusstsein.

Welche Prinzipien hatte der Prozess zur Verbreitung der Leitsätze?

- Die Mitarbeiter trafen sich in fachspezifisch und standortübergreifend gebildeten Gruppen, um die Vernetzung zu fördern.
- Ausgewählte Mitarbeiter aus allen Standorten setzten sich in gemischten Gruppen mit den Leitsätzen und Werten auseinander.
- Die Dialoggruppen trafen sich über ein Jahr verteilt, die Orte unterschieden sich, um den Überraschungseffekt zu erhalten.
- Alle Veranstaltungen waren eintägig.
- Die Dialoge bekamen durch »besondere Orte«, an denen sie stattfanden, zusätzliche Bedeutung.
- Die Mitarbeiter redeten nicht nur über die Leitsätze und Extrakte, sondern erlebten diese auch im »Realitätstest«.
- Auf diese Weise wurden Themen wie »Umsetzung« oder die gemeinsame Identität spürbar.
- Die Dialoge waren inhaltlich offen und zielten nicht auf Maßnahmenergebnisse. Motto: Die Organisation denkt, indem sie Dialoge führt.
- Die Orte standen in einem engen Zusammenhang mit den Leitsätzen und Extrakten.

Die Vorbereitung dieser Tage übernahm die Organisation selbst, begleitet von den Beratern. Für jede Gruppe gab es ein Vorbereitungsteam, das den Ort und die Inhalte des Tages besprach. In jedem Vorbereitungsteam übernahm wiederum eine Person die Hauptverantwortung. Die Hauptverantwortlichen wurden im Vorfeld gemeinsam als Multiplikatoren in den Prozess eingebunden. In diesem Kreis wurden auch Ideen zu den Orten generiert.

Dazu ein paar Beispielkontexte:

- Ort Restaurant: Beim Mittagessen im Restaurant müssen die Teilnehmer mit Konfliktsituationen und Störungen umgehen: zum Beispiel Rosenverkäufer, Musiker, tollpatschige Kellner, Gast mit Tourettesyndrom am Nebentisch, streitendes Paar.
- Ort Kinderzirkus: Die Teilnehmenden werden von Kindern angeleitet, um Jonglieren, Einradfahren oder Akrobatik zu erlernen – und zum Schluss wird gemeinsam eine Aufführung inszeniert.
- Ort Sporthalle: Gemeinsam sollen alle eine Teamaufgabe umsetzen, die zunächst nicht einfach erscheint. Ein Balance-Board ist aufgebaut, ein überdimensionierter Kreisel, der um seine Achse rotieren kann. Auftrag an die Gruppe: Gemeinsam auf dem Board stehen (sehr aufwendig, aber unglaublich in der Wirkung).

Wichtig sind die darauffolgende Reflexion des Erlebten und der Transfer in den Alltag. Was heißt das Erlebte übertragen auf die Zusammenarbeit? Was lernen wir daraus? Was wollen wir (nicht) erreichen?

Mit diesen Interventionen kann das Erfahrene ein Sinnen nach sich ziehen, und die Leitsätze und Werte sind nicht nur Sätze oder Begriffe, sondern verbunden mit einer Erfahrung. (Be)sinnt euch!

Soziales Projekt – Denkwelten vernetzen Leicht lassen sich Ziele, Strategien und Prozesse verändern. Probleme machen immer die unbewussten Anschauungen, Wahrnehmungen, Gedanken und Gefühle in Unternehmen – sie sind nicht sichtbar, und doch prägen sie die Organisationen. Sie sind der Ausgangspunkt für Werte und damit auch für Handlungen in Organisationen.

Werte geben Sinn, aber manchmal geht der Sinn verloren, oder Werte sollen sich verändern oder sogar neu erschaffen werden. Wie kann nun etwas so Tiefgreifendes anders gelebt werden? – Manchmal helfen das Aussteigen aus der üblichen Denkwelt und ein Eintauchen in eine andere, sinnhafte, basierend auf sozialen und moralischen Werten. Genauer gesagt, sich mit einem sozialen Projekt zu beschäftigen, das zunächst wenig mit dem eigenen Berufsfeld zu tun hat. Wie das die Wertewelt in einer Organisation prägt, wollen wir im Nachfolgenden näher erläutern.

Soziales Projekt – Denkwelten vernetzen

Werte leben lernen

Braucht man neue Werte, so hilft es, wenn das Thema Werte überhaupt erst einmal in die Organisation kommt. Werte entstehen nicht im Kopf – Werte entstehen im Tun. Werte werden sichtbar gemacht, indem sie gelebt werden. Sie werden dort erzeugt, wo sie am meisten gebraucht werden: in einem Verantwortungsprojekt.
Gemeint ist damit ein soziales Projekt, das Sinn schafft, Nutzen bringt und Lust macht auf Neues. Ein Verantwortungsprojekt ist keine Geldspendeaktion, sondern bedeutet Handeln für andere. Etwas zu tun für jemand anderen oder viele andere schafft Sinn und Identität und verändert durch kleine Bewegungen. – Durch Veränderung des Verhaltens in einem Feld wird verantwortungsvolles Verhalten gelernt, und diese Strömungen fließen ins generelle Verhalten der Menschen und damit auch in die Organisation. Lernen über einen Umweg kann man diesen Weg nennen: Neue Räume des Handelns werden geschaffen und beeinflussen durch Tun das Verhalten an sich. Gibt es eine Kultur im Umgang mit neuen Werten, so ist das der fruchtbare Boden, auf dem die neuen Werte in der Organisation sprießen können.

Handeln wie ein Social Entrepreneur

Alle werden zu Social Entrepreneurs. Sie sind Unternehmer für Tätigkeiten, die sich mit einer sozialen Idee auseinandersetzen. Als Gebiete für soziales Engagement bieten sich beispielsweise an: Bildung, Umweltschutz, Arbeitsmarktintegration, gesellschaftliche Inklusion, Armutsbekämpfung oder auch Menschenrechte.

Unternehmen wie Ashoka (http://germany.ashoka.org) vereinen 3000 Social Entrepreneurs, die ihre sozialen Ideen auf den Weg bringen. Initiative zu zeigen und sich für andere zu engagieren scheint im Trend zu liegen. Sinndealing macht den Ashoka-Gedanken attraktiv. Fast schon eine Plattitüde: Menschen wollen Sinn mit ihrem Tun verbinden und das nicht nur als Freizeitbeschäftigung, sondern auch in ihrem Beruf und mit dem, was sie können.

Wie die Idee sein müsste ...

Über das soziale Projekt bringt man Menschen in Bewegung – sie lernen am Modell. Das soziale Projekt ist aber nicht das Vorbild für das Handeln in der Organisation. Werden beispielsweise Behinderte unterstützt, so gilt das Thema nicht als Vorbild im Umgang mit Kunden oder den Kollegen, jedoch wird das Miteinander zum Gesprächsthema und fokussiert die Menschen auf das Thema »Umgang mit Menschen«.

Das Thema des Verantwortungsprojekts muss also auch zum Thema der zu erlernenden Werte der Organisation passen. Ähnlich wie bei Lernreisen (s. S. 171ff.) ist eine Verknüpfung der Werte mit den Ideen des Verantwortungsprojekts wichtig. Gute Erfahrungen haben wir mit den Themen Verantwortung, Mut, Wertschätzung und Unternehmertum gemacht. Die Grundidee muss maßgeschneidert sein (auch auf die Strategie), damit sie langfristig (über)lebt und auch so robust ist, dass sie für das Marketing eingesetzt werden kann. Neben der Passung ist auch das Reden darüber unerlässlich. Das Tun erzeugt Geschichten, über die geredet wird, und die Geschichten werden verbreitet. Die Idee muss zur Organisation passen, weil das soziale Projekt ein Teil von ihr werden soll. Das bedeutet:

- Die Idee muss neu und überraschend sein: Irgendeine anonyme Gießkannen-Spendenaktion ist nicht attraktiv.
- Sie muss groß genug sein: Nicht nur eine kleine Zielgruppe darf profitieren.
- Sie muss in Deutschland für Deutschland sein (überregional).
- Und sie muss professionell gefunden, gemanagt und kommuniziert werden. Wenn sie gut sein soll, muss sie gewagt sein. Wenn sie gewagt sein soll, birgt sie Risiken.

Ein solches Projekt zu realisieren braucht Kompetenz, Drive und Mut. Das heißt mindestens, dass es einer Mitwirkung des Managements bedarf. Denn zunächst wird dadurch kein (ökonomisches oder anderes formuliertes) Ziel erreicht. Daher benötigen solche Projekte eine andere Form der Präsenz und Aufmerksamkeit des oberen Managements.

Rendezvous vor dem Blind Date – Dialogdesigns, bevor es losgeht

Manager haben Macht in Unternehmen. Manchmal vergessen sie dabei alle anderen. Sie bestellen, die anderen müssen essen. Manager werden gemessen, sind vermessen und messen. Das ist ihre Obsession. Sie machen die Programme oder vergeben die Aufträge dazu. Die Produktiven aber haben wenig Lobby und werden nicht gehört oder melden sich schon gar nicht mehr.

Veränderungsprozesse machen von sich reden: Wenn sie gut laufen, dann blühen Austausch und Kontakte, weil die einen, die etwas vorhaben, die anderen dafür brauchen. Selten gibt es so viel Gesprächsbedarf wie während des Change. Meist erfolgt aber im Change-Kick-off der große Gongschlag der Führungsmannschaft. Die Dringlichkeiten des Change werden eindrücklich verkündet. Betroffene werden üblicherweise zuerst getroffen und dann vielleicht am Dialog beteiligt – wenn überhaupt. Meistens ist der Plan für alle Veränderungsvorhaben bereits schon längst ausgefertigt. Das erschwert die Situation erheblich. Veränderungsprozesse beginnen von oben und haben meist nur diese Perspektive. Auch wenn sie das Schneller, Höher und Weiter ins Visier nehmen und die Zielgruppe dabei die anderen sind, empfehlen wir den Dialog vor dem Change-Dialog. Natürlich sind im Tagesgeschäft alle im Gespräch, aber über das Alltagsgeschäft, das Was der Arbeit, und nicht über das Wie.

Wir beschreiben hier einige Möglichkeiten, wie Gespräche von Veränderern und Operativen aussehen können, bevor es losgeht. Es ist eine besondere Art von Face Reality. Die Innenschau. Ein In-sich-Hineinhören der Organisation, bevor ein neues Zukunftsbild gemalt wird. Das macht den Change realistischer, hilft, die heiligen Kühe zu orten, die zur Schlachtbank geführt werden müssen, damit Glaubwürdigkeit entsteht.

Next-Change-Dialog-Designs sind Formate für dynamische Gespräche vor dem Change und während des Change über den Change. Solche Impulse für Designs haben wir hier zusammengefasst. Sie beschäftigen sich mit

- dem Change-Team, das steuert (Wie muss die Organisation den Change organisieren?) – Methode »Change-Team«
- den Führungskräften, die hinschauen (Wie können Führungskräfte die Organisation unterstützen?) – Methode »Lernreise nach innen«
- den Mitarbeitern, die beraten (Wie erleben Mitarbeiter die Organisation?) – Methode »Beratende Mitarbeiter«

Anders weitermachen

Das Change-Team

Ein Change-Team benötigt einen Steuerkreis: Veränderung vorbereiten und steuern. In einem regelmäßigen Rhythmus gibt es Treffen mit den Führungskräften. Noch wichtiger ist aber ein Resonanzteam aus der Organisation. Dieses ist das erweiterte Change-Team. Oder noch besser gibt es zwei Fünfergruppen. Das Change-Team teilt sich für solche Gespräche auf.

Die Frage aller Fragen bei Beratungsdesigns: Wo befinden sich in diesem System die Druckpunkte für die Veränderung, die Weiterentwicklung, den nächsten Schritt, das Weitermachen, die Standortanalyse?

Es ist schöner, wenn man sich gemeinsam irrt und doch die Weisheit der vielen zugeschlagen hat. Interventionen können immer nur hypothetisch ins relative Systemdunkel erfolgen und müssen aufgrund ihrer – auch nur begrenzt erfassbaren – Folgen für das System Schritt für Schritt überprüft und modifiziert werden. Daher ist eine breite Basis der Erkenntnisse nötig, um maßgeschneiderte – und dennoch riskante – theoriegeleitete Intervention zu planen.

Gemeinsam wird auf den Prozess geschaut, reflexiv gesteuert. Mit dabei sind unterschiedliche Menschen aus der Organisation (Führungskräfte, produktive, vernetzte Mitarbeiter), wahrscheinlich einige aus der PE-Abteilung und die Berater. Die Gruppenzusammensetzung folgt der Überlegung, welche Bereiche integriert werden und welche Menschen gestärkt werden sollen.

Auch die Vorbereitung und Begleitung sind ein Lernprozess und fördern den sozialen Zusammenhalt. Schon der Beginn und die Steuerung des Prozesses sind Veränderungen im Change-Team, die sich auf den gesamten Prozess auswirken ... – Daher ist diese Phase so ungeheuer wichtig.

Lernreise nach innen Führung ist Dienstleistung. Zentrale Aufgabe einer Führungskraft ist es, für die Menschen in ihrem Wirkungskreis die Rahmenbedingungen so zu gestalten, dass diese optimal arbeiten können. Wissen sie wirklich, was sie wissen sollen, um Dienstleister zu sein? Falls nicht, hilft eine Lernreise nach innen: Face Reality.

Lernreise nach innen oder einfach: Face Reality

Eine Lernreise nach innen meint eine Dialogreise in das Innere der Organisation. Eine Dialogreise ins Innere der eigenen Unternehmung bringt neue Perspektiven, wenn Reiseführer da sind, die als Dialogscouts fungieren. Dabei verändert sich der Verhaltensspielraum der Teilnehmenden, indem sie mit sich experimentieren und über sich reflektieren. Bewusst einen Perspektivwechsel vollziehen, wo der Perspektivwechsel am schwierigsten ist, weil die Macht der Gewohnheit einen davon abhält, die Dinge anders zu betrachten und dort vielleicht Fragen zu stellen, die man im Alltag nicht stellen würde.

Beispiel

Als Beispiel ist eine kleine mittelständische Organisation zu benennen, die ihre Außendarstellung einmal überprüfen wollte: Wie wirken wir eigentlich? Das Beraterteam überlegte sich folgende Aufgabe für die Führungsmannschaft: Man möge in kleinen Gruppen nach draußen (in die Umgebung) oder nach innen (in die Organisation) gehen und verschiedene Perspektiven auf die eigene Organisation überprüfen:
- Wie ist unser Auftritt in unserer Stadt (Werbung, Informationen)?
- Wie nehmen Kunden uns wahr (Internet, Telefon)? Welchen Ruf haben wir bei Passanten, die bei uns vorbeigehen?
- Was denken unsere Mitarbeiter?

Zunächst erhob sich großer Widerstand in der Führungsgruppe, weil es ja bedeutete, andere – zum Teil auch fremde – Menschen zu fragen. Nach einer Stunde waren alle wieder beisammen, sprudelten über vor Erfahrungen und Erlebnissen und beschlossen in der nächsten Stunde, mehrere Veränderungen vorzunehmen.

Das ist noch keine Reise, sondern ein kleiner Ausflug gewesen, aber das Prinzip von Lernreisen nach innen wird deutlich. Führungskräfte denken ganz viel darüber nach, wie es sein könnte, und gehen selten dorthin, wo es wehtut. Durch Face Reality werden Themen nicht durchdacht, sondern erlebt – und das Sinnen darüber beflügelt.

Plant man nun eine Lernreise nach innen, so ist es wichtig, das Thema mit einem Planungskreis aus der Organisation im Vorfeld auszuarbeiten: einem Kreis der Operativen. Dazu gehören besonders Mutige, Musterbrecher, Bridgepeople, Randgruppen, Junge Wilde, Alte Wilde. Diese geben die Kernthemen vor, die in der Organisation erlebbar gemacht oder einfach darüber nachgedacht werden.

Fokussierung auf Wesentliches und, darauf aufbauend, einen Ort innerhalb oder im direkten Umfeld der Organisation suchen, der zum Lernziel passt. Im Anschluss daran folgen die Reflexion des Erlebten und die Sammlung der Themen, die wichtig sind für die Organisation (Veränderungsthemen, Kulturthemen, Prozessthemen ...). Wichtig ist vor allem, dass ein Lernen in kleinen Gruppen stattfindet. Gruppen von maximal 15 Personen, die sich gemeinsam finden und die Themen bearbeiten. Für Führungskräfte ist es eine lernreiche Zeit, die eigene Organisation aus einer anderen Perspektive zu betrachten und mit einer Realität konfrontiert zu sein, die sie so im Alltag nicht sehen.

Nur am Rande: Lernreisen können auch mit einzelnen Querschnittsgruppen oder funktionalen Teams durchgeführt werden, die nicht Führungskräfte sind: Gruppen, die ihre dringlichen Themen aufarbeiten und die sich vor Ort in eine Lernphase begeben möchten. Freiwilligkeit ist dabei ein Muss!

Einzelne Schritte

Die uns wichtig erscheinenden einzelnen Schritte haben wir folgendermaßen zusammengefasst:
- Der Planungskreis entwickelt beziehungsweise vertieft die Kernthemen für Führungskräfte oder Gruppen.
- Daraus werden Stationen der Lernreise abgeleitet, an denen diese Kernthemen oder ein Umgang damit erlebbar gemacht werden, wodurch ein Lernprozess beziehungsweise eine Verhaltensänderung in Gang kommt.
- Ideen für Orte für diese Stationen werden generiert.
- Die Umsetzung mit internen oder externen Prozessbegleitern und Moderatoren wird geplant.
- Geeignete Querschnittsgruppen werden aus Führungskräften und/oder Mitarbeitern gebildet.

Durchführung

Die Gruppen erhalten die Aufgabe, sich in einem passenden Lern- und Erfahrungsumfeld unmittelbar mit den Themen und Inhalten einer oder mehrerer Thesen auseinanderzusetzen. Dabei wird ihnen die Möglichkeit eingeräumt, sich intensiv mit anderen Denk- und Handlungsoptionen zu beschäftigen und andere Kommunikationsmuster sowie eine jeweils andere Kultur zu erfahren und auszuprobieren. Sie werden außerdem bei dem Vorhaben begleitet, positive Erfahrungen mit einer anderen Kultur in den eigenen Arbeitsbereich zu transferieren.

Impulse

Einige Impulse für ein Beispiel einer Lernreise nach innen für Führungskräfte, Zeitaufwand: eineinhalb Tage:
- Jede Führungskraft wird morgens mit einem Kleinbus von zu Hause abgeholt und persönlich begrüßt.
- Der Start erfolgt in einem außerhalb der Organisation liegenden Workshop-Raum mit Ambiente, der ein wenig die Heimat darstellt (Perspektivwechsel Heimat und Reise wird durch die Orte verstärkt).
- Zunächst werden Ziele und Aufgaben geklärt: Wo sind wir innovativ? Wo haben wir schlafende Prototypen in der Organisation, die kleine Leuchttürme sind? Wo entsteht Neues? Wo müssen wir uns verändern?
- Die Gruppen werden eingeteilt, die sich auf verschiedene Bereiche/Abteilungen beziehen (Hilfsmittel: Kamera für Fotos).
- Anschließend wird gemeinsam per Fahrrad zur Organisation gefahren. Dann haben alle bis zu zwei Stunden Zeit zum Sammeln von Themen und Fotos.

- Beim anschließenden Treffen erfolgen Austausch und Reflexion. Ein Museum wird aufgebaut, das am nächsten Tag in den Vorraum der Organisation gestellt wird. Thema: Welche Erkenntnisse über Innovationen in Ihrer Organisation haben Sie gewonnen? Oder es werden Sketche einstudiert, die am nächsten Tag in verschiedenen Bereichen vorgespielt und sichtbar gemacht werden.
- Fokussierung der Themen: Für welche Themen benötigen Sie eine Lösung? Welches Thema ist aus Sicht der Mitarbeiter am wichtigsten?
- Think-Tango: Jede Gruppe überlegt für eine andere Gruppe ein Lernziel oder eine Lösung.
- Lösungssuche vor Ort: Jede Gruppe nimmt ein Thema und geht auf die Suche nach einer Lösung im System ... und kommt erst wieder, wenn sie eine gefunden hat.
- In der Nacht treffen die Beteiligten das Resonanzteam in der Organisation, das ihnen Feedback zu den Themen gibt, die sie ausgearbeitet haben.
- Am nächsten Morgen erfolgt eine weitere Lernschleife.
- Zum Schluss reflektieren alle, wie die Inhalte und das Gelernte in die Organisation übertragen werden können.
- Danke sagen in der Organisation mit einer Art Flash-Mob!

Beratende Mitarbeiter: Alle Macht den Räten

Zwei Impulse zu möglichen Dialogformaten:

Die Jungen Wilden integrieren

Unter den 20- bis 30-Jährigen gibt es eine Gruppierung, die ein starkes Bestreben hat, die Welt in pragmatischer und persönlicher Hinsicht zu einem besseren Ort zu machen. Sie lassen ihren Worten Taten folgen, verkörpern ihre Grundwerte und den Wandel, den sie anstoßen möchten. Sie sind unabhängig und selbstsicher, bahnen sich ihre eigenen Wege. Diese Leute suchen dringend Lösungen, in denen auch sie sich auf den heutigen Marktplätzen wiederfinden. Was die großen Traditionsunternehmen ihnen als Karriereweg anbieten, ist für ihren Geschmack oft zu kleingeistig, zu espritlos, zu bürokratisch. In der Folge gründen viele ihre eigenen Unternehmen, in die sie ihre persönlichen Vorstellungen vom Wirtschaften und von sozialer Verantwortung einbringen.

Diese Gruppe hat eine enorme kreative Kraft, aber die alte Klasse etablierter Organisationen hat Mühe, mit ihnen zusammenzukommen. Viele große Unternehmen und Institutionen merken dabei nicht, dass der Zug an ihnen vorbeifährt. Obwohl sie junge Leute einstellen, verpassen sie es, diese kreative Schlüsselgruppe der nächsten Generation in ihre Führungsetagen zu holen.

Zehn Kulturszenen

Fachleute geben Feedback – und das nicht in verbaler Form. Das haben sie schon oft getan und sind es müde, mit den Menschen zu reden, die sich nicht verändern können oder wollen. Daher geht es bei »Zehn Kulturszenen« nicht um einen Veränderungsprozess, sondern lediglich darum, die momentane Situation darzustellen und sichtbar zu machen. Nicht im Reden, sondern im Handeln, und zwar sichtbar für viele Menschen in der Organisation.

Dafür werden Fachleute zu ihren Themen von externen Beratern interviewt, und diese Themen werden gesammelt und gebündelt. Berater übersetzen diese Wünsche in zehn Szenen, die von Schauspielern gespielt werden können. Oder noch besser: Die Fachleute spielen ihre Themen selbst.

Gespielt werden die zehn Szenen dort, wo sie auch tatsächlich stattfinden – in den Büros oder Werkhallen oder in der Kantine.

Was ist der Sinn und was wird dadurch erreicht? Wenn man Mitarbeiter aus ihrem Nischendasein herausholt und ihnen zuhört, kann viel passieren. Sie ernst nehmen und die Themen bestimmen lassen, die verändert werden sollten. Das wäre revolutionär. Denn die einzige Form, in der man Mitarbeiter entwickeln kann, der einzige Ort, an dem das möglich ist, ist in den Köpfen der Führungskräfte. Nur die Veränderung der Bilder der Führungskräfte von ihren Mitarbeitern ist die Veränderung. Der Beginn davon liegt im Zuhören ... oder Zuschauen.

Geist der Führung

Es zieht ein neuer Wind auf: Die Arbeit erhebt sich von den Plätzen. Ein allgemeiner Trend besagt, dass Mitarbeiter sich zunehmend einmischen und an Entscheidungsprozessen beteiligt werden wollen. So bekommt das Wort MITarbeiter eine ganz andere Bedeutung: MITwisser, MITverantwortung, MITträger, MITreder ...

Durch den stärker werdenden Demokratisierungsgedanken wird Verantwortung auf die Mitarbeiter übertragen. Sie geht also weg von einer institutionalisierten zentralen Führungsmacht, um so die durch Fremdsteuerung und Fremdbestimmung erzeugte Unmündigkeit ein Stück weit aufzulösen.

Ein Prinzip des Passagements ist das Handeln hin zu mehr Heterarchie und weg von der Hierarchie. Führung konzentriert sich nicht auf eine Person, sondern wird verteilt auf die Mitarbeiter. Passagement führt die Organisation weg von einem Führungsstil der klaren Vorgaben und vom »Dienst nach Vorschrift« und fördert so Kooperation, Selbststeuerung und -organisation.

Wir als Berater erleben in den meisten Organisationen, dass eine Entkopplung von Führung und Hierarchie Neuland für alle Beteiligten ist. Werden Führung und Positionsmacht voneinander gelöst, werden die Verantwortlichkeiten und Tätigkeiten in der Organisation anders verteilt, und zentrale Perspektiven auf das Weltbild und die Selbstbilder verändern sich.

Funktion von Führung: Entscheidungen treffen (was?) und Menschen führen (wie?)
Organisationen sind Arbeitsaufteilungsaggregate. Arbeitsteilung kennzeichnet Organisationen und scheint einer ihrer Erfolgsfaktoren. Erfolg bedeutet gemeinhin hohe Effizienz bei minimalem Aufwand. Wenn nicht alle alles können müssen, sondern sich spezialisieren (reduzieren) dürfen, reduziert das die Komplexität. Gleichzeitig haben nicht mehr alle alles im Blick. Organisationen können auch als die Summe ihrer Fraktale beschrieben werden. Die Fraktale bilden Subsysteme mit eigenen Zielen, eigenen Kulturen, eigenen Abgrenzungen und so weiter. Führung ist ein Fraktal in der arbeitsteiligen Organisation.

Reden wir von Führung in Organisationen, meinen wir gleichzeitig auch immer das Management mit. In der Regel fallen die Funktionen »Menschen führen« und »Entscheidungen fällen« zusammen. Entscheidungen in Organisationen betreffen manchmal langfristige Ausrichtungen, in anderen Fällen nur Alltagsfragen:

- Wozu sind wir da?
- Wo wollen wir hin?
- Welches Personal stellen wir ein?
- Wie innovativ sind wir?
- Welche Ziele haben wir? Sind wir noch auf dem richtigen Weg?
- Wer übernimmt in unklaren Situationen welche Aufgabe?

Die Funktion von Entscheidungen durch einzelne Entscheider in Organisationen liegt vor allem in der Reduktion von Komplexität durch Absorption von Unsicherheit.

Prozesse in Organisationen sind fixierte Entscheidungen. Sie sind Handlungsanweisungen im Sinne von Wenn-dann-Beschreibungen. Sie entbinden die Ausführenden (eigentlich) von der Notwendigkeit, selbst Entscheidungen zu treffen. Problematisch für Prozesse ist manchmal die Realitätseinschätzung von Beteiligten oder die Realität selbst. Prozesse passen so, wie sie gedacht waren, einfach nicht in die Wirklichkeiten, die sie vorfinden.

Der andere Teil von Führung (und normalerweise nur theoretisch losgelöst von der Aufgabe Management) ist die direkte Einflussnahme auf die Menschen in der Organisation. Dabei geht es im weitesten Sinne um Gespräche über das Verhältnis von Person und Arbeit. Dies dient unter anderem auch der Selbstvergewisserung.

- Ziel: Was soll ich machen?
- Kontrolle: Mache ich es richtig?
- Lob: Mache ich es gut?
- Qualität: Kann ich es besser machen?
- Können: Wie soll ich es machen?
- Zusammenarbeit: Wie können wir es gemeinsam schaffen?

Herausforderungen für Führungskräfte Wenn Organisationen sich mit sich selbst beschäftigen, befassen sie sich immer mit der Ausgestaltung ihrer Führung, und meist sind alle unzufrieden. Die Herausforderungen an die heutigen Führungskräfte haben viele Aspekte:

- hohe Anspannung aufgrund von Umweltveränderungen (Globalisierung, Demografiewandel…)
- Veränderungen über Druck und Kontrolle
- schnelle Wechsel der Führungspersonen
- fehlende Orientierung der eigenen Führungskräfte
- unzufriedene Mitarbeiter mangels nicht präsenter Führung
- hohes Tempo der Veränderungen
- Matrixorganisationen erzeugen zwei gleichrangige Weisungsbeziehungen (Zuständigkeit und Weisungsbefugnis bleiben oftmals unklar)

Führungskräfte erleben sich vielfach als Opfer aller Anforderungen. Zu Recht? – In einem klassischen Führungsverständnis steht üblicherweise die Führungsperson im Zentrum der Intervention. Organisation besteht schließlich vor allem darin, den Mitarbeitern zu sagen: »Tut nichts außer …!« Die erste große Aussage in Organisationen, die nie explizit gemacht wird, lautet: »Denkt nicht mit! Lasst eure Kreativität zu Hause und macht das, was wir hier schon immer machen! Haltet euch an die Arbeitszeiten, kommt nicht zu früh und geht nicht zu spät nach Hause …!« Das Instrumentarium dafür hat viele Namen: Arbeitszeitkontrolle, Reportingsysteme, Beurteilungen, Richtlinien – die Liste ist lang.

»Draußen« bauen sie jedoch Häuser, führen Vereine, erziehen Kinder: Mitarbeiter übernehmen in der Gesellschaft in vielen Bereichen eine Menge Verantwortung. Sie gestalten ihr Privatleben wie Manager und übernehmen dort Steuerung, wo es nötig ist – eine Selbstverständlichkeit für jeden. Unternehmen trauen dem einzelnen Mitarbeiter diese Übernahme von Verantwortung allerdings weniger zu, daher wird sie dort auch von ihm vernachlässigt. Die große Gefahr dabei ist, dass das Unternehmen die kreativen und innovativen Kräfte der Mitarbeiter nicht nutzt. Dabei gilt: Der wirkliche Wert eines Unternehmens sind die Menschen!

Sollen Menschen mehr Führung übernehmen, so braucht es anstelle von Appellen (»Jetzt übernehmt mehr Verantwortung! Denkt selbst nach! Entscheidet selbst!«) eine andere Art der Ansprache. Schlechte Führung besteht darin, die Fähigkeit der Mitarbeiter, sich selbst zu führen, zu unterschätzen. Gute Führung besteht darin, den Mitarbeitern genau die Orientierung zu geben, die sie benötigen, um sich selbst zu führen.

Sie würden sich weniger als Opfer fühlen, wenn Führung als Thema zugelassen und verändert werden könnte.

Laterale Führung und der Umgang damit

Exkurs: Die graue Eminenz – laterale Führung

Es gibt Führung und es gibt Führung: Führung, die geregelt, und Führung, die nicht geregelt ist.

Laterales Führen bedeutet Führen ohne hierarchische Weisungsbefugnis. Auch wenn viele Organisationen den Begriff »lateral« nicht kennen – so wenden sie ihn doch häufiger an, als sie denken. Führung als Begriff ist in dem Zusammenhang ein wenig irreführend, weil Führung nur dort sein kann, wo auch Weisungsbefugnis ist – das ist bei lateraler Führung ja gerade nicht der Fall.

Wo wird lateral geführt? Bereichsgrenzen sowie Hierarchiestufen spielen immer dort eine geringere Rolle, wo die Leistungen zunehmend davon abhängen, ob zwischen den verschiedenen Bereichen koordiniert beziehungsweise unternehmensübergreifend gearbeitet wird. Laterale Führung ist durch bereichsübergreifende Kooperationen, Vernetzungen, flache Hierarchien sowie Team- und Projektarbeit gekennzeichnet. Anders als bei hierarchischen Führungsstrukturen können Konflikte hier nicht durch Weisungen behoben werden, sondern nur durch gegenseitige Abstimmung und Konsens innerhalb des jeweiligen Kollegenkreises.

Zum besseren Verständnis, wann laterale Führung auftritt, folgen nun wieder einige Beispiele:

Beispiele für laterale Führung

Kooperation zwischen Unternehmensbereichen

Ein Projektmanager oder Teamleiter erhält von seinem Vorgesetzten die Aufgabe, mit einem anderen Bereich zu kooperieren – er verfügt jedoch nur über schwache Anreize, die Kooperanden »an die Leine« zu nehmen.

Verständigung entlang der Wertschöpfungskette

Ein bestimmter Unternehmensbereich muss mit Nachbarbereichen entlang der Prozesskette kooperieren. Es gibt zwar einen generellen Auftrag, aber keine wirkliche Umsetzung von oben (Standards und anderes mehr). Das bedeutet, dass die Bereiche auf sich gestellt sind, den Alltag zu managen und sich zu manövrieren.

Kooperation unter Egoisten

Kollegen im Führungskreis sind gleichzeitig Konkurrenten um die gleichen Ressourcen. Ihre Bereiche haben teilweise gleiche Themen und konkurrieren um Innovation, Geschwindigkeit und Mittel.

Projekt versus Linie

Was und wer ist stärker? Oft gibt es zwischen den beiden Organisationsformen keine Einigung und Prioritätensetzung, und die Menschen an den Schnittstellen müssen Einfluss nehmen, um hier ihre Ziele zu erreichen.

Interessenunterschiede: Zentralstrategie und Bereichsstrategie

Beliebte Konflikte spielen sich zwischen der Zentrale und den Bereichen ab: Die Zentrale gibt vor und will standardisieren, Bereiche haben Gebietswissen. Die Interessen sind oft zu unterschiedlich, und es wird keine gemeinsame Lösung gefunden. Gehandelt und umgesetzt werden muss trotzdem.

Was all diese Beispiele vereint, ist, dass die einzelnen Personen versuchen, auf andere Personen oder Bereiche Einfluss zu nehmen, andere von der eigenen Position zu überzeugen. Es kommt folglich darauf an, ob die Führungskraft dieses Konfliktpotenzial erkennt und damit umgeht: eher ein Verstehen und Reflektieren. Ein Bewusstmachen ist vonnöten – laterales Führen befindet sich im Latenzbereich von Organisationen. Verständigungs-, Vertrauens- und Machtprozesse sind dabei die zentralen Mechanismen.

- **Verständigung:** Es geht darum, die Denkgebäude des Gegenübers so zu verstehen, dass neue Handlungsmöglichkeiten erschlossen werden können.
- **Vertrauen:** Dieses wird aufgebaut, wenn eine Seite einseitig in Vorleistung geht, ein Risiko eingeht, und die andere Seite dies nicht für einen kurzfristigen Vorteil ausnutzt, sondern dieses Vertrauen später erwidert.
- **Macht:** Laterale Führung gelingt, wenn Kommunikationswege mitbestimmt werden, Expertenwissen genutzt oder das Handwerk des Netzwerkens genutzt wird.

Zentrales Ziel lateraler Führung ist das Erreichen der eigenen oder übergeordneten Ziele, wozu der Kompromiss ein Instrument sein kann. Das jeweilige Konfliktpotenzial in den Bereichen der lateralen Führung kann in fast allen Fällen nur miteinander im Dialog gelöst werden. Entsprechend schwierig ist laterale Führung in der Praxis, da die an diesem Prozess beteiligten Personen aufgrund ihrer unterschiedlichen Funktionen und Positionen im Unternehmen häufig divergierende Interessen haben.

Lateral führen folgt keinen wirklichen Gesetzen, und auch in der Ausführung bleibt doch alles irgendwie schwammig und scheinbar nicht wirklich gesteuert. Aus diesem Grund passt der Begriff der Kontingenz zu diesem Konzept. Danach zu handeln heißt, einen von mehreren Wegen zu gehen. Und jeder Weg passt – wenn er zum übergeordneten Ziel passt.

Luhmann beschreibt, was Kontingenz ist: »Alles ist so, aber auch anders möglich.« (Luhmann 1984, S. 217).

Literaturtipp

Sehr lesenswert ist der Artikel »Führen ohne Hierarchie« in der Zeitschrift Organisations-Entwicklung (Kühl/Schnelle 2009, S. 51 ff.). Stefan Kühl und Thomas Schnelle haben die Einflussmechanismen fokussiert auf Macht, Vertrauen und Verständigung. Sie nutzen den Begriff des lateralen Führens, um die Wirkungsweise der drei Faktoren im Schatten der Hierarchie mit einer griffigen Formel zu fassen.

Anders weitermachen

Verschiedene Tiefen im Dialog über Führung

Als Berater hat man immer damit zu tun, über Führungsstile in Organisation zu sprechen und über die Partizipation der Mitarbeiter nachzusinnen. Vielleicht ist es auch ein Zyklus, der sich in Organisationen abwechselt: von direktiver Führung zu einem partizipativen Stil und wieder zurück. Die direktive Führung war und ist in vielen Organisationen verbreitet, die Hintergründe für ihr Bestehen sind sehr unterschiedlich. Ist eine lernende Organisation bestrebt, ihre Mitarbeiter in alles einzubinden, so fehlt oft das Vertrauen in das richtige Tun der Mitarbeiter – und in vielen Fällen auch zu Recht. Wo Vertrauen versagt, da stehen Standards in den Startlöchern und sollen umgesetzt werden – mit Kontrolle und Überprüfung. Anders gesagt: Der Führungsstil ist eine Reaktion auf vorherige Erfahrungen und somit ein »normaler« Entwicklungsschritt. Jede Einführung eines anderen Führungsstils benötigt auch die passende Art der Beratung. Meist passen die »weichen« Prozessberater, wenn es um mehr Partizipation der Mitarbeiter geht, um mehr Einbeziehung und mehr Einmischung. Die Einführung eines direktiven Führungsstils benötigt weniger Prozessberater, eher andere Menschen (ein Beispiel bietet die Terry-Tate-Therapie: http://www.youtube.com/watch?v=RzT0N07A-94).

Wenn die Welle des Führungsstils wieder in Richtung Partizipation der Mitarbeiter schwappt, so werden Prozessberater benötigt, die auf den verschiedenen Führungsebenen unterstützen – dies tun sie meist durch Dialog. Der Dialog braucht einen gewissen Zeitraum, um sich zu entfalten.

Passagement steht für Enthierarchisierung der Organisationen, Förderung des Dialogs und dafür, Führungskräfte mit sich und der Welt nicht allein zu lassen. Führen von Veränderung heißt Veränderung von Führung. Der Wunsch nach weniger Hierarchie und mehr Mitbestimmung war noch nie so groß wie heute.

Unterschiedlich stark sollen Mitarbeiter in der Organisation mitbestimmen und mitentscheiden: Für diese Tiefen haben wir Überschriften und Interventionsmöglichkeiten gefunden. Nicht jeder kann ohne Hierarchie und manche nicht mit ...

Wir unterscheiden folgende Tiefen von Führungsdialog:

- Hierarchie leben, und: Führung geht jeden etwas an: der Führungsdialog und der Führungsfokus
- Alle sind an allem schuld. Abschied von der Führungsillusion: die Monatsgespräche
- Die Kunst, sich selbst zu führen: Selbststeuerung

Erste Stufe des Führungsdialogs: Hierarchie leben, und: Führung geht jeden etwas an: der Führungsdialog und der Führungsfokus Die Führung ist überfordert, und meist fehlt in den Gesprächen die Offenheit, dies auch zu kommunizieren und Abhilfe zu schaffen. Stärkung von Offenheit und Vertrauen in die Führung kann gelingen, wenn ein Dialog zwischen Mitarbeitern und Führungskräften (Führungsdialog) oder intern zwischen den Führungskräften stattfindet (Führungsfokus). Alle sind involviert.

Führungsdialog

Mitarbeiter und Führungskräfte besprechen gemeinsam, wie Führung aussehen soll. Ein Grundsatz für diesen Dialog ist: »Wir sind hierarchisch strukturiert, aber unsere Beziehung nicht.« Das Konzept geht von der Annahme aus, dass die kritische Auseinandersetzung mit der eigenen Führungsarbeit und die damit verbundene Reflexion der eigenen Persönlichkeit die Entwicklung eines passenden Führungsstils am besten unterstützen.

Der *Führungsdialog* ist eine institutionalisierte Feedbackform der Mitarbeiter an ihre Führungskräfte. Anhand einer Reihe von Kriterien – zum Beispiel klare Zielvorgaben, konstruktive Rückmeldung, Entwicklungschancen für den Mitarbeiter, Kollegialität – bewerten die Mitarbeiter das Führungsverhalten ihres direkten Vorgesetzten in anonymer schriftlicher Form. Die Ergebnisse werden ausgewertet und im Gespräch der Führungskraft zurückgemeldet. In einer gemeinsamen Veranstaltung mit den Mitarbeitern werden schließlich Maßnahmen zur Verbesserung der Führungskultur und des Dialogs zwischen Führung und Mitarbeitern vereinbart.

Ablauf (grob)
- Vorgespräch mit der Führungskraft
- Mitarbeiter über Ziele und Ablauf informieren, Fragebögen verteilen
- Erhalt (nach etwa einer Woche) und Auswertung der Fragebögen
- Auswertung der Führungskraft vorstellen, Themen fürs Teamgespräch festlegen (ungefähr eine Woche vor dem Teamgespräch)
- Moderation des Teamgesprächs zwischen Führungskraft und Mitarbeitern
- Nachgespräch mit der Führungskraft hinsichtlich Interpretation und Umsetzung der Ergebnisse

Ablauf im Detail (s. Reineck/Anderl 2012, S. 133)

Das Auftragsklärungsgespräch bezüglich eines Führungsdialogs erfolgt mit dem oberen Management oder der Personalentwicklungsabteilung. Der Betriebsrat sollte bei der Befragung miteinbezogen werden, auch wenn die Führungskräfte sich freiwillig dazu entschließen. Zwar ist das nach dem Betriebsverfassungsgesetz nicht vorgeschrieben (s. BetrVG §§ 87, 94), aber aufgrund der erleichterten Durchführung und einer vermutlich höheren Akzeptanz bei den Mitarbeitern zu empfehlen.

Im Vorgespräch wird mit jeder einzelnen Führungskraft abgeklärt, wann und mit welchen Teilnehmern der Führungsdialog stattfinden wird. Die Motivation für die Durchführung des Führungsdialogs wird von der Führungskraft erläutert. Ziele und Ablauf werden vorgestellt, ebenso der Moderator. Die Fragebögen werden ausgeteilt und Fragen geklärt. Für die Rücksendung mit als »vertraulich« gekennzeichnetem Hauspostumschlag wird ein Datum gesetzt.

Anschließend erfolgt die Auswertung der Fragebögen. Die Ergebnisse werden mit der Führungskraft besprochen, dann diskutiert und Themen für das Teamgespräch festgelegt, die dort bearbeitet werden können.

Das Teamgespräch ist das Herzstück des Führungsdialogs: Die Auswertung wird vorgestellt – die Ergebnisse sollen das Gespräch anregen, können aber auch lediglich als Grundlage dienen. Zu klären ist: Welche Themen will die Führungskraft bearbeiten? Gebildete Kleingruppen stellen ihre Ergebnisse der Führungskraft vor, klären Verständnisfragen. Nach der Diskussion werden konkrete Maßnahmen vereinbart. In einem Blitzlicht kann die Gruppe reflektieren und mit Blick auf die Zielsetzungen des Workshops ein Feedback geben.

Fragen

- Was fanden Sie gut? Was soll die Führungskraft so fortführen?
- Was fanden Sie nicht überzeugend? Was soll die Führungskraft nicht so fortführen? Was soll die Führungskraft stattdessen tun? Was soll die Führungskraft neu einführen?
- Wo wünschen Sie sich eine Erklärung? Was haben Sie nicht verstanden?
- Und anschließend die Frage an das Team: Was kann Ihr Beitrag sein, um eine Verbesserung zu erreichen? Was können Sie dafür tun, dass die Führungskraft sich verändert?

Eine weitere Methode, die eingesetzt wird, ist der »Führungsfokus«.

Führungsfokus

Führungsfokus ist ein Baustein im Lernprozess, in den sich Unternehmen begeben, wenn sie besser werden wollen. Der Fokus – wie der Name verrät – liegt auf Führungskultur und Führungspraxis. Alle Führungskräfte aus drei vertikal miteinander verbundenen Hierarchieebenen in einem Bereich, einer Abteilung oder einem Projekt setzen sich mit dem Inhalt ihres Führungsauftrags und der Ausgestaltung ihrer Führungsaufgaben auseinander und reflektieren gemeinsam über andere, neue, bessere Möglichkeiten, Formen und Vorgehensweisen im Zusammenspiel zwischen Führen und Geführtwerden.

Fragen

Folgende Fragen haben sich bewährt:
- Wie führen wir?
- Wie wollen wir führen?
- Wie werden wir geführt?
- Wie wollen wir geführt werden?

Begleitung

Begleitet wird ein solcher Workshop (Dauer 1,5 Tage) von Beratern, die den Lernprozess anstoßen und begleiten. Das Miteinanderlernen innerhalb der Führungsmannschaft dient dem Zweck, Veränderungsziele in adäquates Führungsverhalten zu übersetzen und gemeinsam Vorgehensweisen für ihre Erreichung zu vereinbaren. Die inhaltlichen Themen ergeben sich aus dem konkreten Führungskontext und den Beiträgen und Sichtweisen der Teilnehmer.

Anders weitermachen

Das Besondere dieses Konzepts ist seine explizite Praxisnähe und die Tatsache, dass mehrere Hierarchiestufen anwesend sind. Nicht mehr, aber auch nicht weniger!

Diese beiden Formate führen nicht zu mehr Heterarchie, jedoch kann Führung so zum Thema gemacht werden. Anders geht es im weiteren Verlauf dieses Kapitels weiter – hier wird Führung verteilt auf die Mitarbeiter.

Zweite Stufe des Führungsdialogs: Alle sind an allem schuld. Abschied von der Führungsillusion: Die Monatsgespräche In Organisationen gibt es immer mehr Anlässe, zu denen hierarchische Weisungsbefugnisse nicht mehr genutzt werden, stattdessen wird zunehmend folgender Anspruch gelebt: Führung ist zu wichtig und sollte (deshalb) nicht nur den Führungskräften überlassen bleiben (die sowieso keine Zeit dafür haben).

Der Schwerpunkt verschiebt sich. Führen ist: entscheiden, entwickeln, erklären, coachen, kontrollieren, inspirieren, koordinieren, reflektieren, Freiräume schaffen, motivieren – das muss nicht von einem allein übernommen werden.

Wer dabei aufs Ganze schaut, der führt. Wer verändert, hat das Ganze im Blick. Weil alle alles betrifft, werden alle angesprochen.

Monatsgespräche

Ein Lernmodell wird benötigt, das die Führungskräfte und deren Teams einbindet: Wir nennen es Monatsgespräche.

Monatsgespräche sind monatlich stattfindende Gespräche in funktionsorientierten Arbeitsgruppen, jedoch hierarchieübergreifend. Das bedeutet: Mehrere Ebenen der Hierarchie treffen sich und sprechen über Themen. Und worüber? Die Veränderung/Weiterentwicklung der Führungsarbeit geschieht in einem offenen Prozess, der individuelle Lerngeschwindigkeiten berücksichtigt und inhaltlich den Belangen der jeweiligen Zielgruppe Rechnung trägt. Das Finden und Festlegen der Lernfelder und -ziele soll dabei selbst Teil dieses Entwicklungsprozesses sein. Stufen oder Milestones werden nicht vorgegeben, sondern gemeinsam von den Beteiligten erarbeitet. Beabsichtigt ist, den gesamten Prozess durch ein internes Team steuern zu lassen und – wo notwendig – die Kompetenz on the job aufzubauen.

Dieser im Vorfeld gebildete Steuerkreis fokussiert die Themen, über die die Organisation sprechen wird, und wird den gesamten Prozess begleiten. Die gesamte Organisation spricht innerhalb dieses einen Monats über dieses eine Thema.

Dabei steht die Reflexion der Führungskräfteverantwortung genauso im Vordergrund wie die Selbstführung der Mitarbeiter und die daraufffolgenden notwendigen gemeinsamen Lernschritte mit oder ohne Unterstützung. In einem gemeinsamen Prozess wird das Thema angesprochen, diskutiert und werden Lösungen erarbeitet.

Ein Beispiel

Um Monatsgespräche durchführen zu können, bedarf es zunächst einer Analyse der Themen und einer Struktur für das Vorhaben. Beim Thema Führung ist die Analysefrage in Bezug auf die Rolle von Führung und Geführten beispielsweise: »Was macht gute Führung aus?«

Interventionen auf der Ebene der Menschen, der Teams und der Organisation werden geplant. In der Praxis werden solche Rahmenbedingungen gemeinsam von den Führungskräften entwickelt, danach zusammen mit einem internen/externen Team aufbereitet und in eine Form gegossen.

Rahmen für Monatsgespräche

Hier ist der Rahmen für eine Einbettung von Monatsgesprächen beispielhaft dargestellt:
- Das Monatsgespräch – und was sich daran anschließt – soll ein offener Prozess sein. Die Stufen sind nicht vordefiniert, sondern werden gemeinsam mit dem Führungskreis erarbeitet.
- Intern wird die Kompetenz aufgebaut, den Prozess zu führen. Ein internes Team steuert den Prozess (Steuerkreis).
- Die Führungskräfte lernen, loszulassen (Reflexion der Führungskräfte), und die Mitarbeiter lernen, dass sie selbst gestalten dürfen (Selbststeuerung der Mitarbeiter).
- Wir integrieren in den Prozess von Anfang an weiche Themen (zum Beispiel Coachingpartnerschaften).
- Ziel ist die Veränderung der Denk- und Verhaltensmuster, denn nur das ist nachhaltig.
- Führungskräfte und Mitarbeiter müssen nicht alles sofort können, sondern ihnen wird Zeit zum Lernen gegeben. Hole jemanden da ab, wo er ist, und nicht da, wo er sein sollte.

Durchführung von Monatsgesprächen

In den Monatsgesprächen werden wichtige Inhalte/Inputs zur Führung vermittelt, die von einem Kreis (»Steuerkreis«) im Vorfeld entwickelt werden. Über ein halbes Jahr hinweg findet jeden Monat zu einem bestimmen Thema ein Workshop mit definierten Gruppen statt. Alle Mitarbeiter und Führungskräfte werden in funktionale Arbeitsgruppen eingeteilt (je 10 bis 15 Personen).

Die »Monatsworkshops« werden von internen oder externen Moderatoren moderiert. Detaillierte, stringente Moderationsleitfäden hierfür werden vom Steuerkreis erarbeitet. Jeder thematisch bestimmte Workshop läuft über einen Monat. So beschäftigen sich alle innerhalb eines definierten Zeitrahmens mit einem Thema.

Auch das Medium ist die Botschaft: »Das Thema Führung betrifft alle, wird von allen selbst entwickelt und umgesetzt. Wir entwickeln gemeinsam Führen. Weil wir alle uns führen.«

Es gibt immer drei Elemente in den Monatsgesprächen: Input, Dialog, Veränderungsvorhaben. Dabei geht es nicht um schulische Belehrungen. Im Gegenteil – die Gruppe soll geöffnet werden, um sich über das angedachte Thema näherzukommen. Daher sind Lernansatz und Methoden so ausgerichtet, dass ein lebendiges gemeinsames Lernen stattfindet.

Dialog durch Monatsgespräche: Abfolge des Programms

Erstens: Eine Führungskoalition bildet sich. Das bedeutet: Die oberen Führungskräfte stimmen sich gemeinsam ab, wie Führung gelebt wird und wie Führung gelebt werden soll. Gemeinsame Regeln für den Richtungswechsel werden aufgestellt.
Zum Beispiel: fünf Regeln, nach denen wir arbeiten. Wir unterstützen uns gegenseitig, dahin zu kommen, damit zu leben.
- Machen! Nicht das Erzählte reicht, nur das Erreichte zählt.
- Dasein! Go to Gemba! Ich rede nur davon, was ich selbst gesehen habe.
- Chef sein! Ich mache nur Dinge, hinter denen ich stehe.
- Schuld sein! Das Ergebnis ist wichtiger als der Prozess.
- Wahr sein! Die Wahrheit ist wichtiger als alles.

Zweitens: Ein Steuerkreis (bestehend aus Mitarbeitern der Organisationsentwicklung beziehungsweise des Personalbereichs, Führungskräften, relevanten Mitarbeitergruppen sowie externen Beratern) nimmt die Arbeit auf.
- Im Steuerkreis werden mit relevanten oder interessanten Zielgruppen die Ziele, Inhalte und das Vorgehen des Programms diskutiert, validiert und justiert.
- Solche Gruppen können sein:
  - Menschen, die seit 30 Jahren im Unternehmen sind
  - Menschen, die seit drei Jahren im Unternehmen sind
  - Führungskräfte und Nichtführungskräfte
  - Alte, Junge, Motivierte und Demotivierte
  - Der Steuerkreis beauftragt eine Gruppe, die den festgelegten Inhalt für die Monatsgespräche didaktisch ausgestaltet.

Drittens: Moderatoren sollten unbedingt eingesetzt werden. Interne Moderatoren sind diejenigen Menschen, die die Monatsgespräche durchführen werden. Wenn es nicht genügend von ihnen gibt, so werden sie besonders geschult und auf die Monatsgespräche vorbereitet.
- Moderatoren aller Bereiche werden in das Vorgehen eingebunden.
- Die Moderatoren sollen als Multiplikatoren für die Monatsworkshops gewonnen werden und diese auch durchführen.

Viertens: Die Monatsgespräche finden innerhalb eines Monats statt.
- Alle Mitarbeiter durchlaufen über ein halbes Jahr hinweg monatlich in Teams zu jeweils 10 bis 15 Teilnehmern Workshops (Dauer maximal ein halber Tag), in denen die Führungsthemen mit Methoden vermittelt und angewendet werden.
- Die Monatsworkshops werden von internen Moderatoren durchgeführt. Einige der Moderatoren kontrollieren als Umsetzungsverantwortliche die Durchführung der Workshops.

Fünftens: Der Prozess wird reflexiv gesteuert. Es gibt den Ablauf der Themen, der am Anfang festgelegt ist – jedoch ist ein solches Programm sehr komplex und unterliegt zu vielen Einflussfaktoren, um es im Detail langfristig zu planen. Form und Inhalte der Monatsgespräche werden somit jeweils von der Wirksamkeit der vorhergehenden Schritte abhängig gemacht und so prozessorientiert in kleinen Schritten geplant und umgesetzt.

Dritte Stufe des Führungsdialogs: Die Kunst, sich selbst zu führen: Selbststeuerung

»Manager – The kind of people we don't have any of. So if you see one, tell somebody, because it's probably the ghost of whoever was in this building before us. Whatever you do, don't let him give you a presentation on paradigms in spectral proactivity« (Valve, Handbook for new employees, 2012).

Wir sind Gefangene des Gewohnten: Viele Dinge (iPhone, Harry-Potter-Geschichten, Computer) wären uns nie in den Sinn gekommen, bevor wir sie zum ersten Mal gesehen haben. Genauso ist es bei Unternehmen: Was wird über ein Unternehmen gedacht,

- das nicht »einen« Chef hat?
- in dem die Mitarbeiter Zuständigkeiten untereinander aushandeln?
- in dem jeder das Geld des Unternehmens ausgeben darf?
- in dem jeder Einzelne dafür verantwortlich ist, die für seine Arbeit nötigen Werkzeuge selbst zu beschaffen?
- in dem es keine Titel oder Beförderungen gibt?
- in dem Entscheidungen über die Bezahlung im Kollegenkreis getroffen werden?

Zugegeben: Ein besonderer Geist der Führung ist zu spüren! Es gibt sie schon. Managementfreie Organisationen sind in der Welt vereinzelt zu finden. Sie sind weit weg von unserer Realität, jedoch wird vieles über sie geschrieben, worin das Gedankengut der Selbstorganisation in den Vordergrund tritt.

Wir können es uns nicht vorstellen – so, wie ein Fisch sich keine Welt vorstellen kann, die aus etwas anderem als Wasser besteht, können die meisten von uns nicht nachvollziehen, dass Managementpraktiken funktionieren könnten, die sich außerhalb unseres Erfahrungshorizonts bewegen. Hierarchie gibt ein Bild von Sicherheit: Wir haben uns an sie gewöhnt. Wir sind Gefangene des Gewohnten ...

Nicht ganz so weit über das Gewohnte hinaus muss man denken, wenn man das Element der Selbstführung als Führungskonzept anschaut. Das Konzept Selbstführung ist eine Antwort auf die zunehmende Verstreutheit von Arbeitsgruppen, die mangelnde Priorisierung der Mitarbeitersteuerung durch Führungskräfte und die angestrebte Fortentwicklung emanzipatorischer Konzepte in der Gesellschaft.

Was bedeutet Selbstführung?

Management und Führungsaufgaben sind miteinander verbunden: Die Übernahme von Menschenführung impliziert auch die Übernahme von Entscheidungen. Mit Führung überschreiben wir jetzt alle Aufgaben aus Management und Menschenführung.

Eine Beschreibung der Tätigkeiten (Liste) der Entscheidungen und Führungsaufgaben gibt Klarheit darüber, was neu verteilt werden soll.

Neue Führung geschieht als Selbstführung, Gremienführung, Expertenführung (auf Zeit, gewählt) und über Regeln. Ziel ist, den Anteil der Selbstführung stetig zu erhöhen.

Was machen die Gremien?

- Die Gremien besprechen alle weiteren Führungsaufgaben.
- Die Gremien ersetzen sukzessive Führungskräfte.
- Die Gremien erhalten unterschiedliche Taktzeiten je nach Themen (täglich, wöchentlich).

Was passiert, wenn Führung Selbstführung wird? Unsicherheit und Redundanz (Ineffektivität) sind das, was entsteht, wenn Führung wegfällt. 80 Prozent aller Beteiligten sollten mit der Neuverteilung von Führung einverstanden sein. Alle Führungskräfte müssen es wollen.

Neuverteilung von Führungsaufgaben muss auch eine Neuverteilung der Gratifikation bedeuten. Das Projekt Neuverteilung kann als Experiment beschrieben werden, muss aber so langfristig angelegt sein, dass Krisen möglich sind. Vielleicht ist auch die Deklaration als Kunstprojekt sinnvoll. Das Experiment muss auf mindestens fünf Jahre angelegt sein.

Die Neuverteilung der Führung soll als sequenzieller Prozess beschrieben und umgesetzt werden. Er sollte sich nicht nach einer Chronologie, sondern an der Reife der Gremien und der Organisation orientieren. Regeln übernehmen eine Führungsfunktion, helfen beim Wie und sind die Grundausrichtung. Sie sind Prozessbeschleuniger bei Entscheidungen.

In einem herkömmlichen hierarchischen Führungsverständnis verteilt sich Führungsarbeit auf zwei Rollenträger, wobei ein Subjekt aktiv führt und sich als Führender versteht und ein anderer Mitarbeiter sich führen lässt und sich als Objekt von Führung versteht.

Im teambezogenen Führungsmodell wird das Team zum Ersatzaggregat für die Führungsinstanz und erarbeitet konsensorientiert Ziele und Entscheidungen. Dabei übernimmt das Team die Führung und verschiebt die Verantwortung aufs Kollektiv. Das Subjekt-Objekt-Verhältnis in der Führung bleibt erhalten.

Der Prozess zur Selbststeuerung verfolgt einen anderen Ansatz. Basis ist dabei ein personzentrierter Entwicklungsweg. Im Zentrum steht das Konzept der Selbstführung, verbunden mit der Verpflichtung, sich an den vereinbarten Prinzipien zu orientieren. Dabei liegt das Commitment jedoch stärker auf der Begrenzung – was soll nicht getan werden? – statt auf einer engen Zielfokussierung.

Geführte Selbstführung

Selbstführung

Wichtiges Instrument bei der Einführung ist die kollegiale Reflexion der Führungsarbeit. In regelmäßigen Lernrunden werden die Erfahrungen mit Selbstführung besprochen und die notwendigen Lernschritte miteinander, mit oder ohne Unterstützung, gegangen.

Instrumente der Selbstführung

Der Weg zur Selbstführung einer Organisation geschieht in individuellen Vorgehensweisen. Es kann keine pauschale Lösung geben. Wir zeigen einige Eckpfeiler auf, die im Vorfeld selbstführend und selbstreflexiv geklärt werden müssen:

- **Entscheidung und Einschätzung:** Am Anfang steht die Entscheidung einer Arbeitsgruppe und/oder Führungskraft, ob das Selbstführungskonzept in die Zukunft weist. Ob eine Organisation reif für den Weg ist, lässt sich pauschal kaum beantworten. Richtungweisend sind die Reflexionsfähigkeit und Kommunikationswilligkeit einer Gruppe – ein System muss sich dabei beobachten lassen.
- **Die Gruppe:** Die Gruppe wird befähigt beziehungsweise befähigt sich bei kleinen Organisationen selbst, Führung anders »zu tun«. Regeln werden erarbeitet und dabei zuallererst Treffen und Besprechungen vereinbart. Gegenseitige Unterstützung und Begleitung sind die Basis. Besprechungsgrundlagen sind: Wie können die gesteckten Ziele erreicht werden (Arbeitsebene)? Wie lässt sich an Stärken und Motivationen (weiter)arbeiten? Wie gelingt es, mit den Regeln zurechtzukommen (Verhaltensebene)? Das alles erfordert ein permanentes Mitarbeitergespräch in der Gruppe und ersetzt das Mitarbeitergespräch im klassischen Sinne.
- **Regeln:** Zentral sind die Regeln – gemeint ist das »Wie« der (Zusammen-)Arbeit. Regeln bilden den Rahmen, klare Grenzen definieren Verbote, und Leitlinien verhelfen zur Orientierung. Regeln sind auch die Orientierung und das Ziel für die individuelle Entwicklung. Die Regeln sind Wegweiser auf dem Weg, den Bereich und sich selbst zu steuern. Regeln, die sich nicht bewähren, werden nicht zur Routine. Daher gelten die Grundsätze: Halte dich an die Regeln. Wenn du dich nicht an die Regeln halten kannst, rede darüber mit anderen. Bei Unsicherheit frag dein Gremium. Tu nichts Böses. Der Kunde zuerst. Sei sparsam, aber achte auf Qualität, Fehler offen ansprechen.
- **Kommunikation:** Das Selbstführungsmodell lebt durch eine gelebte Feedback- und Besuchskultur. Stärken und Schwächen werden besprochen – auch Externe, wie beispielsweise Kunden, werden in den Prozess mit eingebunden. Dafür sind Qualitäten wie Zutrauen und Vertrauen nötig, die gute Kommunikation überhaupt erst ermöglichen.
- **Wissen, worauf es ankommt:** Galt vormals für Führungskräfte: »Alles unter Kontrolle«, so heißt es jetzt: »Alle wissen Bescheid.« Um dies zu erreichen, werden gute Instrumentarien benötigt, um sicherzustellen, dass alle wissen, worauf es aktuell ankommt, damit Entscheidung und Handlungen zusammenpassen. Selbstführung

benötigt und ermöglicht das Wissen, auf das es ankommt. Und den Mut, es darauf ankommen zu lassen.

Was müssen »Selbstführer« können?

Selbstführung braucht Führungskräfte und Mitarbeiter, die folgende Kompetenzen weiterentwickeln:

- **Selbstaufmerksamkeit:** Selbstführung beginnt damit, sich häufiger, intensiver und systematischer mit der eigenen Person zu beschäftigen (Müller 2004, S. 32). Selbstführung braucht ein viel stärkeres Bewusstsein der eigenen Stärken und Schwächen. Deshalb kommt dem Thema *Feedbackkultur* im Kontext von Selbstführung eine neue Bedeutung zu.
- **Willenskraft:** Zielverfolgung ist mit Anstrengung und psychischem Aufwand verbunden. Das gilt besonders dann, wenn es um Veränderung geht. Selbstführung braucht Strategien zum effektiven Einsatz von Willenskraft. Deshalb erhalten die Themen *Vorsatzbildung und Umgang mit Rückschlägen* im Kontext von Selbstführung eine besondere Bedeutung (Müller 2004, S. 33).
- **Emotionale Selbstführung:** Gefühle und Stimmungen können aktivierende und energetisierende, aber auch blockierende Wirkungen haben. Daher erhält das Thema *Emotionsmanagement* im Kontext von Selbstführung ein besonderes Gewicht (Müller 2004, S. 34).
- **Motivationale Selbstführung:** Motivation ist abhängig von der Befriedigung bedeutsamer Bedürfnisse (beispielsweise Sicherheit, Autonomie, Kontakt, Anerkennung) im Rahmen des Arbeitskontextes. In klassischer Führung wird das Thema häufig Teil einer komplexen Opfer-Täter-Dynamik. Die Bewusstheit über die eigene Bedürfnislage und die Gestaltungsmöglichkeiten der Arbeitssituation führen dazu, dass Bedürfnisbefriedigung möglich wird. Deshalb kommen den Themen Klären der eigenen Bedürfnislage und Herstellen von Deckungsgleichheit zwischen Tätigkeiten, deren Zielen und der beruflichen Identität im Kontext von Selbstführung eine besondere Bedeutung zu (Müller 2004, S. 37).

Im Vorfeld haben wir beschrieben, welche Parameter für die Selbststeuerung in Organisationen notwendig wären. Wir unterstellen einmal: Die Menschen in den Organisationen wünschen sich eine Anpassung ihrer Organisation an die Umwelt, um wettbewerbsfähig zu bleiben, den technischen Fortschritt nicht zu verpassen, vernetzt agieren zu können, Reichtum anzuhäufen, weiter Spaß zu haben und nicht auf der Straße herumzuhängen. Dafür wird eine Struktur benötigt, die die selbststeuernden Systeme organisiert. Was bedeutet das? Im nachfolgenden Abschnitt beschreiben wir, wie die Struktur der Organisation aussehen kann, wenn die Teams sich selbst führen.

Connected Company – Ausblick auf eine vernetzte Struktur

Wir machen uns keine Illusionen darüber, dass es bereits eine Struktur gibt, die einer großen Organisation helfen kann, alles reibungslos und leicht werden zu lassen. Es gibt jedoch Ansätze einer Struktur, die eine Kultur der Innovation und Anpassung fördert und auf die individuellen Bedürfnisse der Umwelt reagieren kann. An dieser Stelle möchten wir nur einen kurzen Ausblick auf eine solche vernetzte Struktur geben und uns diesem Komplex im dritten Teil des Buches dann ausführlicher widmen (s. S. 209 ff.).

Dave Gray, ein amerikanischer Autor und Unternehmensberater, macht in seinem Buch »The Connected Company« (2012) einen Vorschlag, wie Organisationen anpassungsfähig werden beziehungsweise bleiben können. Er beschreibt in seinem Buch die Möglichkeiten einer Organisation, sich einem dynamischen und volatilen Umfeld anzupassen. Sein revolutionäres Modell hat das Ziel, Entscheidungen so zu verteilen, dass sie schnell und nah am Kunden eine Wirkung zeigen. Adaptiv werden heißt, die kreativen Kräfte in der Organisation freisetzen, damit die Menschen die Freiheit haben, auf die Umstände zu reagieren.

Hier eine kleine Hinführung zu diesem Gedankenkonstrukt: Eine Organisation ist kein Auto, sondern ein nicht triviales System (das ist nicht neu). Entscheidungen in einer Organisation lösen nicht immer das Problem, fördern nicht die Entwicklung, bringen nicht das Verhalten, das durch das Treffen einer bestimmten Entscheidung vielleicht herbeigewünscht wurde. Es ist nicht vorhersehbar, was passiert, wenn etwas passiert. Manchmal ist es durchaus auch hilfreich, wenn nichts passiert. Auch dann ist es nicht vorhersehbar, was passiert, wenn nichts passiert. Es ist also nicht wirklich durchschaubar, was durch Entscheidungen passieren wird.

Dave Gray beschreibt die Möglichkeit (Gray 2012, S. 148 ff.) kleiner autonomer Einheiten, die schnell agieren und reagieren. Er nennt diese Einheiten »Pods«. Ein Pod ist eine kleine autonome Einheit, die aktiviert wird und ermächtigt ist, Dinge zu tun, die dem Kunden Wert liefern. Jedes dieser kleinen Geschäfte oder »Pods« funktioniert als Service vollkommen eigenständig. Eine große Firma kann so also funktionieren, als sei sie ein Schwarm vieler kleiner Firmen. Die Folge: mehr Flexibilität und Lernfähigkeit. Jeder Pod ist eine autonome, fraktale Einheit, die das Geschäft als Ganzes repräsentieren kann.

Traditionell ist es der Job eines Managers, die Firmenaktivitäten über Abteilungen/Geschäftsfelder hinweg zu koordinieren, da die Prozesse in der Regel komplex sind und in gegenseitiger Abhängigkeit stehen. Werden Änderungen in einem Teil des Prozesses vorgenommen, die das Problem an dieser Stelle lösen, schafft man höchstwahrscheinlich neue Probleme an anderen Stellen. Der podulare Ansatz will diese Abhängigkeiten reduzieren.

Netz versus Kette Man kann Geschäftsprozesse als Kette sehen: eine Reihe von Schritten, die Menschen gehen, um ein bestimmtes Ergebnis zu erreichen. Die Prozesse sind dabei nicht von der Intelligenz und Kreativität der Menschen, die sie durchführen, abhängig, sondern nur von deren Zuverlässigkeit und Fähigkeit, bestimmte Aufgaben auszuführen. Für die Intelligenz des Systems ist nur der Manager zuständig. Ein solcher Prozess ist wie ein Kochrezept: wunderbar, wenn man immer das gleiche Ergebnis erwartet. Rezepte sind entsprechend aber auch unflexibel. Wenn man für einen Teil eines sehr komplexen Prozesses verantwortlich ist, ist es schwierig, etwas Neues auszuprobieren. Ein falscher Schritt, und eine Kettenreaktion wird ausgelöst: Kleine Änderungen am Beginn eines Prozesses können verheerende Folgen haben. Eine Kette ist nur so stark wie ihr schwächstes Glied – bricht eines, ist die ganze Kette zerstört.

Ein podulares System ist hingegen wie ein Netz. Der Arbeitsaufwand wird breiter verteilt, indem man dem Pod erlaubt, sich auf Ziele statt auf Stufen oder Einzelstationen zu konzentrieren. Wenn ein Faden reißt, kann das System das Gewicht trotzdem tragen.

Entsprechend müssen die Mitglieder des Pods kreativ und intelligent handeln. Sie müssen Probleme lösen und Nutzen liefern, nicht vorbestimmte Schritte abarbeiten. Dem Kunden zu geben, was er will – das ist der Job.

Pods sind flexibel und schnell Da sie autonom sind, können sie neue Dinge ausprobieren, ohne vorher um Erlaubnis zu fragen. Sie sind dem Kunden gegenüber flexibler, da sie ihre Reaktion auf seine Wünsche selbst bestimmen.

Pods können (dürfen) scheitern Wenn komplexe Prozesse fehlschlagen, kommt das ganze System zum Erliegen. Dadurch kann der Prozess zwar kontinuierlich verbessert werden, aber die gegenseitige Abhängigkeit bleibt bestehen, da der gesamte Prozess gestoppt werden muss, um eine Veränderung durchzuführen.

In einem Pod können hingegen Anpassungen vorgenommen werden, ohne das große Ganze zu stören. Und auch wenn ein Pod scheitert, kann das System den Verlust problemlos auffangen.

Pods sind schnell skalierbar Da Pods modular aufgebaut sind, können sie bei steigender Nachfrage schneller aufgestockt werden. Es gibt eine große Menge »stillschweigender« Erfahrung in jedem Pod, da jeder Einzelne ein kleiner fraktaler Schnappschuss des großen Geschäfts ist – fokussiert auf das Schaffen von Nutzen für den Kunden. Auf diese Weise kann ein Pod sich schnell »reproduzieren«, indem er sich zum Beispiel in zwei neue Pods aufspaltet, in die neue Mitglieder ohne große Schwierigkeit integriert werden können.

Podulare Systeme sind trotzdem nicht die Antwort auf alle Probleme. Wie jede strategische Entscheidung birgt auch diese Risiken, und es müssen Abstriche gemacht werden. Ein podulares System ist sicher nicht der effizienteste oder beständigste Weg, ein Geschäft zu führen. Es gibt deutlich mehr Redundanz in diesem System, was in der Regel höhere Kosten bedeutet. Jede Firma muss für sich entscheiden, ob sie lieber beständig sein will oder ihren Mitarbeitern die Freiheit gibt, kreativ, leidenschaftlich und kompetent für sie zu arbeiten.

Das Konzept des selbstermächtigten Teams ist jedenfalls nicht neu. In der Tat bestimmt es das industrielle Zeitalter, in dem Leidenschaft und Kreativität immer wichtiger werden. Der Blick auf Organisationsformen muss deshalb ein anderer werden. Die Organisation der Zukunft muss den natürlichen Stärken des Menschen in die Hände spielen: der Neugier, dem Einfallsreichtum und dem Wunsch, einen erkennbaren Einfluss auf die Welt zu nehmen.

Kritik an diesem Ansatz äußert Dave Gray selbst, indem er feststellt, dass das podulare System Flexibilität bringt, dass jedoch auch Konsistenz verloren geht. Wenn Einheiten autonom agieren, bleiben sie vielleicht nicht so konservativ und beständig. Einheiten werden unabhängiger, lernfähiger, verlinkbarer und austauschbarer. Die Umwelt hingegen steht dem Erfolg oder Misserfolg eines Pods in gleichem Maße kritisch gegenüber. Modulare Komponenten sind ein kritischer Faktor, denn eine Firma muss auch so gestaltet sein, dass sie sie unterstützen kann. Gewinner sind die Kunden bei alldem – was will man mehr? In Zeiten der Stabilität gehört die Welt den Machthabern, in Zeiten des Wandels gehört sie den Flexis und Gestaltis.

Impulsgebernetzwerk: Die CultureGuerilla kommt

Guerilla-Gardening

Guerilla-Gardening hatte seinen Ursprung in England: Am Tag der Arbeit im Jahr 2000 trafen sich Anarchisten, Globalisierungskritiker und Umweltaktivisten in London auf dem Parliament Square und begannen, auf der verkehrsumtosten Rasenfläche einen Garten anzulegen. Seitdem gibt es viele Gruppen und politische Bewegungen, die unerlaubterweise in Städten Brachflächen begrünen. Vielleicht hilft es? Impulsgeber sind diesen Guerilleros ein wenig seelenverwandt. Sie allerdings werfen Kultur-Samenbomben, und zwar mit der Erlaubnis von ganz oben. Wenn es hilft!

Wie weit reicht das Arbeitsspektrum eines Mitarbeiters? Inwieweit genügen Hierarchie und Macht, um die schnell wechselnden Bedürfnissen der Umwelt zu befriedigen? Die Anpassung einer Organisation an die Umwelt gelingt in den häufigsten Fällen nicht, da die internen Struktur- und Denkmuster auf das Bestehende ausgerichtet sind. Wie soll das Neue – von außen Gewünschte – in die innere Welt der Organisationen kommen?

Verschärft formuliert: Hierarchien und Managementprozesse sind geeignet, den Betrieb aufrechtzuerhalten (Prozesse zu definieren, Abteilungen funktionsfähig zu machen und anderes mehr), doch zu einem schnellen Wandel passen diese Systemsteuerungen nicht. Das liegt unter anderem daran, dass Manager nicht ohne Genehmigung arbeiten.

Die zunehmende Mikropolitik in großen Organisationen verhindert, dass Verantwortung wirklich übernommen wird – jeder Manager möchte sich durch die nächsthöhere Führungskraft absichern. Die Angst vor dem Verlust an Einfluss und Status steht eher im Vordergrund, als Entscheidungen zu treffen, die nicht »ins Schwarze treffen«. Zudem halten viele Mitarbeiter und Führungskräfte gern an ihren Gewohnheiten fest, was dazu führt, dass Hierarchien in genau das Bestehende zurückfallen, das sie bereits beherrschen.

Wir beschreiben im Nachfolgenden einen Ansatz, der sich mit dem starren System der Hierarchie auseinandersetzt und eine Möglichkeit für einen Prozess der Veränderung bietet. Wir wählen dafür das Bild einer Virusinfektion für Organisationen. Biologisch vereinfacht betrachtet sind Viren infektiöse Partikel, die sich außerhalb von Zellen durch Übertragung verbreiten, aber nur innerhalb einer geeigneten Wirtszelle vermehren können. Sie selbst bestehen nicht aus einer Zelle, sie enthalten lediglich das Programm zu ihrer Vermehrung und Ausbreitung. Abhängig sind sie von einer Wirtszelle in Menschen, Tieren und Pflanzen, die sie überfallen und in der sie sich dann vermehren können. Die Vermehrung ist sehr wirkungsvoll, wie man oft im Frühjahr an den vielen Erkrankungen erkennen kann, wenn eine Grippewelle sich viral verbreitet.

Ideen, Visionen, Strategien haben geschrieben auf dem Papier wenig Bedeutung – in Beraterkreisen werden Organisationen auch gern als »Papierfabriken« bezeichnet. Dort passiert eigentlich nichts: Informationen über Veränderungen und Umsetzungsappelle werden nicht verstanden. Übertragen auf unser Virusmodell wäre das Virus, das nur für sich genommen keine Gefahr darstellt, weil es selbst keine Information trägt und somit kein Lebewesen wird.

Gefährlich wird es erst dann, wenn ein Virus auf Wirte trifft. Treffen heißt für Organisationen: Menschen sind emotional eingebunden und vom Virus befallen. Sie sind angesteckt und Teil einer Bewegung. Sie bewegen Aktivitäten und Initiativen. Sie gehen kleine Schritte und verändern den Alltag.

Impulsgeber

Dabei genügt es nicht, nur wenige, strategisch wichtige Mitarbeiter einzubinden. Viele Mitarbeiter und Führungskräfte werden benötigt, um schneller und weiter voranzukommen. In Organisationen gelingt dies nicht über Hierarchie und Bestimmtwerden, sondern es wird auf Freiwilligkeit gesetzt. Nicht alle interessiert das Karussell der ewigen Veränderungen und Neuheiten – diese Desinteressierten werden vielleicht zu einem späteren Zeitpunkte viral angesteckt. Wichtig für das Infiziertwerden sind das Eingebundensein und Befragtwerden der Mitarbeiter und Führungskräfte: Neugier erzeugen durch – oftmals ungewohnte – Transparenz und Offenheit.

Konkret bedeutet das, über Dialogformate wie zum Beispiel Veranstaltungen – auch Großveranstaltungen – ins Gespräch zu kommen und über Themen zu sprechen, die die Organisation betreffen, und dabei genau diejenigen Menschen zu finden, die die Ideen und Impulse weitertragen möchten und Teil der neuen Bewegung sein wollen. Problematisch ist vielleicht, dass die Menschen in Organisationen vor dem Prozess nicht wissen, ob er gut für sie ist oder nicht. Eine Antwort auf eine solche Frage ist: Besser ist es, nur die zu nehmen, die nicht nur arbeiten, ganz nach dem Motto: »Arbeitende soll man nicht aufhalten.« Ein schöne Idee aus der Occupy-Bewegung, um Menschen zum Mitmachen zu bewegen ist: Man schlägt ihnen die Idee nicht vor, sondern man sagt, dass es schon jemand macht.

Die Praxis zeigt, dass es leichter ist als gedacht, Menschen zu finden, die dazugehören wollen und etwas bewegen möchten. Es scheint so zu sein, dass das Gefühl, Teil eines großen Ganzen zu sein und ernst genommen zu werden, mehr wiegt als Geld. So wird Change-Management zum Effektivitätstreiber für das Unternehmen. Diese Menschen verbindet ihr Engagement bei der Weiterentwicklung einer Kultur, die zu den Herausforderungen passt.

Kulturveränderung gestalten

Kulturveränderung bedeutet Ackerbau Mitarbeiter und Führungskräfte sind diejenigen, die die Kultur pflegen, unter der sie leiden. Meist erleben sie sich als Opfer derselben, sind in gleicher Weise aber auch Täter. Kulturen – so wie sie sind – werden häufig beklagt und doch haben alle auch ihren Gewinn. Man schätzt meist irgendwie die bekannten Höllen und zieht sie den unbekannten Himmeln vor. Kultur hat keine definierbaren Ursachen, die man einfach beseitigen könnte, um sie zu verändern. Kulturveränderungen entziehen sich daher den klassischen Kausalitäten.

Cultura bedeutet im Lateinischen Bearbeitung, Pflege Ackerbau. Es geht um die Arbeit an einem lebendigen System. Die hört nie auf und es gibt kein endgültiges Ziel. Es geht immer um Pflügen, Säen und Ernten. Ein immerwährender Kreislauf. Wo man auch nichts überspringen kann. So mancher Manager hätte Lust, an den Blumen zu ziehen, damit sie schneller wachsen. Und es gibt in der Tat auch viele Berater die Ratschläge geben, den Prozess des Ziehens an den Blumen zu optimieren, damit sie noch schneller wachsen. Dabei wird das Optimieren immer weiteroptimiert.

Kultur entwickeln

Kulturentwicklung besteht vor allem darin: Es zu tun! Das bedeutet:
- die Kultur (das Wie der Zusammenarbeit) in den Blick zu nehmen und darüber nachzudenken
- daran zu arbeiten, dass sich das Wie verändert und verbessert.

Das ist alles. Die Beteiligten werden nicht in einer besseren Kultur landen. Sie werden nach dem Kulturprozess genauso malochen müssen wie bisher. Bei dieser Arbeit gibt es kein Ziel, es gibt nur den Weg. Die Weisheit liegt im System – das ist keine neue Weisheit, und doch wird in der Praxis häufig nach Lösungen gesucht, die von außen kommen.

Die neue Kraft – Missionare landen im Kochtopf Eine neue Gruppe formiert sich: Sie haben Namen wie Kulturarbeiter, Veränderungsbegleiter, Beschleuniger oder Change Agents – wir nennen sie schlicht Impulsgeber. Manche waren vormals diejenigen, die interne Veränderungsprozesse begleitet haben, so gibt es auch einen Wechsel von »Auftrag bekommen« hin zu »selbst einen Auftrag suchen«. Impulsgeber im Kulturprozess müssen nach eigenen Feldern suchen und diese dann auch verändern. Die Gefahr besteht, dass sie ihre Arbeit als Mission verstehen und die Menschen bekehren möchten. Die Impulsgeber müssen manchmal lernen, nach den Themen zu suchen, die nicht nur sie selbst interessieren, sondern zumindest eine Mehrzahl von Menschen. Wir haben einige Fragen zusammengestellt, die für die Suche der Impulsgeber wichtig sein könnten:

- Wo geht Kontrolle vor Vertrauen (und ist überflüssig)?
- Wo werden mehr Austausch und Zusammensein benötigt?
- Wo behalten wir Wissen für uns, statt zu teilen?
- Wie machen wir Ideen kaputt, statt sie zum Blühen zu bringen?
- Welche immer wiederkehrenden Probleme behindern uns?
- Welche Regeln umgehen wir kreativ, statt sie abzuschaffen?
- Was vermeiden wir, wenn wir das tun?
- Wenn die Mehrheit sich entscheiden könnte, wie würde sie das entscheiden?
- Wie würde das jemand sehen und verändern, der Humor hat?

- Wo lügen wir (zu viel)?
- Mit wem gehen wir in Konkurrenz, mit dem wir eigentlich zusammenarbeiten sollten?
- Von ganz, ganz oben betrachtet: Ist es vernünftig, was wir da tun?
- Würde der Kunde das bezahlen, was wir tun?

Mitarbeiter und Führungskräfte prägen den Geschäftsalltag wie bisher und bringen sich zusätzlich mit ein und mischen sich ein. Sie leben eine Multiplikatoren- und eine Vorbildrolle vor Ort. Sie tragen die Botschaft in die Organisation, dass jeder einen Beitrag beispielsweise für den Kulturwandel leisten kann und leisten muss. Ihre Tätigkeit geht aber oft darüber hinaus: Sie greifen produktiv in das Aufgabenfeld von Veränderungsbegleitern, Personalentwicklern und Führungskräften ein, liefern frische Ideen, setzen Schwerpunkte neu, weisen auf Dinge hin, die bisher nicht angegangen worden sind – verantwortliches Handeln wird durch ihr Einbringen und Einmischen sichtbar. Sie sind deswegen auf ein gutes Zusammenspiel mit den Linienverantwortlichen angewiesen. Für ein Gelingen ist die Vernetzung von »Querdenkern« und »Hierarchiedenkern« sinnvoll und passend. Jedoch ist dies ein Aushandeln innerhalb der Organisation, und diese Reibung wird nicht immer positiv erlebt – bis zum Scheitern einer Idee. Aber auch hier gilt: Besser scheitern, als es gar nicht erst versuchen!

Impulsgeberprojekte vorantreiben

Aus eigener Erfahrung können wir bestätigen, dass wahrnehmbar ist, wie unterschiedlich die Impulsgeber in dem begonnenen Prozess aktiv sind und wie facettenreich die selbstgewählten Tätigkeiten – jeder nach den Möglichkeiten und dem Bedarf vor Ort – sind. Diese ungerichtete Buntheit macht den Charme und die Kraft der Initiativen aus. Gleichzeitig wissen wir, dass Initiativen stecken bleiben können oder mehr Dynamik und Unterstützung benötigen (s. dazu »Impulsgeber begleiten«, S. 158 f.).

Beispiele für ein solches Handeln sind vielfältig – wir haben ein paar Impulsgeberprojekte aus den Organisationen zusammengetragen.

Anders weitermachen

Beispiele für Impulsgeberprojekte

Runder Tisch

Die Idee, die zugrunde lag, war, die bereichsübergreifende Zusammenarbeit zu verbessern – am »Tisch« konnten über die Themen anders gesprochen werden. Aus dem Kreis bildeten sich Gruppen, die bestimmte Themen über den Abend hinaus betreuten ... Wichtig war auch, dass die Idee von innen heraus geboren wurde, so gab es eine andere Akzeptanz.

Raus aus dem Elfenbeinturm

Ziel war es in diesem Fall, mehr Aufgeschlossenheit gegenüber neuen Dingen zu erzeugen. Es sollten mehr Innovationen und Ideen ausprobiert werden, anstatt alles akribisch mit zusätzlichen Absicherungsschritten vorzubereiten. Dafür wurden mehr Inputs von außen (aus anderen Geschäftsbereichen) zugelassen und Experten eingeladen. In diesen Gesprächen stand vor allem Erfahrungsaustausch zu geschäftlichen und persönlichen Lernfeldern im Vordergrund. Die Experten standen auch als Mentoren im weiteren Prozess zur Verfügung.

Mal wieder Nägel mit Köpfen machen

Einem Techniker wurde die ganze Arbeit zu verwaltungslastig – Abläufe wurden als wichtiger gehandelt, die Zeit in Besprechungen, Sitzungen und am PC nahm überhand. Daher entschied er sich dafür, das zu verändern und mehr Zeit im Labor für technisch anspruchsvolle Prototypen zu verbringen. Die Reaktionen seiner Kollegen waren unterschiedlich: Begeisterung und Nachahmung – bis hin zur Ablehnung. Er suchte dementsprechend einen Mittelweg, um auf die Bedürfnisse der Organisation einzugehen. Aber immerhin gelang ihm der Impuls, in den Bereich hineinzutragen, sich mit der Verteilung der Arbeitskraft auseinanderzusetzen.

Wir inkludieren

Eine Impulsgeberin integrierte behinderte Menschen aus der Organisation in einen Vier-Kilometer-Lauf. Vielfach fühlen sich diese Menschen ausgeschlossen, vielleicht ist auch die ganze Strecke für sie ungeeignet. Ihr Engagement verführte aber auch diejenigen, die sich bisher gescheut hatten, mitzumachen. Durch den Lauf förderte sie das Zusammengehörigkeitsgefühl in der Organisation (ein großer Leitsatz der Vision!).

Schwarmfinanzierung

Die Hürden zur Finanzierung der konkreten Weiterverfolgung von Ideen schienen einem Impulsgeber zu hoch, die Prozesse verlangsamten sich. Das wollte er aber so nicht hinnehmen. Sein Vorschlag: Mit einem zugeteilten Budget sollte jeder Mitarbeiter eines Bereichs die Möglichkeit erhalten, seine Idee zu finanzieren. Die Ideen waren bereits in der Organisation bekannt und konnten nun bewertet werden. – Mit der Schwarmfinanzierung erhoffte sich der Impulsgeber die unbürokratische Finanzierung von Ideen.

Lunch-Roulette

Die elektronischen Möglichkeiten, um miteinander in Kontakt zu treten, erleichtern vieles. Für das soziale Netzwerken jedoch sind sie nicht immer von Vorteil. In diese Lücke brachte ein Impulsgeber folgende Idee: sich mit zufällig ausgewählten Kollegen zum Mittagessen treffen und dort face to face miteinander sprechen. Die Plattformen waren einfach zu installieren, und verbreitet hat sich die Idee ganz schnell von allein.

Weitere Themen finden sich in folgenden Bereichen: Kommunikation, Wertschätzung, Erhöhung des Vernetzungsgrads, Innovation leben, schnelles und flexibles Arbeiten, interdisziplinäre Zusammenarbeit, Transparenzgedanken fordern und fördern, Beteiligungsideen integrieren, aber auch Konkretes wie das Einführen eines »Casual Dresscode«, das Ausrichten einer Teamfeier, die Änderung der Teammeetingstruktur.

Impulsgeber begleiten An dieser Stelle verlassen wir das Bild vom Virus und wählen dafür ein anderes Bild: In der Kleingartenanlage gibt es viele Hobbygärtner, die nach eigenen Vorstellungen ihren Garten bepflanzen und pflegen. Jeder hat seine eigene Philosophie, seine Vorlieben und Eigenarten, auch unterschiedliche Wege, mit gemachten Erfahrungen in der Gartenarbeit umzugehen. Es herrscht eine bunte Vielfalt mit wenig Struktur und unterschiedlicher Dynamik. Manches wächst und gedeiht, manches nicht.

Die Form passt auch zum Inhalt der Aufgabe. Zu viel Projektmanagement, detaillierte Zielsetzung und Erfolgsausrichtung würden die Bewegung der Menschen behindern, ihre Kreativität einschränken. Darum geht es aber: Menschen in Bewegung zu bringen und zu halten, sich mit dem Gewordenen nicht abzufinden, sondern wirksam das Wie zu gestalten.

Die Impulsgeber benötigen jedoch gleichzeitig eine gezielte strukturierte Begleitung, die über das Zusammenführen in Arbeitsgruppen und Großveranstaltungen hinausgeht. Es geht um mehr als regelmäßige Kommunikation und Motivation. Zum einen benötigt diese Gruppe eine Steuerung und zum anderen eine gemeinsame Heimat. Für die Gruppe der Impulsgeber wird daher eine »Heimat« geschaffen, in der sie sich systematisch und kontinuierlich mit ihren Themen beschäftigen kann. Kontinuierliche Reflexion über das eigene Tun und die Aneignung von passendem Handwerkszeug stehen im Mittelpunkt. Ziel ist es, die Motivation und Begeisterung in eine gemeinsame Richtung zu lenken. Gleichzeitig sind die Impulsgeber nicht die frei flottierende Menge in der Organisation, sie können nicht alles allein entscheiden. In regelmäßigen Treffen mit den obersten Führungskräften stellen die Impulsgeber ihre Ideen und Entscheidungsvorlagen vor und bestimmen gemeinsam den weiteren Weg zur Veränderung.

Wenn Neues auf Altes trifft, hat das Neue es meistens schwer. Dabei erleichtert der genannte Heimatgedanke den Weg ins Unbekannte, um nicht wieder ins Altbewährte zurückzufallen. Was zudem hilft, sind einfach Handlungsregeln für die Arbeit der Impulsgeber. Folgende Beispiele für Handlungsprinzipien sind aus unserer Sicht hilfreich:

Auf dem Weg der Veränderung bleiben ...

Finde dich nicht ab. Lass dich nicht abfinden! Empöre dich und verändere!

Etwas als unveränderlich hinzunehmen und es zu beklagen ist beliebt. Genau das aber vergiftet das Innovationsklima. Dagegen helfen: sich noch zu wundern, sich aufzuregen, ins Gespräch zu gehen. Denn das erzeugt Unruhe und Bewegung. Das ist der Anfang.

Sei mutig! Sei unkonventionell! Sei innovativ!

Immer wenn es um Veränderung geht, wirst du auf Bedenken treffen, und meistens sind diese nicht ganz grundlos. Dann dennoch Neues zu wagen erfordert Mut, weil du scheitern könntest. Neues entsteht manchmal dann, wenn das scheinbar Selbstverständliche hinterfragt wird und die Antworten nicht zufriedenstellen. Erst danach tauchen neue Ideen auf.

Mach es selbst oder gib anderen Impulse! Mach es nicht allein!

Meist muss einer anfangen. Vielleicht sogar allein in die Vorlage gehen und es versuchen. Dabei kannst du scheitern! Und manchmal oder sogar häufiger erst beim zweiten Anlauf erfolgreich sein. (Alternative: Beginne mit dem zweiten Anlauf!) Findest du Gefährten, schauen nicht so viele beim Scheitern zu.

Handeln geht vor Folien!

Folien sind ein Teil der Kultur. Folien verändern aber keine Kultur. Die Wahrheit einer Absicht liegt im Handeln. Sonst nichts.

Beteilige Betroffene an deinen Überlegungen und den Umsetzungen!

Wenn du etwas anders machen willst, sind davon andere berührt und betroffen. Es ist klüger, diese vorher zu beteiligen, als hinterher um Entschuldigung zu bitten. Daran denken: Betroffene Führungskräfte sollten einverstanden sein.

Ein Schritt ist ein Anfang! Erst anfangen, dann wirst du schon weitersehen!

Eine Veränderung ist nur in ihrem Anfang berechenbar, danach braucht es Überprüfung und Korrektur. Gib nur am Anfang viel Energie in das Veränderungsvorhaben hinein, wenn es gut ist, läuft es selbst weiter.

Warum sind Impulsgeber erfolgreich in Veränderungen? Ein System ist stark – hat eigene Muster und Regeln. Diese zu durchbrechen und damit Veränderungen herbeizuführen gelingt nicht von außen, sondern ist ein interner Prozess. Jemand aus der Organisation kann jedoch nur Muster durchbrechen, indem er es schafft, etwas anderes zu machen als bisher. Und das schafft er nicht allein, sondern nur im Zusammenspiel mit anderen. Dieses neue Gremium – eher netzwerkartig organisiert – wird von den oberen Führungskräften beauftragt, eine bestimmte Entwicklung voranzutreiben (Strategieumsetzung, Kulturveränderung ...). Als Treiber des Wandels muss dieses Netzwerk sich finden und gemeinsam Initiativen entwickeln, die umgesetzt werden. Das geht im neuen Gremium einfacher, weil es ein Gremium mit neuen Mustern und Regeln ist, die anders sind als die gewohnte Hierarchie: Eine offenere Sprache wird untereinander gelebt, Informationen werden transparenter ausgetauscht, eine Vertrauensbeziehung zwischen den Handelnden entsteht, ein gegenseitiges Helfen steht im Vordergrund, sie bleiben in Bewegung durch kleine Schritte im Rahmen ihrer Möglichkeiten. Das ist gefühlt geballte Energie innerhalb dieses neuen Systems, die ihren Platz nun auch in der Organisation verlangt. Das sind viele entfachte Feuer, die sich langsam in der Organisation ausbreiten. Zu viel wird hier nicht versprochen, auch wird nichts Unmögliches vollbracht – jedoch ist dieser Ansatz für starre Hierarchien ein sehr guter und praktikabler Ansatz, Dynamik im Sinne von Dialogen und Handlungen zu erleben.

Entscheidend ist auch, ob die gewachsene Hierarchie und das neue Gremium miteinander harmonieren oder ob ein innerer Wettbewerb ausbricht. Daher sorgt eine Vernetzung der beiden Systeme von Anfang an dafür, dass die Entwicklung spürbar wird. Nicht immer ist es einfach, Verständnis für die doch undogmatischere Praxis im Umgang mit Themen aufzubringen, die ansonsten die Organisation in der Hierarchie bearbeiten würde.

Literaturtipps

John P. Kotter beschreibt in seinem Buch »Accelerate« (2014) sehr anschaulich die Entwicklung zu einem sogenannten »dualen System«. Neben der gewohnten Hierarchie besteht ein weiteres System, das neue Strategien und Entwicklungen umsetzt. Im Unterschied zu herkömmlichen Veränderungsprozessen werden die einzelnen Schritte von einem kleinen Team vorangetrieben. Gehandelt wird flexibel und agil im Netzwerk.

Eine Gruppe wird zur Bande Kulturentwicklung heißt Dialog, heißt Reflexion und Selbstreflexion. Kulturentwicklung heißt aber auch Ausprobieren, einen Unterschied machen, etwas Neues in die Welt setzen (und neugierig beobachten, was passiert). Genau das ist der Sinn und Zweck der Impulsgebergruppen. Eine »Bande« im besten Sinne wird gegründet. Impulsgeber, die sich gegenseitig inspirieren, bestärken, miteinander Dinge aushecken, draufschauen, würdigen. Die miteinander feiern, miteinander lernen, gemeinsam Kraft tanken für die nächsten Schritte. Sich gegenseitig bestärken und ermutigen bildet die Basis für einen Prozess, in dem Impulsgeber zu Vorbildern und Gestaltern der Bewegung werden. Dazu benötigen sie ein gemeinsames Verständnis, eine gemeinsame Haltung und das passende Handwerkszeug zur Kulturentwicklung.

Zusammengefasst

Zusammengefasst lässt sich festhalten, dass Impulsgeber dann erfolgreich sind, wenn Folgendes beachtet wird:

- Es werden viele Impulsgeber aktiv: Freiwillige können die werden, die es werden möchten (Kotter nennt hier einen Erfahrungswert von etwa zehn Prozent der Mitarbeiter).
- Es entsteht eine Geisteshaltung von »Ich will!« anstelle von »Ich muss!«: Energie und Engagement von Freiwilligen werden so mobilisiert (gemeinsames Ziel in neuer Heimat definieren).
- Auf diese Weise können eine Kopf- und eine Herzhaltung eingenommen werden, anstatt sich nur von der Kopfhaltung leiten zu lassen: Nicht Zahlen, sondern Emotionen werden angesprochen (Sinn und Bedeutung der Einzelnen herausstellen).
- Die Impulsgeber werden an unterschiedlichen Orten auf verschiedene Weise aktiv. Es entstehen kleinere oder größere Initiativen in ihren oder anderen Bereichen (allein oder zusammen mit anderen).
- Es wird mehr geführt statt mehr gemanagt: Es gilt, gemeinsame Prinzipien festzulegen.
- In der Organisation werden zwei Systeme gelebt. Das bedeutet: Unterschiedlichkeiten aushalten und gleichzeitig miteinander verbunden sein durch Austausch.

Was hilft, um Impulsgeber wirklich wirksam werden zu lassen? Im Nachfolgenden haben wir beschrieben, wie ein Impulsgebernetzwerk aufgebaut und auch begleitet werden kann.

Ein Impulsgebernetzwerk aufbauen und begleiten

Am Anfang steht die Frage an die Führungskräfte: Wollen Sie einen Veränderungsprozess mithilfe von Impulsgebern? Wenn ja, gilt es, ein Impulsgebernetzwerk aufzubauen. Das Impulsgebernetzwerk ist das Format zur Umsetzung des Wandels. Gleichzeitig steckt in diesem Format die Botschaft: Wir machen es selbst, weil wir es sind, um die es geht. Folgende einzelne Schritte sind hierfür notwendig:

Erster Schritt: Impulsgeber finden

- Entscheidung im Leitungskreis herbeiführen
- Klarheit und Zielsetzung der Impulsgeber im Leitungskreis herstellen, zum Beispiel mithilfe einer Führungsreise (s. »Lernreisen« S. 171 ff.). Die Impulsgeber brauchen die Ermutigung und die Erlaubnis der Führung, so aktiv zu sein, wie sie denken, dass das notwendig ist.
- für das Format in diversen Gremien werben
- Schreiben an alle Mitarbeiter des Bereichs mit der Ermutigung, Impulsgeber zu werden, sowie die Einladung zu einer Auftaktveranstaltung

Die Auftaktveranstaltung für 80 bis 100 Impulsgeber erfolgt mithilfe einer »Werkstatt«. In der Veranstaltung werden in verschiedenen Formaten (Plenum, parallele Workshops, Diskussionen) die Idee der Impulsgeber sowie mögliche Themen für deren Kulturarbeit geschärft, die Mitarbeiter orientiert und motiviert. Am Ende der Veranstaltung können sich die Mitarbeiter – nachdem das Bild dieser Rolle klarer geworden ist – als Impulsgeber bewerben.

Diejenigen, die mitmachen wollen, werden von der Geschäftsleitung als Impulsgeber beauftragt. Ein erstes Finden und Entwickeln von Ideen findet statt, Rahmenbedingungen für die Arbeit als Impulsgeber werden geklärt (zum Beispiel Einsatz an Kapazität für diese Rolle).

Zweiter Schritt: Impulsgeber begleiten

- Die Begleitung der Impulsgeber wird in verschiedenen Formaten sichergestellt (beispielsweise regelmäßige Impulsgeberwerkstatt, Peergruppen, fallweise Begleitung, Austausch und Vernetzung über das Intranet).
- Die Impulsgeber arbeiten an ihren Initiativen: entweder Impulse, die von den Impulsgebern selbst initiiert werden, oder auch Impulse von anderen Menschen, die einen Impuls in das Netzwerk geben.
- Begleitung der Impulsgeber in ihrer Heimat: Heimat in Gruppen, die themen- oder regionsspezifisch organisiert sind.
- Ein Treffen aller Impulsgeber einmal im Jahr ist hilfreich, um den Austausch zu fördern und gemeinsam zu lernen.

- Sinnvoll ist auch die Vernetzung mit den Nichtimpulsgebern: Die Initiativen vernetzen sich mit den Menschen, die den Prozess nicht mitbekommen haben. Sie werden zu Multiplikatoren für die gesamte Organisation.

Beispiel aus der Praxis: Begleitung der Impulsgeber

Wir beschreiben nun ein konkretes Beispiel eines Veränderungsprozesses in einem Konzern mit 100 000 Mitarbeitern, der seine Impulsgeber bereits gefunden hatte. In Großveranstaltungen hatten sich ungefähr 800 Impulsgeber aus allen Bereichen gefunden, die den Kulturwandel mitgestalten wollten. Jeder war dazu aufgefordert – je nach seinen Möglichkeiten – an einer »besseren Kultur« zu arbeiten. Die Regionen bündelten die Initiativen der Impulsgeber.

Die Impulsgeber beschäftigen sich in diesen Initiativen in vielfältiger Weise mit Themen wie:
- bereichsübergreifendes Denken
- mehr Eigenverantwortung
- veränderte Kommunikation
- neues Führungsverständnis

Festzustellen war, dass die Themen auch nach den großen Veranstaltungen weiterbewegt wurden. Jeder engagierte sich und leistete seinen Beitrag zur neuen Kultur – außerhalb seines »normalen« Arbeitsspektrums. Die Impulsgeber lebten eine Multiplikatoren- und eine Vorbildrolle vor Ort. Sie trugen die Botschaft in den Konzern, dass jeder einen Beitrag zum Kulturwandel leisten kann und leisten muss. Ihre Tätigkeit ging aber oft darüber hinaus, sie griffen produktiv in das Aufgabenfeld von Veränderungsbegleitern, Personalentwicklern, Führungskräften, Betriebsräten ein, brachten frische Ideen ein, setzten Schwerpunkte neu, wiesen auf Dinge hin, die bisher nicht angegangen worden waren – verantwortliches Handeln wurde durch ihr Einbringen und Einmischen sichtbar.

Dennoch wurden etliche der Initiativen von der Organisation nicht angenommen, sie blieben stecken oder verschwanden gleich in der Schublade. So entschied das interne Veränderungsmanagement, die Impulsgeber mehr zu unterstützen und in ihren Vorhaben zu begleiten. Sicherheit in der Unsicherheit zu bieten, denn es gab bisher keine Vorbilder und wenige Vorgaben.

Rahmen und Ablauf für das Impulsgebernetzwerk

Dafür entwickelten interne und externe Berater einen »Begleitungsprozess« für 150 Impulsgeber, die sich bewerben konnten. Das Impulsgebernetzwerk umfasste Werkstätten, Supervisionsgruppen und die Arbeit an einem Kulturprojekt im eigenen Umfeld. Notwendige Bedingung für die Teilnahme am Impulsgebernetzwerk waren der Wille und die Möglichkeit zu selbstständiger Arbeit an einem eigenen Kulturprojekt. Bei der Bewerbung für die Teilnahme am Impulsgebernetzwerk, sollte die Bereitschaft für die Durchführung eines Kulturprojekts deutlich werden, noch besser bereits eine Idee für ein solches Projekt vorhanden sein. Form, Inhalt und Größe der Kulturprojekte aber sollten frei sein. Sie wurden in verschiedenen Gesprächsrunden durch das Impulsgebernetzwerk reflektiert, verändert, konkretisiert und begleitet.

Inspiration, Ermutigung und Befähigung waren die zentralen Themen, sowie den Impulsgebern eine »geistige Heimat« zu geben, um den Kulturwandel voranzutreiben. Zu Beginn der Arbeit am Kulturwandel lagen die Schwerpunkte auf der Motivation der Menschen und der Überzeugung von der Notwendigkeit eines Wandels. In der Arbeit mit dem Impulsgebernetzwerk kam eine neue Zielsetzung dazu: Befähigung. Und zwar die Befähigung,

- zu unterscheiden, was veränderbar ist und was nicht
- zu erkennen, welche Grundlagen eine gute Kultur braucht
- andere für eine bessere Kultur zu inspirieren und sich selbst inspirieren zu lassen
- umzusetzen, wovon man inspiriert ist
- klug und umsichtig zu handeln und maßgeblichen Stakeholder zu berücksichtigen
- ein Netzwerk aufzubauen
- über Gelungenes und Missglücktes zu reflektieren und es besser zu machen

»Befähigung« umfasst dabei mehr als handwerkliches Können. Es ging auch um das Wollen. Befähigung bedeutete zudem, in der schwierigen Arbeit der Kulturveränderung emotional stabil zu bleiben, Rückschläge überwinden zu können, dabei Hoffnung zu bewahren, statt sich mit Zynismus über Wasser zu halten.

Es galt das Motto: »Die Wahrheit einer Absicht ist die Tat.« Dafür sorgte das Lernen an konkreten Projekten. In der Vorbereitung, Durchführung und Reflexion des Kulturprojekts wurde lebendiges Lernen in der Praxis realisiert und gleichzeitig Kultur entwickelt. Die Angebote der Werkstätten und die Inhalte der Supervisionsgruppen unterstützten die Impulsgeber in der Arbeit an ihren persönlichen Kulturprojekten.

Das Impulsgebernetzwerk begleitete die 150 Impulsgeber für die Dauer eines Jahres. Für die Werkstätten wurde die Gruppe der 150 in drei stabile Gruppen à 50 Teilnehmer geteilt. Die Supervisionsgruppen bestanden jeweils aus Gruppen à zehn Teilnehmer. Das Impulsgebernetzwerk war ein Verbund von Menschen, die sich für die Dauer eines Jahres einem gemeinsamen Lernprozess verschrieben hatten. Das Netzwerk blieb jedoch offen für alle an der Kulturentwicklung Beteiligten. So wurden beispielsweise in den Werkstätten Kurse durch Veränderungsbegleiter oder Führungskräfte angeboten, es wurden Gäste als Gesprächspartner eingeladen, und die Impulsgeber selbst boten Kurse an.

Anders weitermachen

Die folgenden Elemente prägten den Prozess:

Werkstätten

Die drei Werkstätten bildeten den Rahmen des Impulsgebernetzwerks.
Die Inhalte der Werkstätten wurden aufeinander und jede Werkstatt prozessorientiert auf die Themen der Impulsgeber abgestimmt. Ausgehend von der Situation als Impulsgeber erforderte eine Befähigung nicht nur normale Veränderungsthemen, sondern es war wichtig, auch Wege zu finden, die die Menschen in der Organisation mitnehmen. Die Werkstätten fokussierten unter anderem auf folgende Themen:

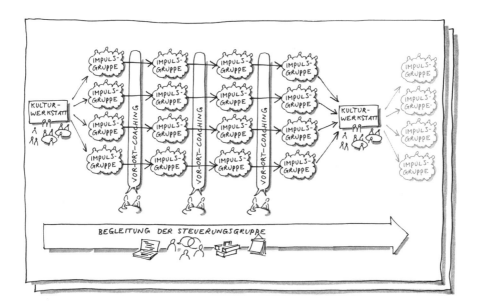

- »Haltung und Rolle«
  - Was wollen wir erreichen? Was sollen wir erreichen?
  - Wo sind unsere Spielräume und Grenzen?
  - die eigene Motivation kennenlernen und stabilisieren
  - Stärken stärken
  - Geduld verlieren und wieder finden
  - beobachten und stören

- »Kulturverständnis«
  - Zukunft braucht Herkunft: Geschichte der Organisation
  - Wie bewege ich mich in meiner Organisation: Welche Grenzen muss ich akzeptieren und welche nicht?
  - Was bedeutet Kulturentwicklung?
  - Wie verändere ich Kultur?
  - Und warum sollte man so etwas tun?
  - Wie netzwerke ich?
  - Perspektivwechsel – aus fremden Kontexten lernen (wie zum Beispiel Architektur, Kindereinrichtungen, Kunst …)
  - »Management by Underground«
  - Wie gewinne ich Menschen?
  - Rituale finden und leben
  - Stören – aber richtig!
  - Wie beginne und wie gestalte ich die Initiativen?
  - Initiativen definieren: Chancen und Grenzen kennen
  - Kreativität Raum geben – Wie »mache« ich Kreativität?
  - Emotion in die Organisation bringen: Was bewegt? Was bereitet Spaß?
  - mit Überraschungen arbeiten
  - Stressbewältigung

Es ging in allen Werkstätten um Aufmerksamkeit, Wertschätzung, Emotion, Argumentationshilfen, Tipps, Tricks und nicht zuletzt um die Ermunterung, Erfolge feste zu feiern. Eine grundlegende Beschreibung der Methode »Werkstatt« finden Sie auf den folgenden Seiten.

Supervision für die Impulsgebergruppen

In den Supervisionsgruppen entstanden durch die gleich bleibende Gruppenzusammensetzung und die kleine Gruppengröße (maximal zehn Teilnehmer) besondere Vertrauensverhältnisse. Diese ermöglichten kollegiale Fallbesprechungen in besonderer Offenheit und schufen so sehr intensive Lernerfahrungen. Die Supervisionsgruppen vereinten dabei Menschen aus den unterschiedlichsten Arbeitskontexten: überregional, nicht geschäftsfeld- und nicht themenspezifisch.

Zentrales Thema der Supervisionsgruppen war die Begleitung der Kulturprojekte der Impulsgeber. In den regelmäßigen Supervisionstreffen wurde der Stand der Kulturprojekte jedes Einzelnen besprochen, konnten Probleme bearbeitet und Fragen beantwortet werden. Die Supervisionsgruppe entwickelte durch diese Zusammenarbeit eine gemeinsame Mitverantwortung für alle Kulturprojekte ihrer Mitglieder.

Anders weitermachen

Vor-Ort-Coaching durch begleitende Veränderungsbegleiter

Die Impulsgruppen wurden von einem intern/extern gemischten Beraterteam begleitet. Die Internen kamen aus der Gruppe der Veränderungsbegleiter. Die Veränderungsbegleiter waren die Hauptpersonen in den regionalen Veränderungsthemen und hatten dort die zentrale Rolle, verändernd zu wirken. Ihre Rolle war es, zwischen den Gruppentreffen Ansprechpartner für die Impulsgeber zu sein und zudem bei Bedarf in einem Vor-Ort-Coaching Personen und Prozess aktiv zu unterstützen.

Begleiter begleiten

Veränderungsbegleiter – auch sie brauchten ein Verständnis der Gesamtbewegung. Der Erfolg der Impulsgeber hing entscheidend davon ab, dass auch die Veränderungsbegleiter in diesen Prozess miteinbezogen wurden. Das Vernetzen dieser Gruppe war wichtig, damit ein gesamthaftes Denken und Handeln anfangen konnte. Dazu wurde ein Workshop ausgerichtet, der die Veränderungsbegleiter über den Prozess und ihre Rolle aufklärte.

Abschluss beziehungsweise Neuanfang Werkstatt

Den Abschluss bildete eine große Werkstatt mit allen »alten« 150 Impulsgebern und zusätzlichen 150 »neuen« Impulsgebern. Die bisherigen Kulturarbeiter wählten Impulsgeber aus der Organisation aus, die dann wiederum die Möglichkeit hatten, sich in Gruppen zu treffen, gemeinsam zu lernen und neue Banden zu gründen ... So fanden mit der Zeit viele Impulsgeber Zugang zu diesem übergreifenden Prozess der kontinuierlichen und hoch vernetzten Kulturentwicklung.

Werkstätten sind unserer Erfahrung nach der ideale Boden für das Gedeihen einer bunten Impulsgeberszene, in der man sich gegenseitig inspiriert, ermutigt und in Bewegung bleibt. Werkstätten sind Lernorte für Inputs, noch mehr aber sind sie Begegnungsfeste, Kommunikationslabore und Denkzentralen der Organisation.

Methodenbeschreibung: Werkstatt

Werkstätten sind Arbeits- und Lernkontexte für Großgruppen (40–400 Personen), bei denen bestimmte Zielgruppen einer Organisation in einem relevanten Themenfeld unterschiedliche Lern- und Veränderungserfahrungen machen sollen. Das Thema der Werkstatt orientiert sich dabei an den Entwicklungsfeldern der Organisation (Führung, Veränderung, Vision, Werte, Kultur, Strategie und so weiter) und ist meist eingebettet in eine langfristige Organisationsentwicklung. Werkstattkonzepte vereinigen viele verschiedene Facetten: Individuelles Lernen wird mit der Dynamisierung der Organisation in Veränderungsprojekten verbunden. Themen werden vertieft vermittelt mit einem hohen Transfererfolg in funktionale Einheiten oder Teams.

Ein für die Organisation relevantes Thema wird aus dem großen »Grundrauschen« aller anderen Themen herauskristallisiert.

Wichtige Botschaften werden an die Organisation gekoppelt und Leidenschaft und Motivation erzeugt.

Der Ablauf sieht folgendermaßen aus: In einer Werkstatt werden verschiedene Kurse zu einem Themenkomplex angeboten. Die Auswahl der Kurse ist frei, und jeder erstellt seinen eigenen Lernplan. Ein besonderer Aspekt der Werkstatt ist, dass Interne (Mitarbeiter, Führungskräfte) zu Experten gemacht werden und nicht nur externe Trainer das Konzept durchführen. So gewinnt der Begriff »lernende Organisation« eine zusätzliche Dimension, weil sie entdeckt, welche Potenziale in ihr schlummern und Lernen voneinander tatsächlich möglich wird. Die »Laientrainer« machen die Erfahrung, dass sie ein Thema besonders gut durchdringen, indem sie es anderen beibringen. Sie werden in der Vorbereitung und manchmal in der Durchführung durch die erfahrenen Externen unterstützt. Sie schlüpfen in eine neue Rolle und verändern gewohnte Interaktionen. So entsteht eine neue Dynamik im Unternehmen.

Eine Werkstatt dauert zwei bis drei Tage. In dieser Zeit wechseln sich Plenumsveranstaltungen und angebotene Workshops ab, manchmal laufen sie auch parallel. Diese Form des Lernens erzeugt Spaß, Buntheit, Selbstreflexion, Gespräche, Orientierung, Gemeinsamkeit, Individualität und meist ein wenig Schlafdefizit.

Zu Beginn ist es ein guter Impuls für die Teilnehmer, darüber nachzudenken, mit welcher Frage zum Thema sie sich eigentlich intensiver beschäftigen wollen. Eigene Lernprojekte der Teilnehmer – ganz individuelle Fragestellungen zum Thema – können so wirksam bearbeitet werden.

Bei der Wahl der Kurstitel sollte beachtet werden, dass sie anregend oder ironisch sind und neugierig machen. Dabei sind die Kursthemen übergreifend, aber themenzentriert. Es entsteht ein Gefühl der Themenfülle, bei der man am liebsten nichts verpassen möchte. Das animiert Gespräche zwischen den Kursen über das Versäumte und erhöht die Lerndichte.

Die Workshops sollen alle Sinne ansprechen. Der Unterschied einer Werkstatt zu einem Standardseminar liegt darin, dass die dynamische Abfolge von individuellem und gemeinsamem Lernen neue Erfahrungen erzeugt und den sofortigen Realitätsabgleich ermöglicht. Das Plenum wird zum Resonanzraum für das Gelernte. So wird individuelles Lernen in kleinen Gruppen mit Großgruppenformen verbunden. Die Vorteile beider Lernformen ergänzen einander.

Werkstätten verlangen einerseits Eile, bieten andererseits aber auch die Chance der Entschleunigung. Und sie öffnen Innovationsfelder: In den Abend- und Nachtveranstaltungen wird mit dem Lernen selbst und der Kultur des Lernens experimentiert. Ernst und Freude, Spiel und Beobachtung, Kontemplation und Aktion, kreative Begegnungen mit Kultur oder Ursprünglichkeit wechseln sich ab.

Der Vorteil für eine Organisation besteht darin, dass Werkstätten eine konstruktive Lern- und Bildungskultur aktivieren, intensivieren, vitalisieren und somit Dynamik in die Organisation bringen. Werkstätten schaffen Identität, stärken die Zusammengehörigkeit und tragen innovative Impulse in das Unternehmen.

Werkstätten sind Unikate: Bedarfsgerechte und passgenaue Einzelkompositionen, zusammengesetzt aus Wiedererkennbarem und Neuem, Erfolgreichem und Experimentellem.

Jemand, dem wir die Arbeit der Impulsgeber einmal erklärten, stellte kopfschüttelnd fest: »Wer so was macht, muss schon ein bisschen verrückt sein?!« Die Antwort, die wir gaben, kann man sich denken ...

Sisyphos hört Rolling Stones:
Die wirklich lernende Organisation

»You can't allways get what you want« haben wohl diejenigen als Ohrwurm, die sisyphosgleich versuchen, mit Seminaren in Organisationen Denken, Fühlen und Handeln zu verändern. Es geht aber nicht! (Wir selbst haben es lange genug versucht.) Zum Lernen gehören immer ein Wollen und Dürfen, vielleicht sogar ein Müssen. Das aber ist keine Angelegenheit des Trainers, sondern der Organisation selbst. Das vergisst sie leider manchmal. Im Folgenden zeigen wir einige Alternativen für organisationales Lernen, das Lernwelten und Unternehmenswelten versöhnen hilft.

Eine Organisation lernt, indem ihre Menschen miteinander reden Eine Definition von Organisationsentwicklung lautet: Das sind alle geplanten und ungeplanten Veränderungen in einer Organisation. – Wenn sich nicht so viele bemühen würden, Organisationen auf Gedeih und Verderb zu entwickeln, hätten sie vielleicht wieder mehr Muße, genau das zu tun: sich in Ruhe zu entwickeln.

Vielleicht würde es ausreichen, den Menschen Luft und Zeit zu lassen, von ihrer Arbeit zu erzählen, sich gegenseitig zeigen zu können, was geschafft wurde und in der nächsten Zeit noch zu schaffen ist, und jemand sein zu wollen, der beim Erzählen zuhört und nachfragt.

Organisationsentwicklung wäre dann ein großes Gespräch vieler Menschen. Alle mit riesigen Ohren. Gute Organisationsentwickler wären gute Zuhörer und Versteher, manchmal Dialogdesigner.

Menschen lernen ... (manchmal) Wenn Erwachsene lernen, heißt das vielleicht erst einmal nur: gut zu zweifeln! Wissen ist verarbeitete Erfahrung, die auch für sonstige Situationen, außerhalb des erworbenen Rahmens, passt. Zu viel Erfahrung allerdings lässt die Neugier sterben. Sie ist der Hunger nach anderer Erfahrung. Erfahrungen aber machen manchmal dumm, weil sie bereits Erfahrenes wieder erwarten lassen und den Blick auf das Erwartbare ausrichten, das dann auch kommt, weil das Unerwartbare vielleicht gar nicht in den Blick gerät.

»Lerne lebenslang!« ist der Druck, der auf all unseren Zeitgenossen lastet. »Ich lerne jeden Tag dazu!« ist demgemäß die Antwort, die Druck vom Kessel nehmen soll. Lebenslang lernen sollen wir alle wollen, wenn wir mit der Zeit gehen wollen, damit wir nicht mit der Zeit gehen müssen. Stur wird Flexibilität gefordert. Und alle wollen Skills lernen, die ihnen Breschen schlagen im Dschungel der ganzen Unübersichtlichkeiten.

Die beste Gesellschaft für Lernende sind andere Lernende, nicht Lehrende. So unsere Erfahrung. Ach, was wäre das denn? Schulen ohne Lehrer?

Ungewohnt wäre es schon, sich selbst Fragen zu stellen und sich zu überlegen, was man selbst braucht, um weiterzukommen. Immer gibt es einen, der vorn steht und weiß, was man wissen muss. Diejenigen, die danebensitzen, sind es nie. Schade eigentlich: So ein Bild von einer Gefährtenschaft bei einer gemeinsamen Forschungsreise wäre doch aufregend.

`Ver-rücktes Lernen` Menschen in Organisationen sind manchmal deshalb so hilflos, weil sie nicht sehen, was sie nicht sehen. Traumhaft wäre es, das im Eigenen zu sehen, was man bisher noch nicht gesehen hat. Jemand hat eine Organisation einmal mit einem Haus verglichen, in dem nur einige Fenster geöffnet sind, die einen bestimmten Blick in eine bestimmte Richtung freigeben. Andere Fenster sind verschlossen, in manche Richtungen gibt es gar keine Fenster. Lernen in Organisationen könnte heißen, Fenster zu öffnen, die verschlossen waren, damit Augen-Blicke möglich werden, die es vorher nicht gab. Vielleicht auch den Blick zu wechseln und von draußen hineinzuschauen. Neue Fenster setzen? Dazu bedürfte es schon eines roten Punktes, einer Bauerlaubnis für mehr.

… und was gibt es Neues jenseits der Grenzen des eigenen Organisationskäfigs? Eine Lernreise ist Horizontstreicheln, Ideenpiraterie, Benchmark-Tourismus, Begegnung mit den Aliens vom anderen Konzern. Manchmal sind Lernreisen Lieferanten-beim-Kunden-Besuche mit dem Charme von Täter-Opfer-Konfrontationen. Aber immer schaffen sie die Bedingungen für die Möglichkeit, durch frische Realitäten die Muffigkeit in den eigenen Wahrnehmungsburgen zu vertreiben.

Lernreisen

Die Lernreise kann beispielsweise folgendermaßen aussehen: »Es duftet. Eine Gruppe Ingenieure aus einem Konzern steht in einer kleinen, offenen Küche eines Start-up-Unternehmens und kocht zehn verschiedene Gerichte. Gäste sind eingeladen, sie wissen nur nicht, wer kommt und für wen sie kochen. Die Umgebung ist ungewohnt, und die Aufgabe ist es auch. Plötzlich kommen viele Studenten herein und setzen sich an die gedeckten Tische. Der Abend wird laut. Am späten Abend dann erfolgt die überraschende Einladung, nicht im Hotel, sondern bei den Studenten zu übernachten.

Der Morgen danach: Treffen in einem Café, eine Fahrt in den Park, wo ein Philosoph unter einer Eiche wartet, seinen Gedanken freien Lauf lässt und über Gerechtigkeitstheorien spricht. Ein Bus wartet am Rande des Parks und fährt die Gruppe in eine Turnhalle, wo ein Riesenkreisel aufgebaut ist – um diesen herum hängen Gurte und Schnüre. Die Manager-Ingenieure sind aufgefordert, alle gemeinsam auf das Board zu steigen und es so auszubalancieren, dass alle darauf stehen können. Die Reise geht weiter zum momentan leisesten Flughafen der Welt (Berlin Schönefeld im Jahr 2014). Auf dem Rollfeld erklärt der Vorsitzende des Untersuchungsausschusses im Senat, wie Großprojekte scheitern.

Die Reise – für die Ingenieure mit unbekanntem Ziel – erreicht ihren Höhepunkt in einem Kindergarten, in dem sie in verschiedenen Kindergruppen gemeinsam mit Kindern Kirschen pflücken, Hockey spielen und vorlesen.«

Hinter dieser Beschreibung verbirgt sich eine Lernreise zum Thema »Innovation und Führung«, wie sie bei einem Unternehmen mit Managern aus dem Ingenieurbereich durchgeführt wurde.

Lernreisen fördern eine umfassende und tief greifende Auseinandersetzung mit vorher definierten übergeordneten Lernthemen, indem sie aktive Lernerfahrungen an ungewöhnlichen Lernorten ermöglichen. »Form follows function« ist das Motto, das der Gruppe ein entsprechendes Umfeld des Lernens ermöglicht. Es gibt kein Konzept von der Stange, Auf- und Vorbereitung der Umstände, in denen gearbeitet wird, sind zentral zu beobachten. Neue Definitionen sind für die Inhalte nötig – die werden dann geboren, wenn mit dem Beginn der Planung an der Neuausrichtung und einer neuen Haltung gearbeitet wird. Das gelingt durch das Verstehen der Notwendigkeit der Veranstaltung.

Lernreisen bleiben meist unvergessen und sind deshalb so wirkungsvoll, weil sie Herzklopfen bereiten, manchmal ein bisschen die Seele streifen. Sie schleifen die Kanten der Quadrate im Kopf so, dass dann im Runden des eckigen Denkens nichts anderes übrig bleibt, als die Richtung zu wechseln.

Selten gelingt es so gut wie auf Lernreisen, aus Weitsichten Einsichten zu machen und aus Emotionen Motivationen für neues Handeln.

Die Orte der Lernreise sind immer abseits der eigenen Arbeitswelt, was nicht bedeuten muss, dass sie weit weg sind. Anders sollen sie eben sein. Sie sollen andere Prinzipien durchschimmern lassen, die entdeckt und adaptiert werden müssen. Im Licht des anderen wirft das Eigene neue Schatten.

Die Reisegruppe kann an vielen Fragen arbeiten. Eine Auswahl:

- Was machen andere anders, und wieso klappt das besser als bei uns? Oder sind wir gar nicht so schlecht?
- Warum scheitern andere grandioser und stehen schneller wieder auf?
- Wie können wir von erfolgreichen Lösungen aus völlig anderen Arbeitsbereichen lernen?
- Wie können wir es schaffen, stolz auf uns zu sein und unsere Stärken mehr zu stärken?

Anders weitermachen

- Wie verhalten wir uns innerhalb der Reisegruppe untereinander, wie xenophob sind wir, und was hat das mit unseren Innovationsängsten im Unternehmen zu tun?

Lernreisen

Lernreisen

Wie macht man eine Lernreise?

Ein Lernthema wird ausgewählt, dazu eine Teilnehmergruppe (5 bis 25 Teilnehmer), und dann beginnt die Planung der Reise. Eine Lernreise ist aufwendig in der Planung und Durchführung, aber es gibt nichts Besseres!
Themenfelder waren beispielsweise:
- Führung und Aufführung
- Mut, Übermut und Demut
- Innovation erneuern und besser optimieren

- Selbstführung und Selbstdisziplin
- Macht verantworten und Verantwortung machen
- Work-Life-Balance-Akte
- Besser streiten, mehr vertragen

Danach werden Orte und Menschen gesucht, die passen. Jeder Ort hat ein Thema, und jedes Thema bekommt einen Ort.

Zu beachten gilt: Werden Orte ausgewählt, die dem eigenen Unternehmen ähneln, wird häufig mehr auf die Unterschiede fokussiert, um Abgrenzung zu ermöglichen (»Das kann man bei uns so nicht machen«). Dagegen wird an Orten, die große Kontraste zum eigenen bieten, das Geschenk der Fremdheit dankbar angenommen (»Verrückte Jungs, aber gute Idee!«).

Werden zum Beispiel andere Unternehmen besucht, empfehlen sich Kontrapunkte: Mit Konzernmitarbeitern geht man zu kleinen Mittelständlern, »alte« Firmen besuchen junge, Produktioner besuchen Händler.

Lernreisende werden bei der Suche nach Gründen oder Ursachen, warum dies oder jenes im eigenen Haus nicht umgesetzt werden kann, auf diese Weise in den meisten Fällen fündig. Mit Geschick und Erfahrung helfen die Berater dann bei der jeweils an die Lernorte anknüpfende Reflexion. Ohne diese wäre alles nur Eventhopping.

Verstehen die Lernreisenden eigene, nicht erfolgreiche Handlungsmuster, nachdem sie die Splitter bei den anderen gefunden haben, ist viel erreicht. Eine Lernreise ist kein Best-Practice-Shopping. Vielleicht eher ein kommentiertes Schauen in den Spiegel, ein Eintopfessen mit anschließendem Zutatenratespiel, eine Konfrontation mit einer Realität, die zunächst nur so scheint, als sei sie eine andere.

Dabei gehören zu den passenden Orten, die mit den jeweiligen Themen verbunden werden, Menschen, die für kurze Zeit – ein oder zwei Stunden – Gastgeber für die Lernreisenden sind. Diese erzählen ihre Geschichte gern und freuen sich, wenn einer zuhört. Allerdings ist es besser, wenn keine Vorträge gehalten werden, sondern die Geschichten im Austausch, in Gesprächen, wiedergegeben werden. Das sind dann eher Begegnungen statt Besichtigungen: mit Dirigenten, Kindergärtnern, Burnout-Opfern, Prominenten, Ehemaligen aus dem eigenen Unternehmen, Jugendtrainern, Sterbebegleitern, Schiedsrichtern, Verlierern und Gewinnern. Menschen wie alle eben.

Anders weitermachen

Als Ideenimpulse haben wir auf den nächsten Seiten einige Beispielthemen für Lernreisen zusammengefasst, die wir selbst erlebt haben.

Beispiele

Erster Kontakt mit dem Thema der Lernreise

Thema der Lernreise: Gruppen steuern.
Teilnehmer: Mitarbeiter eines IT-Unternehmens.
Eine erste Erfahrung, wie sich Gruppen selbst steuern können, machen die Teilnehmer, als sie den Startpunkt der Reise selbst herausfinden sollen. Jeder erhält einen Ausschnitt eines Links, der zusammengesetzt auf eine Internetseite mit einer Karte des Treffpunkts führt.

Start in die Lernreise in einem ungewohnten Kontext

Thema der Lernreise: Coach und Mentor sein.
Teilnehmer: Nachwuchsführungskräfte eines Transport- und Dienstleistungsunternehmens.

Die erste Station führt die Nachwuchsführungskräfte in einen Kinderhort. Dort haben sie eine Stunde Zeit, mit den Kindern in Kleingruppen eine Sequenz zu gestalten. Ziel: die eigene Arbeit im Unternehmen interessant und altersgerecht zu erklären. Das gelingt nicht. Man kann sich nicht erklären. Unter anderem führt die Erfahrung später dann zu bemerkenswerten Konsequenzen bezüglich der Gestaltung der eigenen Website, obwohl das nicht Thema der Lernreisestation war. Manchmal lassen sich auch themenfremde Einsichten nicht verhindern.

Spontaneitätstest

Thema der Lernreise: Führung.
Teilnehmer: Führungskräfte eines Energieversorgungsunternehmens.
Eine völlig aufgewühlte Backpack-Touristin (in Wirklichkeit eine engagierte Schauspielerin – oder doch nicht?) bittet um Hilfe, ihr Portemonnaie sei gestohlen worden und sie habe keine Unterkunft für die Nacht. Die Gruppe geht dabei en passant der Frage nach, welche Werte eigentlich wichtig sind, welche Ängste diesen Werten regelmäßig im Weg stehen und wie wertvoll es sein kann, eine vermeintlich wichtige Reisestation dem Mitgefühl zu opfern. Und das Ganze in einer Stadt zu einer Zeit, in der alle zum Papstbesuch pilgern und keine Zeit haben für Samaritertum ...

Übernachtung

Thema der Lernreise: Zukunft.
Teilnehmer: Führungskräfte aus der Automobilindustrie.
Jeder der neun Topmanager wird »überraschend« eingeladen, den Abend in einer Studenten-WG zu verbringen und dort auch zu übernachten. Ausgestattet mit einer Flasche Wein und einem Pizzagutschein nehmen die Manager an den Küchentischen sorgfältig ausgesuchter WGs Platz und diskutieren mit den Bewohnerinnen und Bewohnern ihre Gegenwart und deren Zukunft. Manche prüfen anschließend unter Anleitung der Studenten die Qualitätsschwankungen im Nachtleben der Studentenstädte über die Jahre hinweg. Für viele das Beste von allem ...

Reflexion

Thema der Lernreise: Attraktives Unternehmen werden.
Teilnehmer: Personalleiter eines Großkonzerns.
Eingesetzt wird eine alte, abgetakelte Straßenbahn als immer fahrender Reflexionsort mit einem philosophierenden Straßenbahnfahrer. Eine Zeit lang sind die Sitznachbarn Exmitarbeiter, die das Unternehmen verlassen haben und ihren ehemaligen Personalern erzählen, warum sie es taten. Der Blick extern von Exinternen ...

Anders weitermachen

Beginn eines Veränderungsprozesses
Thema der Lernreise: Change-Routinen und Change-Ruinen.
Teilnehmer: Interne Change-Berater.
Eine Frage-und-Klage-Stunde mit offenen Ohren auf Augenhöhe: Hier hören die Veränderungsprofis voneinander, was geht und was nicht läuft, und erfahren dabei auch noch, wie sich Change-Kollegen manchmal gegenseitig etwas vorflunkern, wie man dahinterkommt, einander das verzeiht und dann gemeinsam feststellen kann, dass man auch ohne Flunkern mehr erreicht hat, als einem das eigene Vorstellungsideal weismachen möchte. Und dass bei allen Change-Akteuren irgendwie die Low-hanging Fruits immer zu hoch hängen, wenn man sich selbst zu klein macht.

Gerade deshalb sollen Lernreisen beim Wachsen helfen. Dazu gehören aber Tempo und eine Taktung, die passt.

Wirkungsweise auf die Teilnehmer So präzise der Ablauf einer Lernreise auch vorausgeplant ist, nicht vorausplanen lässt sich die Wirkung auf die Gruppe, und manchmal verschätzt man sich, weil man der Gruppe zu viel zutraut. Zu viele Inhalte mit zu hoher Taktung sowie mangelnde Reflexionsmöglichkeiten werden eher als Belastung erlebt und gefährden den Erfolg der Reise. Eine solche Reise ist keine Vergnügungsfahrt – auch wenn sie zu Ponyhöfen führt –, sondern harte Denk- und Fühlarbeit für die Reisebucher und -veranstalter. Die ganzen Konfrontationen mit der Wirklichkeit führen mitunter zu gereizten Stimmungen. Wer zerstört schon gern eigene Überzeugungen? Daher ist es wichtig, immer wieder Zeit für echte Erholung und ausreichend Pausen mit einzubauen.
Wird das berücksichtigt, können die Begegnungen inspirieren und die Erlebnisse nachhaltig wirken. Die Teilnehmer kommen ins Nachdenken, reflektieren ihr Verhalten und diskutieren Konsequenzen für ihr Alltagsgeschäft.

Erfolgsfaktoren für nachhaltiges Lernen Ein Ziel der Lernreise ist es, möglichst viele der gemachten Lernerfahrungen in die Arbeitspraxis zu transferieren. Dabei haben sich bestimmte Faktoren einer Lernreise herauskristallisiert, die das Lernen und den Transfer begünstigen. Hierzu wurden sowohl Teilnehmer von Lernreisen als auch Berater, die schon mehrere Reisen durchgeführt haben, befragt:

- Wechselnde Lernorte ermöglichen es, übergeordnete Prinzipien zu erkennen. Zudem können unterschiedliche Orte unterschiedliche Facetten eines Themas beleuchten. Beim Thema Führung zum Beispiel wird schnell klar, dass grundlegende Fähigkeiten des Beziehungsmanagements bei der Leitung eines Or-

chesters ebenso wichtig sind wie bei der Leitung einer Kindergartengruppe. Warum sollte es dann in einem Unternehmen anders sein?
- Gruppendynamiken werden angestoßen, weil die Teilnehmer mitten im Geschehen sind und sich nicht verstecken können. »Warum haben wir es nicht auf die Reihe gebracht, mit den Punks angemessen umzugehen, und sind stattdessen passiv geblieben?« könnte zum Beispiel eine Frage sein. Oft kommt auf diese Weise ein Diskussionsprozess in der Gruppe zustande, Rollen und Erwartungen werden geklärt, Selbst- und Fremdbild abgeglichen.
- »Reflecting Team« ist eine Methode, die ursprünglich aus der systemischen Therapie kommt (Andersen 1990). Im Kontext von Lernreisen kann sie dazu genutzt werden, die Reflexion der Gruppe und des Einzelnen anzuregen. Das Reflecting Team beobachtet das Verhalten und die Gespräche der Teilnehmer und redet anschließend vor der Gruppe darüber: Durch den vorgehaltenen, wertfreien »Spiegel« können blinde Flecken und Stärken erkannt und besprechbar gemacht werden.
- Überraschungen und Geheimhaltung sorgen für Spannung, Aufregung und auch Spaß. Mit Sorgfalt und Liebe ausgesuchte Orte werden von den Teilnehmern wahrgenommen. Grundsätzlich weiß die Gruppe nicht, wo es hingeht und wen sie trifft. Sie lässt sich fallen und erlebt einfach. Dieses In-etwas-anderes-geworfen-Werden führt zu Offenheit und Perspektivwechsel und hilft den Teilnehmern (vor allem Managern), eine andere Haltung als im Alltag einzunehmen.

Der Campus – draußen

Entwickelt wurde diese Form des Campus-Lernens aus der Idee heraus, dass sich die Berater von MAICONSULTING selbst Themen näherbringen und etwas Neues ausprobieren wollten. Und am besten probiert man das an Kollegen aus, die einem Feedback dazu geben und Ideen weiterentwickeln können. Nach wenigen Jahren Selbsterfahrung kamen Kunden dazu, mit denen gemeinsam an Entwicklungen und Ideen gearbeitet wurde.

Der Campus ist ein exklusiver Ort für das Lernen. Ein Ort, draußen in der Natur mit Feuer, Zelten, Jurten und vielleicht auch Schäferwagen. Die Nähe zur Natur schafft Platz für andere Gedanken. Eigentlich sind wir alle Naturburschen oder -mädels, wir kommen nur in der Regel nicht dazu. Und auch wenn man das bis jetzt noch nicht wusste, so lernt man diese Seiten an sich auf einem Campus endlich einmal kennen. Daher ist ein ausgesuchter, idyllischer und ruhiger Ort die Voraussetzung für das Konzept. Ein beispielhafter Ort ist das Hofgut Hopfenburg (Homepage: www.hofgut-hopfenburg.de).

Und wie wird gearbeitet? Gruppen bis zu 60 Personen kommen zusammen, wohnen in Zelten und arbeiten draußen oder in Jurten. Den ganzen Tag brennt ein Feuer. Arbeitsphasen der gesamten Gruppe (unter freiem Himmel oder im Plenumszelt) wechseln sich ab mit Arbeitsphasen in Kleingruppen (draußen oder in verschiedenen Arbeitszelten). Darüber hinaus existieren durchgängige Angebote in verschiedenen Themenzelten, die jederzeit von den Teilnehmern genutzt werden können. Auch der Umgang mit der Zeit ist ein anderer: Es gibt keine durchgetaktete Zeit (Chronos), sondern maßgeblich ist die Zeit, die benötigt wird (Kairos).

Einfaches und Komplexes verbinden sich, was zu überraschenden Ergebnissen führt. Ein Hauptthema wird gewählt, das die Überschrift des Campus bildet: »Besser optimieren«, oder: »Wie kommt das Neue in die Welt?«

Jeder Teilnehmer, der auf den Campus kommt, formuliert eine oder mehrere Fragen, die er auf dem Campus beantwortet haben möchte. Die Themen des Campus sind somit nicht vorgegeben, sondern werden von den Teilnehmern bestimmt. Es kann sich hierbei um persönliche (zum Beispiel zur eigenen Führungsrolle) oder auf das Unternehmen bezogene (zum Beispiel »Kampf um die Talente«) Fragen handeln.

Zur Beantwortung der Fragen (oder zum Aufwerfen neuer Fragen) helfen die Kompetenz der Berater, die ungewöhnlichen Methoden, der andere Umgang mit Zeit, die Stille und Kraft eines naturwüchsigen und besonderen Ortes und vor allem das geballte Wissen der anderen Teilnehmenden im Rahmen einer wechselseitigen kollegialen Unterstützung. Die Teilnehmer geben ihre Fragen und Inhalte vor und reflektieren gemeinsam mit den Beratern. Die Weisheit der vielen wird auf diese Weise genutzt.

Neben den eigenen Fragen braucht eine Gruppe ein Programm für kleine Lerncliquen und Plenen, Impulse für Individuen, zusammenhängende übergeordnete Themen oder auch exotische Nebenschauplätze. Wir beschreiben hier einige Elemente eines Campus.

Ideen für einen Campus

Einstiege in den Campus: Nach Möglichkeiten sinnen

Robert Musil hat den Möglichkeitssinn bekannt gemacht. Wo es einen Wirklichkeitssinn gibt, muss es auch einen Möglichkeitssinn geben, meinte er. Ein Campus hilft, sich auf diesen Sinn zu besinnen.

Wer etwas anders machen muss, damit etwas besser wird, braucht das Talent, mit Realitäten flexibel umgehen zu können. Neues erwächst wohl nur aus der Verneinung der Fakten als Gegebenheiten und aus der Reflexion darüber, was stattdessen sein könnte. Ohne den Möglichkeitssinn wären alle auf immer Gefangene des Hier und Jetzt.

Vielleicht erinnert das Würde ganz gern an den Konjunktiv und provoziert gern: Der Möglichkeitssinn ist einfach alternativlos!

Fakten bricht man mit Konjunktiven. Das volle Tagesgeschäft würgt Konjunktive ab. Wer keine Zeit hat, sich vorzustellen, wie etwas auch sein könnte und welche Wirkungen das dann haben würde, bleibt im Reiz-Reaktions-Modus gefangen. Der Campus ist ein Pausenraum zwischen Reiz und Reaktion. Ein Fitnesszentrum für exakte Fantasie, ein Baumarkt fürs anders Machbare, ein großes Ohr für das Unausgesprochene.

Womit schmeckt, riecht, sieht, erkennt man mit dem Möglichkeitssinn? Was ist sein Wahrnehmungskanal? Wir glauben, es ist die Frage. Aber nicht die Frage, die führt, eher die, die zweifelt. Also wirklich zu fragen, sich zu fragen, andere zu fragen, infrage zu stellen, dabei neugierig zu bleiben und sich verunsichern zu lassen – durch die Antworten, aber noch mehr durch die Fragen selbst.

Campusteilnehmer suchen immer erst einmal eine Frage, die öffnet, ihre gegenwärtige Frage. Dabei helfen Fragen, die auf weitere mögliche Fragen hinweisen könnten:

- Bei welcher Frage hast du aufgegeben, dich mit ihr zu beschäftigen? Warum? Willst du es noch einmal versuchen?
- Welche deiner Ideen macht dir Angst (weil sie so gut ist)?
- Welche deiner Ideen würde deine Organisation verändern/dich verändern?
- Wo hast du das Gefühl, dich im Kreis zu drehen, und wo lösen Lösungsversuche Probleme nicht? Wozu fällt dir nichts mehr ein?
- Wenn du Zeit hättest für Wichtiges, mit welcher Frage würdest du dich dann beschäftigen?
- Auf welche deiner Fragen willst du eigentlich keine Antwort? Warum?

Methoden für das Plenum

Folgende Methoden haben sich im Plenum bewährt:
- Dialog im Plenum mit den wiederkehrenden Fragen »Was war?«, »Was ist?«, »Was für Inhalte kommen als Nächstes?«.
- »Think-Tango«: Eine Kleingruppe findet eine Antwort auf die Frage eines Teilnehmers.
- »Wortschöpfung«: Die Gruppe sucht neue Wortschöpfungen und pflanzt dazu einen Baum.
- Kunstwerk während des Campus herstellen: Es werden Bäume der Erkenntnis gebaut – einzelne Stelen mit den Erkenntnissen werden in den Boden gehauen.

Spezifische Angebote für Kleingruppen

- »Emotionen-Mobile«: Emotionen (Emotionsketten) darstellen und empfinden
- »Zukunftsvisionen«: in die Rolle eines zukünftigen Ich schlüpfen und anderen Menschen begegnen

Anders weitermachen

- »Kulturanalyse«: Kultur-TÜV mit verschiedenen Ansätzen – zum Beispiel Kommunikationsspiele aufdecken
- »Burn-Outlet«: Was hindert mich daran, meiner Arbeit mit Leidenschaft nachzugehen?
- »Innere Antreiber und biografische Arbeit«: Suche nach Sätzen, die uns seit der Kindheit/Jugend antreiben; Kraftquellen in der Biografie ausfindig machen.
- »Kunst des Scheiterns«: Wo bin ich gescheitert, und was habe ich daraus gelernt?

Fortlaufende Angebote

- »24-Stunden-Dialog«: Die Gruppe bekommt die Aufgabe, einen Dialog (jeweils zwei Personen) zu beginnen und durchgängig 24 Stunden am Laufen zu halten. Immer zwei Menschen sind im Dialog. Egal, worüber. Sie führen das Gespräch so lange wie notwendig.
  Die Reihenfolge der Dialogpartner wird vorher (per Los oder Wunsch) festgelegt. Es wird nur die Reihenfolge festgelegt. Nicht die Uhrzeiten. Es gibt keine festgelegten Uhrzeiten. Es gibt 20 Paarungen. Überlappende Dialoge sind sinnvoll.
  Nicht zwei beginnen neu, sondern der Wechsel der Partner geschieht mit Verzögerung. Beispiel: A redet mit B. C übernimmt die Rolle von A (und redet weiter mit B). A kümmert sich, dass D kommt. Dann reden C und D miteinander. B kümmert sich derweil, dass E kommt …
- »Persönliche Songs«: Lieder werden kreiert, die auf die einzelnen Personen zugeschnitten sind.
- »Sinnmaschine«: Brief (oder Podcast) an sich selbst schreiben
- »Magic-Shop«: Erkenntnisse werden durch kleine Gegenstände exemplifiziert und erzeugen ein »sacred bundle« wie in indianischen Kulturen.

Campus

Mit Gummistiefel und Geist Der Geist des Campus, die besondere Lernatmosphäre, ist nicht zuletzt gekennzeichnet durch Füße im Dreck, innere Orte und Begegnung. Die Besonderheit des Ortes und die Zuwendung zu den Fragen und Themen der Teilnehmer führen zu einem individualisierten Lernen. Das wertschätzende, personennahe Arbeiten wird an Details wie einem extra ausgewählten Buch und einer persönlichen Campusausstattung deutlich.

In diesem Sinne bekommen alle Teilnehmer (nicht zwingend, aber schön!): ein Buch. Ein Zelt. Einen Stuhl. Ein Feuer. Ein Firmament. Gummistiefel. Essen. Trinken. Begegnung (mit sich und anderen).

Cliquenlernen: Lernen über Organisationsgrenzen hinweg

Kleine Mittelständler haben keine großen eigenen Personalentwicklungsabteilungen. Menschen in Organisationen stehen vor der gleichen Herausforderung, die Ziele ihrer Strategie mit der Logik der Struktur und dem Selbstverständnis der Kultur zu verbinden. Wie kann es gehen, die eigenen Mitarbeiter – meist die Führungskräfte – zu entwickeln? Ohne viel Geld in die Hand nehmen zu müssen!

Anders weitermachen

Netzwerke qualifizieren

Netzwerke qualifizieren: Drei bis fünf Organisationen schließen sich zusammen und gründen gemeinsam ein Netzwerk des Lernens.
Wenn gleichgesinnte Personen zusammenkommen, um gemeinsam in Lerngruppen ihre Lernfelder zu bearbeiten, so ist das Arbeit in Cliquen. Cliquen bestehen aus maximal zehn Personen. Passgenau können in diesem Lernumfeld Fragen gestellt werden, die auch selbst beantwortet werden. Eine solche Clique ähnelt der Supervisionsgruppe und hat dennoch einen anderen Charakter – es geht um die Entwicklung der Organisation und nicht nur um die persönliche, eigene Entwicklung. Sinnvoll ist es daher, wenn mindestens zwei Personen aus einem Unternehmen kommen, damit das Wissen auf mehrere verteilt wird und die Organisation im Kleinen stärker abgebildet werden kann. Ein solches Arbeitsnetzwerk braucht Verbindlichkeit und Zeit – eine solche Gruppe muss sich finden, und Vertrauen muss wachsen, damit andere Gespräche möglich sind.

Lernen am Unterschied und zwischen Unternehmenskulturen: Haben sich Menschen aus den Organisationen gefunden, so braucht es einen Lernplan, der gemeinsam ausgearbeitet wird. Schon das allein ist ein Prozess des Lernens, da Unterschiede verhandelt werden und Entscheidungsprozesse reflektiert werden können. Unterschiedliche Kulturen werden sichtbar, und über die Wahrnehmung einer anderen Organisation wird auch die eigene Organisation anders erscheinen. Diese Art von Reflexion bietet die Möglichkeit, blinde Flecken zu entdecken und die eigene Organisation zu verändern.
Haben sich die Teilnehmenden geeinigt, so oft über Themen aus den folgenden Bereichen:
- Organisation: Veränderungsprozess gestalten, Interventionsmöglichkeiten, Kommunikation, Führungsstile, Struktur
- Gruppe: Konfliktmanagement und Mediation, Gruppendynamiken verstehen, Kommunikation in Gruppen, Workshops moderieren, Methodenpool aufbauen
- Personen: Führungsentwicklung, Kommunikation, eigenes Verhalten reflektieren, Rolle, eigene mentale Modelle erkennen, Auftritt und Wirkung

Verantwortung – so erscheint es uns – ist derzeit ein häufig gewünschtes Lernziel in Organisationen. Man wünscht sich Mitarbeiter, die mitdenken und für das, was sie tun, geradestehen. Wir haben an anderer Stelle beschrieben, wie die Prozesseuphorie dazu führen kann, dass Menschen sich nicht mehr als handelnde Personen erleben, sondern als Prozessausführungsorgane. Im Folgenden beschreiben wir einige Möglichkeiten, wie sich Organisationen mit dem Thema Verantwortung auseinandersetzen können.

Projekt: Verantwortung lernen? Am Beginn der gemeinsamen Arbeit zur Steigerung verantwortlichen Handelns in einer Organisation steht ein miteinander geteiltes Bild derer, die eine Veränderung wollen, und zwar davon, was sie verändern wollen und mit welchem Ziel.

Im Prozess des Ausformulierens eines »Kodex der Verantwortung« könnte so ein gemeinsames Bild entstehen. Ein Kodex könnte zunächst begriffliche Klarheit darüber schaffen, was man unter Verantwortung verstehen will und welche Ziele verfolgt werden.

Ein Kodex entsteht, indem ein Leitungskreis sich zunächst mit Thesen auseinandersetzt, um sich dem Thema zu nähern. Sie sind ein erster Zugang zum Thema und dienen dem ersten Verständnis, dem weitere Gespräche und Überlegungen folgen und danach Umsetzungen folgen könnten. Die Zustimmung, die Ablehnung und die Veränderung dieser Thesen sollen den Rahmen liefern, in dem der Kodex entstehen kann (keine dieser Thesen würde selbst im Kodex erscheinen).

Da wir dem Wunsch nach Verantwortung beziehungsweise Verantwortungsübernahme in Organisationen derzeit häufig begegnen, haben wir einige der Thesen die wir für Gesprächsrunden in Großkonzernen nutzen, hier beschrieben:

Thesen zur Verantwortung zur Diskussion im Führungskreis

These 1: Derzeit wollen diejenigen Verantwortung abgeben, die im Überfluss davon haben. Das Ziel der Prozedur »Mehr Verantwortung« ist die Erhöhung der Effizienz. Weniger oder gleich viele sollen mehr oder besser arbeiten. Das wissen auch die, die Verantwortung übernehmen sollen.

These 2: Keiner will noch mehr Verantwortung, als er hat, wenn er nichts davon hat.

These 3: Aufbau und Abläufe unserer Organisation minimieren die Verantwortungsübernahme der Einzelnen. Vorschriften, Regeln und eine Reihe von Führungsebenen sorgen dafür, dass Mitarbeiter sich leiten lassen. Folgen ist wichtiger als selbst denken.

These 4: Aufbau und Abläufe sind in unserer Geschichte entstanden. Hatten und haben ihren Zweck und ihre Richtigkeit.

These 5: Menschen verhalten sich in der Regel so, wie sie denken, dass es von ihnen erwartet wird. Sie verhalten sich in der Regel systemlogisch. Sie tanzen den Tanz, der zur tatsächlich gespielten Musik passt. Auch dann, wenn auf Programmfolien etwas anderes steht.

These 6: Aufbau und Abläufe in unserer Organisation sorgen für Unterverantwortung. Unsere Mitarbeiter können eigentlich mehr. Sie sind in ihrem nicht beruflichen Leben verantwortliche Staatsbürger, Eltern, Ehrenamtliche, Bauherren und vieles mehr. In unserer Organisation müssen/können sie weniger verantwortlich handeln als in ihrem privaten Leben. Es liegt in der Natur großer Organisationen, Menschen unterverantwortlich zu machen.

These 7: Sicherheit ist für unser Produkt die notwendige Basis. Ohne totale Sicherheit wäre alles nichts. Sicherheit bedarf der Kontrolle, meist in mehreren Kontrollschleifen. Viel in unserem Denken und Handeln, in Führung, Ausführung und Management, ist vom Primat der Sicherheit und Kontrolle bestimmt.

These 8: Technik ermöglicht und erleichtert Kontrollen. Technik ermöglicht das Erreichen von Sicherheitsstandards und gefährdet sie zugleich. Das Sichverlassen auf Technik führt dazu, dass Mitarbeiter weniger selbst verantworten.

These 9: Prozesse und Kontrollen ermöglichen und erleichtern das Erreichen von Sicherheitsstandards und gefährden sie zugleich. Das Sichverlassen auf andere führt dazu, dass Mitarbeiter sich für weniger selbst verantwortlich fühlen.

These 10: Zu einem flexiblen, kundenfreundlichen Service passen keine Strukturen, kein Management, keine Regeln, deren oberstes Prinzip Sicherheit ist.

These 11: Verantwortung braucht die Freiheit zur Entscheidung und die Wahl zwischen Alternativen. Ohne die Entscheidung, es so oder auch anders machen zu können, gibt es keine Verantwortung, sondern nur Gehorsam oder Ungehorsam.

These 12: Übernahme von Verantwortung wird nur dort zum Thema, wo mehrere (Hierarchieebenen) zusammenarbeiten müssen. Selbstständige sind immer allein verantwortlich. Verantwortung allein haben heißt: letzte Instanz sein.

These 13: Verantwortung ist nicht delegierbar. Sie wächst im Lauf einer Kooperation. Gewachsene Verantwortung entsteht so: Vorschuss geben an Vertrauen > gute Erfahrung mit Vertrauen > weiteres Zutrauen > dann Gelassenheit > Loslassenkönnen eigener Verantwortung ...

These 14: Wer Verantwortung übernimmt, kann Fehler machen, setzt sich Vorwürfen aus, kann schuld sein. Wer Verantwortung übernehmen soll, zieht das immer mit in Betracht und bedenkt den Preis. Was bekomme ich, welches Risiko gehe ich ein? Was bietet die Organisation demjenigen, der Verantwortung neu übernimmt?

These 15: Wenn der Vorstand Verantwortung weitergibt, geht er ein Risiko ein. Das gilt für jede Ebene, die mehr Verantwortung von unten zulässt. Was auf der einen Seite als Risiko erlebt wird, kann auf der anderen Seite ganz unterschiedlich verstanden/erlebt werden: als Vertrauensgeschenk, als Überforderung derjenigen, die viel Verantwortung haben, und so weiter.

These 16: Wenn in unserem Bereich ein neues Verständnis von Verantwortung wächst, wird das Probleme geben mit dem Verständnis von Verantwortung in der gesamten Organisation.

These 17: In unserer Organisation ist es nicht attraktiv, Verantwortung zu übernehmen. Mitarbeiter werden sich dagegen wehren. Es wird darum gehen, eine Antwort auf die Frage zu finden: Wie machen wir Verantwortung attraktiv?

These 18: In unserer Organisation zählt es vor allem, Verantwortung für Menschen zu haben. Verantwortung ist immer auch eine Machtfrage. Macht wird in der Regel zum Teil der Identität. Macht abzugeben wird zur Identitätsfrage.

These 19: Wer Verantwortung übernimmt, braucht Macht und Können. Macht ist Gewalt (Konsequenz) in der Schublade. Können heißt: wissen, wie es richtig geht, und auch in der Lage zu sein, so zu handeln.

These 20: Es gibt Vorstellungen von Verantwortung in dem Sinne, als sei sie eine Sache, und man könne sie abgeben, verleihen, wiederbekommen, weggeben und so weiter. Würde Verantwortung nicht als eine Art Sache gedacht, könnte sie auch wie eine Haltung (Überzeugung) oder ein Gefühl verstanden werden … Freude zum Beispiel kann ansteckend sein. Geteilte Freude ist doppelte Freude. Was hieße das bei der Verantwortung? Verantwortung wäre nicht delegierbar. Man kann sie nur im Vertrauen auf jemanden weitergeben.

These 21: Nur wer über die Optionen mitentscheiden kann, wird sich bei der Wahl und der Umsetzung der Optionen verantwortlich verhalten.

These 22: Es wird Zweifel geben, ob Verantwortungsübernahmen wirklich gewollt sind. Diese Zweifel werden spürbar werden als Rückdelegationen durch Nichtwissen, Nichtkönnen, Fehlermachen und so weiter. Es wird einiges erst einmal schlechter werden, bevor es besser wird. Hält die Organisation das nicht aus, wird alles so bleiben, wie es bisher war.

These 23: Einführung von Verantwortung entmachtet die Mächtigen. Wie können die das wollen sollen?

These 24: Verantwortung kann nur in Taten spürbar werden. Bei der Einführung der Veränderung und bei der Umsetzung danach.

These 25: Dostojewski hat einmal geschrieben: »Alle sind an allem schuld.« Dann gilt auch: »Alle sind für alles verantwortlich.« Das scheint tatsächlich unmöglich, wäre aber die richtige Idee.

Wir empfehlen, diese oder ähnliche Thesen zunächst in Kleingruppen diskutieren zu lassen. Solche Thesen lösen erfahrungsgemäß wichtige Klärungsprozesse aus und sollen in ein gemeinsames Verständnis von Verantwortung münden, das dann die Grundlage für eine gemeinsame Weiterarbeit ist.

Gegenwärtige Zukünfte

03

Einleitung	190
Zukünftige Trends	191
Der Trend zum vernetzten Unternehmen	201

Einleitung

Wir haben in den letzten Kapiteln dieses Buches zahlreiche Möglichkeiten beschrieben, wie das Verändern in Unternehmen sich von innen verändern kann. Im Folgenden beschreiben wir beziehungsweise Claudio Roller die Veränderungen, von denen wir annehmen, dass sie von außen auf Unternehmen zukommen werden. Vielleicht als neue Zeitgeister, vielleicht im Gefolge der digitalen Revolution, die wahrscheinlich die nächste wirklich große Veränderung der Arbeitswelt sein wird.

Zukünftige Extrends

Claudio Roller

It never rains in Southern California!

Der Trend kommt wieder einmal aus Amerika. Von der anderen Seite des Teichs erreichen uns die unglaublichsten Nachrichten bezüglich neuester Strategien der Mitarbeitergewinnung. In Kalifornien, dort, wo fast immer die Sonne scheint und die Hauptquartiere der hippsten und sexysten Hightechkonzerne angesiedelt sind, werden die Maßstäbe für das Umgarnen programmierfreudiger High Potentials und omnipotenter Kreativer in immer neue Dimensionen getrieben. Die Recruiting-Manager der Personalabteilungen im regnerischen Kontinentaleuropa können sich nur verwundert die Augen reiben. Da es zumindest logisch nicht ausgeschlossen ist, dass auch Computer-Nerds Partnerschaften eingehen und sogar Familien gründen, bereiten die Firmen im Silicon Valley das ultimative Rundumsorglos-Programm in der Art eines immerwährenden Robinson-Clubs vor.

Im großen Verwöhnkatalog für begehrte Spezialistenköpfe stehen bei Google, Facebook, Twitter und Co. Beachvolleyballanlagen, Fitnesscenter, Kletterwände, bis zu 30 Restaurants, Cafés, Eisdielen, Gemüse- und Kräutergarten, Kino, Fahrradverleih, Verleih von Elektroautos, Autowerkstatt, eigener Arzt oder Zahnarzt, Friseur, Masseur, Personal Trainer, wöchentliche Putzhilfe, Kinderbetreuung in Notfällen, Auftritte bekannter Künstler, Kurse mit Berühmtheiten aus Politik, Wissenschaft und Sport, Kuschelecken, Entspannungsoasen, großzügige Urlaubsregelungen wie unbegrenzte Anzahl von Ferientagen oder 1 000 Dollar Finanzspritze direkt in die Urlaubskasse, Subventionen für die Anschaffung eines Hybridautos, finanzielle Unterstützung für werdende Eltern inklusive spezieller Elternzeitregelungen. (Laube 2014)

Das opulente Verwöhnprogramm erfüllt mindestens zwei grundlegende Zwecke:

o Zum einen werden Konflikte zwischen Arbeit und Privatleben im Keim erstickt. Menschen möchten Sport treiben und sich gesund ernähren – die Firma kümmert sich. Menschen brauchen Angebote zu Kultur und Zerstreuung – die Firma hält sie bereit. Menschen möchten Kinder in die Welt setzen – die Firma unterstützt dieses Vorhaben. Sind die Kinder einmal da, so ist es für die Menschen nicht immer einfach – doch die Firma hat ein Auge darauf. Die Firma, das ist, aus einem alten Rollenverhältnis heraus gesprochen, eine Mischung aus sich aufopfernder Glucken-Mama und spendablem Gönner-Papa. Beide sorgen dafür, dass sich ihre Sprösslinge prächtig entfalten können. Die Hightech-Kids sollen ihre Spezialistenköpfchen ganz und gar für die Geburt innovativer Gedanken verwenden. Um alles andere kümmert sich die Firma. Wir können den Zweck, auf den die angeführten Anstrengungen der Unternehmen gerichtet sind, auch kurz das Freiheit-zum-Denken-Prinzip nennen.

- Das groß angelegte Hegen und Pflegen von Mitarbeitern führt zum anderen zu einem Übergang von einer Work-Life-Balance zu einer Work-Life-Verschmelzung. Das Unternehmen wird zur Familie, und die Familie kommt ins Unternehmen. Werden auch noch die Kollegen zum engsten Kern der (Facebook-)Freunde, dann ist die Bindung an das Unternehmen ein ähnlich langfristig angelegtes Projekt wie Facebooks »Timeline«, bei der das gesamte Leben eines Menschen begleitet wird. Der Job erweitert sich bis in die Familie hinein und die Arbeitsumgebung verspricht ein ähnliches Maß an Geborgenheit. Die Identifikation mit der Firma wird zu einem fundamentalen Eckpfeiler des gesamten Lebens.

Gerade beim ersten Punkt, dem »Freiheit-zum-Denken-Prinzip«, liegt die Parallele zu den forschungsstarken nordamerikanischen Universitäten auf der Hand: Deutsche Professorinnen und Professoren müssen zwischen ihren Auftritten als Gremienhengst beziehungsweise -stute in Instituts- und Fakultätsratssitzungen seitenlange Drittmittelanträge produzieren und sich auch noch um ihre letzte Reisekostenabrechnung kümmern. Da kann die Betreuung ihrer zahlreichen Studierenden schon einmal zu kurz kommen, von der eigenen Forschung ganz zu schweigen. Ihre Kolleginnen und Kollegen jenseits des Atlantiks sitzen in der Zwischenzeit am Schreibtisch und arbeiten in Ruhe an den nächsten wissenschaftlichen Veröffentlichungen oder spazieren über den Campus und denken. Sie tun das, was sie ihrer Bestimmung nach tun sollen, und haben darüber hinaus auch noch die Muße, ihre – wenigen – Studierenden zu betreuen.

Optimale Bedingungen für Angestellte kalifornischer Technologiekonzerne auf der einen, optimale Bedingungen für Forscher und Studierende an amerikanischen Eliteuniversitäten auf der anderen Seite. Ermöglicht werden sie nicht zuletzt durch sehr viel Geld. Im einen Fall nehmen die Firmen viel Geld in die Hand, weil sie in ihre Innovationskraft investieren wollen. Im anderen Falle spülen teure Studiengebühren oder spendable Stipendiengeber das Geld in das System. Das Resultat ist das gleiche: Die Köpfe werden mit einem Höchstmaß an Freiheit ausgestattet, um einfach nur in Ruhe denken und arbeiten zu können.

Die Strategie der kalifornischen Firmen verspricht den Mitarbeitern mit einer Vielzahl an fast schon touristisch anmutenden Angeboten und üppigen Finanz-

Zukünftige Extrends

spritzen für die private Familienkasse eine attraktive Form von Luxus. Mit der Idee einer festen Bindung an das Unternehmen umgarnt sie die Mitarbeiter mit der Aussicht auf Geborgenheit. Bei Luxus und Geborgenheit handelt es sich um zwei traditionell starke Zugpferde, die für Menschen auf der Suche nach Glück immer schon extrem anziehend gewirkt haben. Das, was die kalifornischen Firmen an Verführungskünsten aufbieten, um neue Mitarbeiter zu binden, scheint auch wunderbar zu dem zu passen, was Vertreter der Generation Y weltweit, aber vor allem auch hier in Kontinentaleuropa suchen und von potenziellen Arbeitgebern einfordern. Könnte das kalifornische Beispiel gar ein Vorbild für den sich auch hier in Deutschland abzeichnenden Kampf um neue passende Mitarbeiter darstellen?

Vielleicht sind die Anstrengungen, die derzeit stark umworbenen IT-Experten zu binden, nur der Anfang einer Entwicklung, die aus demografischen Gründen bald in einem sehr viel breiteren Ausmaß und in vielen verschiedenen Berufsgruppen anstehen könnte. Ein genauerer Blick auf die Generation Y lohnt sich allein schon deshalb, weil diese Generation in einer äußerst spannenden Weise so vollkommen anders tickt als alle ihre karriereorientierten Vorfahren. Die zickig-spleenige Verfasstheit heutiger Berufseinsteiger ist in diesen Tagen schon fast legendär. Doch ist der schlechte Ruf dieser Generation gerechtfertigt?

Der eigentlich rhetorisch gemeinten Frage im Fachvortrag eines lebenserfahrenen 55-jährigen Topmanager(-Fossil)s, ob es denn heute nicht mehr ausreichen würde, Karriere zu machen, um Geld zu verdienen, eine Familie zu ernähren und sich schöne Dinge zu kaufen, schallt auf der »Bonding-Firmenkontaktmesse« ein einstimmiges »Nö« aus den Kehlen der jungen 20- bis 30-jährigen Vertreter der Generation Y entgegen. Die auf der Messe anwesende »Generation Golf« (30+ bis 30+++) kann über diese Reaktion der Ypsilons nur den Kopf schütteln. Das Urteil: Anmaßend sind sie, und sie überschätzen sich leicht! Sie verfügen über eine für die Umwelt nur schwer verdauliche Aura aus Disziplinlosigkeit und ambitionierter Forderungshaltung. Sie verstehen wenig und wollen alles. Teilweise bricht aus ihnen ungefiltert eine fatale Kombination aus »dumm und dreist« heraus.

In die Fassungslosigkeit mischt sich aber auch ein nicht zu unterschätzender Anteil von Anerkennung, gepaart mit einem kleinen Hauch von Neid: »Das hätten wir uns damals nicht getraut!« Die Generation Y hat keine Angst vor Autoritäten, und sie weiß erstaunlich genau, was sie will. Das »Y« wird so ausgesprochen wie das englische »Why«, und schon dämmert uns, dass es dieser Generation darum geht, bestehende Verhältnisse zu hinterfragen, überkommene Traditionen, für die es keine guten Argumente mehr gibt.

In ihrem Selbstverständnis sind die Ypsilons gar nicht die egozentrischen Freizeitoptimierer, deren »Karriereweg« nach einem Orientierungsjahr in der Schule und einem ominös-verschulten BA-Studiengang als grundlegende Meilensteine so faszinierende Projekte bereithält wie beispielsweise eine zweijährige Elternzeit. Es geht ihnen auch nicht nur darum, im Rahmen eines ausgedehnten Sabbaticals eine Weltreise im Segelboot inklusive Kletterausflügen auf dem Festland zu planen. Diese Beispiele sind zwar alles andere als untypisch, aber es wäre unfair, die Generation Y auf solche Vorhaben zu reduzieren. Vor allem wäre es falsch, Egoismus und Selbstbezogenheit als die zentralen Triebfedern zu attestieren. Vielmehr sehen sich die Ypsilons als Vorkämpfer für eine bessere Arbeitswelt insgesamt. Es geht ihnen um die Ausübung eines Berufs, der nicht mehr durch Stechuhren geprägt ist, nicht mehr fremdbestimmt ausgeübt wird und genügend Zeit übrig lässt für Freunde, Familie und natürlich Selbstverwirklichung (Bund 2014). Sie kämpfen für eine Revolution der Arbeitswirklichkeit. Die veränderten Verhältnisse sollen sich dabei für alle Arbeitnehmer auszahlen – auch für die älteren. Sind die Ypsilons die Antreiber einer groß angelegten Kulturveränderung? Sind sie möglicherweise gar nicht die Weicheier und Luftpumpen, als die sie verschrien sind, sondern vielmehr lebens(alt)kluge Kulturarbeiter? Visionäre einer schönen neuen Arbeitswelt?

Sie sind jung, und sie brauchen nicht das Geld, sondern Glück. In ihrer Argumentation folgen sie (ob bewusst oder nicht, lassen wir einmal außen vor ...) sowohl Aristoteles als auch gegenwärtigen Überlegungen zur Philosophie der Lebenskunst. In dieser Linie sollte das Glück, damit es nicht nur von kurzer Dauer ist, besser mit Sinn gekoppelt sein. Die alten Griechen hätten ihre Freude an diesen mutigen jungen Menschlein! Ihrer Auffassung nach strebt der Mensch als »zoon logikon«, als seinem Wesen nach vernunftbegabtes Tier, in seinem Handeln nach einem Gut. Bekanntlich ist das höchste Gut und somit der Endpunkt all unseres Handelns das Glück oder die Glückseligkeit. Dumm nur, dass niemand so genau weiß, wie die beiden eigentlich so aussehen.

Was wir aber sicher sagen können, da sind sich Aristoteles und die Generation Y einig, ist, dass Geld als Kandidat für Glück ausscheidet, weil es selbst nur ein Mittel zum Zweck, aber keinen Zweck an sich darstellt. Auch das Wohlfühlglück, das sich unter anderem auch aus den vielen schönen Dingen speist, die wir mit Geld kaufen können, kann in letzter Instanz nicht dasjenige sein, wonach Menschen ihr Leben ausrichten sollten. Das Wohlfühlglück kann nur von überschaubarer Dauer sein. Mehr schöne Dinge führen nicht zu mehr Glück, sondern ziehen oftmals eher Verdruss nach sich. Selbst der leckerste Eisbecher schmeckt nicht mehr, wenn er täglich gegessen wird. Außerdem hält das Leben Momente der Niedergeschlagenheit, der Melancholie, der Krankheit und des körperlichen und seelischen Schmerzes bereit, mit denen wir umzugehen haben.

Was also gesucht wird, ist ein umfassendes und dauerhaftes Konzept von Glück, das auch die unvermeidbaren negativen Aspekte des Lebens in sich aufnehmen kann. Die moderne Spaß- und Erfolgsgesellschaft orientiert sich einseitig an Situationen des Gewinnens, an Heiterkeit, Zufriedenheit, Gesundheit, Wohlbefinden und Erfüllung. Doch niemand kann ewig auf einer perfekten Welle günstiger Zufälle dahinreiten und einzig die angenehme Seite der menschlichen Existenz auskosten. Eine reflektierte Lebenskunst gebietet, nicht nur die Fülle des Lebens, sondern das gesamte Spektrum von »Licht und Schatten« ins Auge zu fassen. Eine Pointe, auf die der Philosoph Wilhelm Schmid hingewiesen hat, besteht darin, dass wir möglicherweise gar nicht nach Glück sondern einem größtmöglichen Maß von Sinn streben sollten (Schmid 2007).

Sinnende Sinnsucher

Was Sinn ist, scheint nun aber noch viel schwieriger zu beantworten zu sein als die Frage, was wir unter Glück verstehen sollen. Mit dem Sprechen und Nachdenken über Glück sind wir zumindest noch vertraut. Wenn wir aber dort schon ins Stolpern kommen, was passiert dann erst beim Sinn? Wilhelm Schmid schlägt eine überraschend einfache Antwort auf die Frage, was Sinn sei, vor: »Davon, dass etwas ›Sinn macht‹, ist immer dann die Rede, wenn Zusammenhänge erkennbar werden, wenn also einzelne Dinge, Menschen, Begebenheiten, Erfahrungen nicht isoliert für sich stehen, sondern in irgendeiner Weise aufeinander bezogen sind. So lässt sich sagen: *Sinn, das ist Zusammenhang*, Sinnlosigkeit demzufolge *Zusammenhangslosigkeit*« (Schmid 2007, S. 45 f.).

Geprägt von Bastian Sicks Buch »Der Dativ ist dem Genitiv sein Tod« rutscht es uns vielleicht reflexartig heraus, dass es doch »Sinn ergeben« und nicht »Sinn machen« heißen muss (Sick 2004, S. 49), und im gleichen Atemzug ärgern wir uns darüber, Anhänger dieser Haarspalterei geworden zu sein. Der Rest des Gedankengangs erfreut jedoch in seiner Schlichtheit und überzeugt. Genau so muss es doch sein! Ein Satz wie »Heinrich wunderbar Buntspecht fühle Turnschuh unter nervös« ergibt keinen Sinn, weil wir zwischen den Wörtern keinen Zusammenhang herstellen können. Menschen erfreuen sich an »tiefen« Gesprächen mit einem Gegenüber, weil zwischen den Gedankenwelten Zusammenhänge geschaffen werden. Beziehungen und Bindungen – sei es zu Freunden oder zur Familie – ergeben Sinn. Menschen, die sich lieben, verfügen über Sinn. Das In-die-Welt-Setzen und Aufziehen von Kindern schafft Zusammenhänge und somit Sinn. Mitglied einer Gemeinschaft zu sein und starke Bindungen zur Umgebung, in der man wirkt und wohnt, zu schaffen ergibt genauso Sinn, wie über eine grundlegende Verbindung zur Natur zu verfügen. Unter Verwendung seiner Begriffsbestimmung ergibt es für Schmid auch Sinn, sich für den Erhalt der Natur einzusetzen, weil »die Zerstörung ökologischer Zusammenhänge Rückwirkungen auf die menschliche Existenz selbst zur Folge hatte« (Schmid 2007, S. 56). Wer sich für den Erhalt der Natur einsetzt, erhält somit auch bestehende wichtige Zusammenhänge. Ökologisches Denken ist also sinnvoll. Wer sich als Sinnsuchender betätigt und versucht, vorliegende Zusammenhänge zu verstehen, nachzuzeichnen, zu ergründen und zu reflektieren, der »sinnt«. Sinnsucher grübeln und denken nach. Sie (re)produzieren eine Ordnung in der Welt, wenn sie »sinnen«. Personen die »von Sinnen« sind, ist jegliche Ordnung verloren gegangen. Sie drohen sich in chaotischenn zusammenhanglosen Bruchstücken zu verlieren.

Wenn wir die Generation Y als konsequent-dynamische Sinnsucher erfassen und kennzeichnen, dann stellt sich die Frage, welche Formen von Zusammenhängen Firmen bereitstellen sollten, um dem Streben dieser jungen Menschen gerecht zu werden. Welche Zusammenhänge, die auch den kritischen Geist der Ypsilons befriedigen, können Firmen aufzeigen? Spätestens an dieser Stelle müssen wir auch anmerken, dass die Formel Sinn = Zusammenhang freilich auf einer sehr abstrakten Ebene angesiedelt ist. Gemeint ist mit dieser kritischen Bemerkung nicht nur, dass die Rede vom Sinn beziehungsweise von Zusammenhängen mit konkreten Inhalten zu füllen ist, sondern auch, dass es so viele potenzielle Zusammenhänge in der Welt gibt, dass es ein Leichtes ist, überall Sinn zu sehen und Sinn zu erzeugen. Schnell sind wir nur noch von Sinn umzingelt. Schafft nicht jeder intellektuelle Schnellschuss, den wir in unseren schwächsten Momenten produzieren, nicht noch irgendeine Form von Zusammenhang und ergibt somit dann auch Sinn? Es muss somit unsere Aufgabe sein, die Ansprüche an die herzustellenden Zusammenhänge hochzusetzen. Es muss sich um erhellende Zusammenhänge handeln, die uns intuitiv überzeugen und in Bezug auf die es auch wirklich etwas zu verstehen gibt. Was kann dies in der Arbeitswelt sein? An welcher Stelle ist der Sinn in den Unternehmen zu finden, und reicht er aus, um die Ansprüche der Generation Y zu erfüllen?

Die eingangs beschriebene von den kalifornischen Unternehmen praktizierte »Work-Life-Verschmelzung« ermöglicht es den Mitarbeitern, ein hohes Maß an freundschaftlichen und familiären Bindungen aufzubauen und zu erhalten. Damit unterstützen die Unternehmen einen wichtigen Aspekt des menschlichen Lebens, der unbestritten als hochgradig sinnvoll angesehen wird. Welche problematischen Aspekte die Zusammenführung von Arbeits- und Privatleben auch mit sich führt, soll im Folgenden gleich noch diskutiert werden. Doch zunächst stellt sich die Frage, ob Firmen direkt für die Arbeit ihrer Mitarbeiter ein hohes Maß an Sinnfindung ermöglichen und nicht nur über den Umweg des Familienlebens, auf das einige Unternehmen in der jüngeren Vergangenheit immer mehr Einfluss nehmen.

Vom Kaizen zum Ökozen

Kaizen – das ist eine Dimension, in der Firmen tiefere Zusammenhänge aufzeigen wollen, fast ein alter Hut. Und in diesem Fall sind es nicht die hippen kalifornischen Firmen, die an der Spitze der Bewegung stehen beziehungsweise standen. Wer die Rede vom Sinn mit der Frage nach dem »Wozu?« in Verbindung bringt, für den führt kein Weg an der Firma Toyota und der Haltung des Kaizen vorbei. In der kontinentaleuropäisch-schwäbischen Ausprägung findet sich beispielsweise in einem Unternehmen der folgende Grundsatz tief in der Kultur verankert wieder: »Frage fünfmal nach dem ›Wozu‹ deines Projekts, deines Vorhabens – und beantworte die Frage jeweils mit: ›Damit ...‹, und du erhältst die tieferen Ziele und den Sinn – oder Unsinn – deines Handelns.«

Die Haltung des Kaizen ist vor allem darauf ausgerichtet, Fehler und Verschwendung zu vermeiden. Zugleich schwingt in der Frage nach dem ›Wozu‹ des Projekts auch die Dimension einer Einordnung in größere Zusammenhänge mit. Ein Mensch, der in seiner Arbeit Steine aufeinanderschichtet, erfährt mehr Sinnhaftigkeit, wenn er auf die Frage: »Wozu tust du das?«, antworten kann: »um eine

Wand zu errichten.« Noch größer wird die Sinndimension, wenn er bei der weiteren Nachfrage: »Und wozu errichtest du die Wand?«, sagen kann: »Um ein Haus zu bauen.« An der zukünftigen Entwicklung ökologisch ambitionierter Hybridautos (oder was auch immer technisch darauf folgen mag ...) mitzuarbeiten kann für ein potenzielles Arbeitnehmerexemplar aus dem Hause Generation Y eine stimmige Angelegenheit sein.

Gerade wenn wir uns in Erinnerung rufen, dass möglicherweise in Zukunft nicht mehr der Bewerber den Personaler überzeugen muss, sondern umgekehrt ein Schuh daraus wird, dann könnte das Motto »Vom Kaizen zum Ökozen« gut im Trend liegen. Sicherlich würde es einem anspruchsvollen Bewerber nicht ausreichen, nur irgendwelche Schrauben zu sortieren, die irgendwann einmal in das tolle neue Auto eingebaut werden. Die Sinnsuche beinhaltet auch das Schaffen von Zusammenhängen in der täglichen Arbeit. Arbeitsteilung und Taylorismus sind vor diesem Hintergrund nicht mehr angesagt. Säuberlich separierte Abläufe und Funktionen in verschiedenen Abteilungen führen gerade dazu, dass die Einsicht in die Zusammenhänge abnimmt. Was sich gut für Manager optimieren und messen lässt, ist für die Rädchen im Getriebe nicht nur wenig sinnstiftend und langweilig, sondern führt auch zu den typischen Problemen von Konzernen wie Bürokratisierung, mangelnde Flexibilität und Abteilungskämpfe. Die Generation Y macht hier nicht mehr mit.

Luxus, Macht und (metaphysischer) Sinn

In Sachen Sinnstiftung und Formulieren großer übergeordneter Ziele können auch die schon mehrfach angesprochenen kalifornischen Firmen ein ordentliches Pfund in die Waagschale werfen. Es ist nicht nur der Luxus, mit dem sie ihre zukünftigen Mitarbeiter ködern, wenn wir beispielsweise an Google denken. Googles Mission besteht darin, die Informationen der Welt zu organisieren und für alle zu jeder Zeit zugänglich und nutzbar zu machen. Das ist doch einmal ein ambitioniertes Vorhaben! Der Slogan »Don't be evil!« sichert kritischen Geistern zu, dass sich alle mit der Mission verbundenen Allmachtsfantasien nur im Reich des Guten abspielen. Wer jetzt immer noch nicht überzeugt ist, der sei daran erinnert, dass Google die Biotechnologie-Ideenschmiede Calipso gegründet hat und dort nach dem Algorithmus für ewiges Leben sucht. Womit wir thematisch schon bei den ganz großen Zusammenhängen angelangt sind – welcher Arbeitgeber kann schon sagen: »Kommen Sie zu uns, dann werden Sie unsterblich.«? Das Silicon Valley protzt und lockt mit der Dreifaltigkeit aus Luxus, Macht und (metaphysischem) Sinn. Und dann ist dort auch noch das Wetter ziemlich gut ...

Ist somit alles prima nördlich von Pasadena? Es gibt keine Garantie, dass sich die besten Köpfe der Generation Y der Suche nach dem Heiligen Gral verschreiben oder das Wissen in diesem Universum zusammenfegen und aufbereiten werden. Vielleicht treten sie auch Amnesty International, Greenpeace oder einem Ring von Datenschützern bei oder arbeiten lieber als Ziegenhirten auf Korsika. Auch der Luxusaspekt und die damit einhergehende Auflösung aller Trennlinien zwischen dem Beruf einerseits und Familie und Freunden andererseits rufen bei pessimistischen Kontinentaleuropäern vor allem Argwohn hervor. Wo werden Mitarbeiter eigentlich privilegiert behandelt, und wo beginnt eine Sekte? Frei nach Salvador Dalís Ausspruch: »Der Unterschied zwischen mir und einem Verrückten ist, dass ich nicht verrückt bin«, können wir uns fragen, ob der einzige Unterschied zwischen der (indoktrinierten) Weltanschauung einer Sekte und der Weltanschauung einiger kalifornischer Firmen darin besteht, dass es sich im einen Fall um eine Sekte und im anderen Falle um Firmen handelt.

Die europäischen Dauerpessimisten und Urskeptiker unken mit Blick auf die vielschichtigen Angebote der Mitarbeitergewinnung, dass so zwar die Identifikation der Angestellten mit dem Unternehmen gestärkt werde, doch das nur zum Preis einer erhöhten Abhängigkeit vom Dunstkreis der Firma und auf Kosten firmenfremder persönlicher Kontakte.

Sie führen weiter aus, dass diese Schattenseite am deutlichsten bei einem Social-Media-Unternehmen zutage trete, das die Befreundung unter Kollegen so sehr fördert, dass Mitarbeiter keine Freundschaften mehr zu Personen pflegen, die nicht in dem Unternehmen arbeiten. Dasselbe Problem sei auch bei einer Unternehmensberatung sichtbar, bei der die Mitarbeiter so lange arbeiten, dass die Kollegen sich zugleich zum Familienersatz entwickeln. Wir hätten es mit (schönen) starken Bindungen und somit jeder Menge Sinnstiftung zu tun, aber zu welchem Preis? Es gebe kaum noch private Rückzugsorte, und die selbstverständlich um sich greifenden Plaudereien sozialer Medien sorgten zusätzlich dafür, dass die Privatsphäre auf Erbsengröße zusammenschrumpfe.

Den grenzenlosen Optimismus, der unter der kalifornischen Sonne gedeiht, kann eine solch miesepetrige Weltsicht kaum erschüttern. Wo ohnehin alles, was getan wird »great« und »awesome« ist (der für seinen Enthusiasmus nicht gerade bekannte Berliner würde noch »supergeil« und »das ist auch gut so« hinzufügen), da ist diese Form negativer Betrachtungsweise kognitiv einfach nicht mehr zugänglich. Und auch bei einer Bewertung ohne kalifornischen Spirit und allzu großen Überschwang können wir festhalten: Wenn es sich tatsächlich um Angebote für die Belegschaft und nicht um einen Zwang handelt, dann ist es auch unangemessen, von einer Sekte zu sprechen.

Die Work-Life-Verschmelzung führt nicht nur einseitig zu einem Eindringen der Arbeitswelt in das Privatleben, sondern ermöglicht auch Momente von Ruhe, Freizeit und Familienleben im Arbeitsalltag. Es wird nicht mehr mit Stechuhren agiert, und es werden auch nicht mehr kleinteilige Arbeitsschritte von Managern vermessen, kontrolliert und optimiert. Es wird letztendlich eingelöst, was sich die Generation Y besonders wünscht: ein selbstbestimmtes und verantwortliches Arbeiten, das auf größere Zusammenhänge gerichtet ist und mit dem sich Mitarbeiter besonders gut identifizieren können. Angestellte, die in einem solchen Szenario oft in einem erfüllenden Flow arbeiten und denen alle Möglichkeiten gegeben sind, um selbst auszusuchen, wann sie sich eine Pause gönnen, sind wohl zu beglückwünschen. Dass sich eine Firma in einem solchen Fall über ungemein effektive Mitarbeiter freuen kann, denen zumindest in absehbarer Zeit kein Burnout droht, kann man als eine smarte »Win-win-Situation« ansehen. Ob die Angestellten in der Tat selbstbestimmt und selbstverantwortlich agieren können und die Firmenkultur keine sektenhaften Elemente mit sich führt, muss freilich im Einzelfall sehr genau geprüft werden. Es gibt aber keine überzeugenden Argumente, die das kalifornische Modell der Mitarbeitergewinnung grundsätzlich infrage stellen.

Reicht es heute noch aus, wenn Firmen Mitarbeitern für deren Tätigkeit Geld überweisen, sodass diese ihre Familie ernähren und konsumieren können? Müssen Firmen jetzt auch noch für ihre Angestellten vielfältige Familienangebote und hohe Formen von Sinn bereitstellen? Wenn sie bei der Suche nach neuen Mitarbeitern erfolgreich sein und auch die kritischen Köpfe der Generation Y überzeugen wollen, dann schadet es Unternehmen in Zeiten des Demografiewandels und damit einhergehender Personalknappheit nicht, über diese Fragen nachzudenken und entsprechende Konzepte zu entwickeln. Die Zukunft der Arbeitswelt einer Dienstleistungsgesellschaft scheint abseits der Stechuhr der Beschäftigung selbstbestimmt und selbstverantwortlich agierender Mitarbeiter mit einem hohen Identifikationsgrad am gesamten sinnvollen Arbeitsprodukt zu liegen.

Der Trend zum vernetzten Unternehmen

Claudio Roller

Möglicherweise stehen wir in Sachen Unternehmenskultur vor einem gewaltigen Paradigmenwechsel. Die klassische Firma mit ihren Hierarchien und Abteilungen sei, so heißt es neuerdings an vielen Stellen, in die Krise geraten und nur noch zu retten, wenn sie sich einer radikalen Kur unterwerfe. Bildlich gesprochen bedürfe die hässliche dicke und vor allem phlegmatische Raupe einer Metamorphose, um als dynamischer, schöner Schmetterling ins Land der Innovation und des dauerhaften Erfolgs loszuflattern. Bleibe sie so, wie sie ist, dann werde sie abgehängt und friste ein trauriges Dasein. Alle Reserven, die sie sich in den Jahren zuvor mühsam angefressen habe, würden dann bald verbraucht sein, und schließlich werde sie jämmerlich eingehen. Aber dazu müsse es nicht kommen. Sie habe noch diese eine Chance: vernetzen, vernetzen, vernetzen ... bis sich ein tragfähiger Kokon herausbildet ...

Über das empfohlene Ausmaß der Metamorphose herrscht bei den Strategiegurus Uneinigkeit. John Kotter preist die Vorzüge eines klassischen, vom Management gesteuerten Unternehmens sowie die Qualität von dessen Output und seine Verlässlichkeit (Kotter 2014). Er regt lediglich an, ein zweites, dynamischeres System neben der bestehenden Linienorganisation zu implementieren. Es soll die klassische Hierarchie genau an deren Schwachpunkten ergänzen. Das zweite System besteht aus Freiwilligen, die aus allen Bereichen, Abteilungen und Hierarchiestufen stammen. Gemeinsam sorgen sie für unbürokratisches Problemlösen, Dynamik und Schnelligkeit in einem sich rasch wandelnden Umfeld und fügen dem gesamten Gebilde eine neue Kultur hinzu (s. »Impulsgebernetzwerk: Die Culture-Guerilla kommt«, S. 152 ff.). Um in unserem Bild zu bleiben: Die Raupe darf also weiterhin Raupe bleiben, denn so zu sein wie sie hat auch Vorteile. Allerdings wird ihr jetzt noch ein zweites System (ein Paar Flügel?) verpasst, damit sie dynamischer und schneller agieren kann.

Andere Autoren wie Dave Gray gehen in ihren Analysen weniger verständnisvoll mit klassisch aufgestellten Unternehmen um (Gray 2012). Es gilt ihrer Ansicht nach, konsequent mit den Grundsätzen konventioneller Unternehmensführung zu brechen. Im Dunstkreis solcher radikaleren Überlegungen, die eine vollständige Ablösung überkommener betriebswirtschaftlicher Prinzipien und Führungsgrundsätze fordern, wollen wir im Folgenden gedanklich wandeln.

Die klassische Firma in der Krise

Um die Radikalität der Veränderung und die Argumentation der neuen Trendsetter in Sachen Business-Strategien gut nachvollziehen zu können, benötigen wir zunächst ein zugespitztes Bild klassischer Firmen. Der Druck, der Unternehmen zu einem Wechsel ihrer Kultur zwingt, wird auf diese Weise viel besser deutlich. Im Folgenden werden wir daher mit plakativen Bildern und Metaphern arbeiten, die zwar in der beschriebenen Form so nicht in der Wirklichkeit vorkommen, aber die Pointe umso besser illustrieren. Wenn wir dabei die Merkmale einer klassischen Firma beschreiben, dann haben wir in der Regel das Bild einer Pyramide vor Augen.

Drei Merkmale einer klassischen Firma

Erstens: Hierarchie An der Spitze der Pyramide steht der große Boss. Fast immer männlich und mit großer Weisheit gesegnet, sodass ihm zugetraut wird, die großen strategischen Entscheidungen zu treffen. Auf der Ebene darunter befindet sich die Riege der Halbgötter. Ebenso wie der Boss haben sie alle gemeinsam, dass sie durch Vorzimmer und schützende Assistenz von den Normalsterblichen separiert und aufgrund des Diktats ihres Outlook-Kalenders von früh bis spät durchgetaktet sind.

Zweitens: Spezialisierung und Arbeitsteilung Wenn wir die Pyramide insgesamt betrachten, dann fällt auf, dass sich an jede Halbgottheit Bereiche anschließen, die funktional voneinander getrennt sind. Die Differenzierung nimmt immer weiter zu (Bereiche, Abteilungen, Teams), je weiter wir in Bodennähe kommen. Spezialisten kennen sich in ihrem Gebiet hervorragend aus, wissen jedoch kaum, was an anderen Stellen in der Pyramide passiert. Jede Einheit bleibt an ihrem Platz, und es gibt kaum Durchmischung und Austausch. Der hohe Spezialisierungsgrad führt zu einer enorm hohen Produktivität, aber auch zu einer Abhängigkeit der sauber abgegrenzten Teile innerhalb der Produktionskette, die durch Messung, Kontrolle und Koordination der Arbeitsschritte (Tätigkeiten des Managements) beherrscht werden muss.

Drittens: Stabilität und Vorhersagbarkeit Innerhalb der Pyramide passiert nichts Überraschendes. Die Spontaneität des Individuums wird durch Prozesse und Regelungen vollständig ausgeschaltet. Die Arbeitsabläufe sind festgeklopft und in dem Sinne idiotensicher angelegt, dass die inkorporierte Optimierung und Effizienz nicht durch Entscheidungen einzelner Personen zerstört werden können. Der Prozess hat immer schon entschieden. Mitarbeiter sind in diesem Licht reine Ausführungsorgane spezialisierter Vorgänge. Sie können jederzeit durch andere Mitarbeiter, die ebenfalls den Vorgang beherrschen, ersetzt werden, und das Resultat der Arbeit wäre immer das gleiche. Diese Eigenheit führt zu einer großen Stabilität in den Abläufen und ermöglicht eine durchgängig hohe Qualität in den standardisierten Ergebnissen.

Wichtige Eigenarten klassischer Firmen lassen sich über das Bild der Pyramide hinaus treffend mit der Metapher einer Maschine beschreiben. Wenn wir an eine große Maschine (wie beispielsweise an einen Bagger) denken, dann wird sie fast immer von einer Person, dem großen entscheidenden Operateur, gesteuert. Die Maschine ist optimal dafür ausgelegt, eine spezifische Funktion zu erfüllen. Alle ihre technischen Subsysteme sorgen dafür, dass in kürzester Zeit und in der passenden Umgebung genau die Tätigkeiten durchgeführt werden, für welche die Maschine insgesamt entwickelt wurde. Die Maschine verrichtet ihre Arbeit zuverlässig und äußerst effektiv während ihrer gesamten Lebensdauer.

Die klassische hierarchische und arbeitsteilige Firma hat sich als langjähriges Erfolgsmodell bestens bewährt. Grundvoraussetzung für ihren Erfolg sind jedoch stabile Verhältnisse, in denen sie ihre größte Stärke, die mit Spezialisierung und Arbeitsteilung einhergehende Produktivität, voll ausspielen kann. Verändert sich das Umfeld, dann erweist sich genau dieser Pluspunkt in den allermeisten Fällen als Bumerang. Wenn sich die Umgebung so ändert, dass die Maschine nicht mehr eingesetzt werden kann, dann muss sie aussortiert und eine neue Maschine gekauft werden.

Die hoch spezialisierte Maschine ist nicht lernfähig. In einer schnelllebigen und sich rasch verändernden Welt gerät das Maschinenmodell in eine ausweglose Krise. Spezialisierung, Effektivität und Verlässlichkeit haben keinen Mehrwert mehr, wenn sie mit Unflexibilität und Lernresistenz einhergehen. Wir haben es an dieser Stelle mit einem fundamentalen und unaufhebbaren Problem zu tun, das zum grundlegenden Umdenken zwingt. In eine Zeit der Krise werden dann auch altbekannte Nachteile pyramidaler maschinenartiger Firmen deutlich sichtbar, die in alten Zeiten des Erfolgs stets in den Hintergrund gerückt waren. Insgesamt ergibt sich eine ganze Liste von Schwierigkeiten, mit denen das klassische Firmenmodell zu kämpfen hat. Schwierigkeiten, die sich vor allem daraus speisen, dass die Welt, in der wir leben, immer komplexer wird und sich immer schneller wandelt.

Sieben Thesen, warum klassische Firmen in eine Krise geraten werden (oder bereits in einer stecken)

Erstens: Die Firma denkt in Produkt- und nicht in Servicekategorien Produkte können heute als »Service-Avatare« angesehen werden, als physikalische Verkörperungen von Dienstleistungen. In diesem Sinne ist ein Produkt Manifestation und Plattform für einen Service am Kunden.

Diese Sichtweise dokumentiert besonders eindrücklich den Übergang vom industriellen Zeitalter zur Dienstleistungsgesellschaft. Klassische Firmen sind jedoch in erster Linie auf Prozesse fokussiert, an deren Ende standardisierte Produkte stehen. Sie richten sich danach aus, ihre Produkte effektiv in die Welt zu setzen. Dienstleistungen erfordern idealerweise eine andere Anstrengung und einen anderen Blickwinkel. Sie sollten am besten in einem engen Austausch mit den Kunden entwickelt werden und eine enge Bindung entlang dem zentralen Kern der Beziehung aufbauen: der Befriedigung der Kundenbedürfnisse. Standardisierung wird der Vielschichtigkeit der Anliegen, die Kunden haben können, nicht gerecht. Ein Beispiel zur Illustration des Blickwinkels auf Dienstleistungen:

Die perfekte Kundenhotline

Die beste Kundenhotline wäre eine, in der eine Person den Anruf unmittelbar entgegennimmt und über alle Kompetenzen verfügt, dem Anliegen des anrufenden Kunden, wie auch immer es gestrickt sein mag, sofort gerecht zu werden (keine Warterei, keine Aufforderungen durch Computerstimmen, das Anliegen einer Kategorie zuzuordnen, keine Mitarbeiter mit stark limitierten Befugnissen).

Zweitens: Die Firma denkt zu viel an Profit und zu wenig an den Wert, den sie beim Kunden schafft Der Wert, den eine Dienstleistung beim Kunden schafft, ist die zentrale Größe einer Unternehmung. Erst wenn kontinuierlich Werte für Kunden produziert werden, ist eine gesunde Basis geschaffen, um Profite auszubilden. Wichtig ist in diesem Zusammenhang die Unterscheidung zwischen guten und schlechten Profiten. Ein guter Profit entspringt aus Einnahmen, die von zufriedenen Kunden stammen. Wer sich auf seinem Flug gut betreut und jederzeit sicher fühlt und pünktlich und insgesamt entspannt am Zielort ankommt, wird seinem für die Reise bezahlten Geld nicht hinterhertrauern. Im Gegenteil: Wer von einer Fluggesellschaft überzeugt ist, wird sie auch in Zukunft buchen und sie möglicherweise auch im Bekanntenkreis empfehlen. Ein schlechter Profit resultiert aus Zahlungen, in denen sich Kunden überrumpelt und ausgetrickst fühlen. Extragebühren für einen Tick zu viel Übergepäck oder zusätzliche Versicherungsgebühren, die sich beim Buchungsvorgang nicht so recht abschütteln lassen, sind von

Der Trend zum vernetzten Unternehmen

dieser Art. Das Gefühl der Wertigkeit von Dienstleistungen bröckelt in solchen Fällen schlagartig, und oft wird die tickende Zeitbombe eines unzufriedenen Kunden geboren, der nicht nur zukünftig einen Wettbewerber bevorzugt, sondern allen Bekannten entsprechend negative Empfehlungen gibt.

In Zeiten sozialer Medien kann diese Art von Hinweisen in kürzester Zeit über Legionen von Facebook-Freunden und Twitter-Follower gestreut werden. Der Kunde ist gut vernetzt, die Firma oft nicht so. Fatalerweise bekommen zahlengesteuerte Unternehmen das Kippen der Stimmung nicht mit, denn in ihren Zahlen scheint noch alles in Ordnung zu sein. Negative Profite sind in der Welt der Zahlen mit Tarnkappe unterwegs. Und sollte die Firma doch einmal auf negative Kommentare in den sozialen Medien aufmerksam werden, dann geht sie zumeist sehr unbeholfen mit diesem Phänomen um.

Drittens: Die Firma wird einer komplexer werdenden Umwelt nicht gerecht Das jeweilige Produkt ist oft nur noch der Einstieg in die Befriedigung von Kundenwünschen, der Startpunkt für ein Universum von Möglichkeiten. Nutzungserlebnisse neuer Produkte werden vielleicht vorausgeahnt, die Komplexität zukünftiger Entwicklungen kann aber niemand mehr überblicken (wer weiß schon, was sich alles mit dem neuen Smartphone im nächsten Jahr anstellen lässt?).

Dass sich die Geschwindigkeit technischer Entwicklungen immer weiter beschleunigt und der globale Wettkampf immer härter wird, sind Einsichten, die niemanden mehr überraschen. Zusätzlich gilt es, den Phänomenen einer Verknüpfung von Dienstleistungen untereinander und immer weiter gesteigerter Komplexität gerecht zu werden. Eine Firma, die sich einer Marktsituation anpasst, verändert diese und zwingt auch Wettbewerber zu einer Anpassung. Wie bei biologischen Prozessen der Ko-Evolution können sich Verdrängungskämpfe, Kooperationen unter Räubern mit der gleichen Beutestrategie (man denke zum Beispiel an regelrechte Ballungszentren von Möbelhäusern) oder auch symbiotische Beziehungen auf Zeit (bis zur nächsten schlagenden Veränderung) herausbilden.

Die Voraussetzung, um in einem solchen volatilen Umfeld zu bestehen, ist jedoch eine hohe Aufmerksamkeit auf die äußeren Verhältnisse um das Unternehmen herum. Einer Firma, die in erster Linie auf ihre eigenen Prozesse bezogen agiert, fehlt die Möglichkeit, Trends frühzeitig zu erkennen, dann schnell auf abfahrende Entwicklungszüge aufzuspringen und mit anderen Firmen Allianzen und Netzwerke auszubilden.

Viertens: Der hohe Spezialisierungsgrad der Firma wird zum Problem, wenn sich die Umwelt ständig wandelt In Anlehnung an die Evolutionsbiologie kann die Umsetzung einer Wettbewerbsstrategie auch als ein »adaptive walk« betrachtet werden. Unternehmen erreichen mit zunehmender Spezialisierung einen Gipfel der

Anpassung in Bezug auf eine vorliegende Wettbewerbssituation. Angekommen bei einem Optimum der Effektivität, können sie in der Landschaft keinen Punkt mehr erreichen, an dem sie sich noch weiter verbessern können. Möglicherweise gibt es an anderer Stelle einen Gebirgszug, der einen noch höheren Gipfel beinhaltet. Das Problem ist nur: Um dorthin zu gelangen, muss zunächst ein mühsamer Abstieg, gefolgt von einem erneut anstrengenden Aufstieg, vollzogen werden. Es stehen also für das Unternehmen temporäre Abschnitte an, in denen nur schlechte Ergebnisse erzielt werden können. Erst dann ist es wieder möglich, neue Höhen des Erfolgs zu erreichen.

In Zeiten des beschleunigten Wandels müssen wir uns vorstellen, dass sich die Landschaft mit ihren Gebirgen ständig verändert. Spezialisten, die alle Anstrengung darauf verwendet haben, einen Gipfel zu erklimmen, finden sich plötzlich auf einer unbedeutenden Hochebene oder gleich in einer Talsenke wieder. Bis sich die Firma entschlossen hat, eine Reise der Veränderung anzutreten, und sich die Karawane endlich in Bewegung setzt, sieht plötzlich die Landschaft schon wieder ganz anders aus. Wie soll sich aber ein Unternehmen schnell und radikal verändern können, das auf Stabilität und stetige scheibchenartige Verbesserung getrimmt ist?

Fünftens: Die Firma ist nicht innovativ und lernfähig, sondern gleichförmig, unflexibel und bürokratisch Gehen wir einfach einmal davon aus, dass es in der heutigen Zeit für Unternehmen darauf ankommt, innovativ und lernfähig zu sein. Woher sollen diese Eigenschaften in einer klassisch organisierten Firma entspringen? Mitarbeiter folgen einer Prozesslogik, deren Sinn darin besteht, die Organisation vor größeren Überraschungen zu schützen. Wo soll hier der Platz für Kreativität und selbstständiges Unternehmertum mit frischen Ideen sein? Spezialisierte Abteilungen werden ständig gemessen, geprüft und kontrolliert, damit Produktionsketten nahtlos und effektiv ineinandergreifen.

Die Kaste des Managements verfügt über einen ausgewachsenen bürokratischen Apparat, um die geforderten Koordinationstätigkeiten zu verrichten. Wie soll diese Bürokratie plötzlich einen schnellen Wandel umsetzen? Wie soll eine Firma angesichts eines massiven Regelwerks flexibel sein? Wenn von Lernfähigkeit die Rede ist, dann ist nicht mehr das Projekt einer stetigen Verbesserung im Sinne des Kaizen gemeint, sondern vielmehr das Vermögen gefordert, in kürzester Zeit vollkommen neue Produkte und/oder Dienstleistungen in die Welt zu setzen. Es geht darum, einen Trend zu wittern und einen entsprechenden innovativen Platz zu besetzen, bevor alle anderen Windhunde um die Ecke gestürzt kommen. Wie soll das in einem klassisch geformten Unternehmen gehen? Wie soll überhaupt ein Trend erkannt werden, wenn die Spezialisten in ihren Abteilungen in ihrer täglichen Arbeit nicht mehr darauf eingestellt sind, ihre Tätigkeit in einen

Der Trend zum vernetzten Unternehmen

größeren Zusammenhang zu stellen? Kurzum: Die Organisationsstruktur passt nicht zu den Erfordernissen der heutigen Zeit.

Sechstens: Die Firma schöpft das Potenzial ihrer Mitarbeiter nicht aus Wenn Mitarbeiter aus einem festen Korsett von Regeln und Prozessen kaum noch ausbrechen können, dann haben sie auch nicht mehr die Möglichkeit, ihr Wissen und ihre Kreativität in die Arbeit einzubringen. Nur noch ein ausführendes Organ von festgeschriebenen kleinteiligen Abläufen zu sein führt auf Dauer zu Abstumpfung und Entfremdung. Wer kann es den Mitarbeitern verdenken, wenn sie nach vielen Jahren gleichförmiger Arbeit nicht mehr bis in die Haarspitzen motiviert ihre stereotypen To-do-Listen abarbeiten? Neue Probleme können in regelgeleiteten Unternehmen ohnehin nicht in alltäglichen Routinen gelöst werden, denn ein voreingestelltes festes System kann nur Antworten auf bekannte Probleme bereitstellen.

Arbeitsteilung führt zu Effektivität in der Produktion, aber je spezifischer sich die einzelnen Schritte vollziehen, desto mehr sind die Mitarbeiter in den abgegrenzten Abteilungen vom gesamten Bild der Unternehmung abgeschnitten. Nur die Steuerzentrale mit dem großen Boss und seiner Führungscrew hat das große Ganze im Blick. Hier wird die Maschine gelenkt. Einige wenige entscheiden über Vision, Mission und Strategie. Das hat etwas Irritierendes, wenn man bedenkt, dass Schwarmintelligenz auch den größten Genies dieser Welt locker einheizen kann. Über fachliche Fragen, Themen der Kunden, Probleme im Kontakt mit der Umwelt des Systems wie Zulieferer et cetera weiß das Fundament der Pyramide ohnehin am besten Bescheid. Dieses Wissen gelangt jedoch selten in die Kommandozentrale. Klassische Firmen finden keinen Weg, den Schatz des in ihnen versammelten Wissens zu heben.

Siebtens: In der Firma ziehen nicht alle Mitarbeiter am selben Strang Die Organisation einer Firma in Abteilungen bringt in der Regel typische Konflikte zwischen den spezialisierten Arbeitsgruppen mit sich. Es bildet sich oftmals eine abteilungsspezifische Perspektive heraus, die der Sichtweise der Nachbarabteilungen entgegensteht (zum Beispiel Streben nach größtmöglicher Freiheit in der Entwicklungsabteilung versus maximale Kontrolle in der sich anschließenden Fertigung). Bei wenig Austausch und Gesprächsmöglichkeiten zwischen den Abteilungen verfestigt sich die jeweilige Weltsicht, und der Horizont, in dem sich die jeweils fremde Abteilung bewegt, ist kaum noch zugänglich und wird nicht mehr verstanden.

Konflikte und Grabenkämpfe lähmen Organisationen und lassen viele Mitarbeiter tagtäglich entnervt zurück. In einem hierarchisch organisierten Unternehmen misst sich der Erfolg eines ambitionierten Mitarbeiters vor allem daran, wie hoch er die Karriereleiter erklimmen kann. Um sich stets in einem optimal beförderungswürdigen Licht zu präsentieren und die interne Konkurrenz in Schach zu halten, kann es schon mal ratsam sein, die Fehlerkultur des eigenen Verantwortungsbereichs nicht allzu transparent zu halten. Diese Tendenz verstärkt sich, je höher wir in der Pyramide nach oben schreiten. In den Regionen von Bereichsleitungen werden vielerorts nur noch Erfolgsmeldungen in Richtung Pyramidenspitze gefunkt. Dass hier ein Spiel gespielt wird, das mit der Wirklichkeit der Organisation kaum noch etwas zu tun hat, ist allen Beteiligten klar und wird in meditativen Momenten der Reflexion, mit entsprechendem Abstand vom Alltagsgeschehen, von fast allen Mitspielern bedauert. Wer jedoch das Spiel nicht mehr mitspielt, verspielt zugleich seine weiteren Aufstiegsmöglichkeiten. Wer will außerdem schon, dass sein Team im Vergleich zu Teams aus anderen Bereichen schlecht aussieht (die anderen reden sich ja auch die Realität schön)?

Für die gesamte Organisation sind die beschriebenen Rituale nicht gerade nützlich. Das Unternehmen verbaut sich insbesondere die Chance, in der effektivsten Art und Weise zu lernen – nämlich aus Fehlern, die ohne die entsprechende Bekanntgabe und Aufarbeitung jederzeit an irgendeiner Stelle der Organisation wieder auftreten können.

Zeit für ein neues Paradigma

Sollten die Thesen zutreffen, dann wird es Zeit für einen Paradigmenwechsel. Die Rede von Paradigmen hat ihre Quelle in der Wissenschaftsphilosophie Thomas Kuhns. Kuhn beschreibt wissenschaftliche Revolutionen, in denen ein Paradigma wie beispielsweise das geozentrische Weltbild oder die newtonsche Physik durch das heliozentrische Weltbild beziehungsweise Einsteins Relativitätstheorie abgelöst wurden (Kuhn 1996). Der Wissenszuwachs ist in revolutionären Phasen der Wissenschaft nicht kumulativ, da viele wichtige Aspekte der alten Theorie nicht mehr weitertransportiert werden. Ein Paradigma reicht tief – bis auf die Ebene der Wahrnehmung. Weil dies so ist, können Paradigmen auch nicht einfach miteinander verglichen werden. Anhänger verschiedener Paradigmen leben streng genommen in verschiedenen Welten.

Das jeweils neue Paradigma hat erst eine Chance, sich durchzusetzen, wenn das alte Paradigma in eine schwere Krise geraten ist. Es gewinnt neue Anhänger durch die Aussicht auf Erfolg und nicht durch rationale Überzeugung. Die Verschiedenheit der Weltsichten lässt Kuhn zufolge keine gemeinsame Basis für einen rationalen Diskurs zu. Das neue Paradigma setzt sich nicht zuletzt deshalb durch, weil im Laufe der Zeit die Vertreter der alten Weltsicht buchstäblich aussterben. Die Geschichte des Übergangs wird immer aus der Sicht der Sieger geschrieben und aus der Perspektive des neuen Paradigmas als ein Wissenszuwachs und Fortschritt begriffen.

Der Trend zum vernetzten Unternehmen

Wenn es jetzt darum geht, ein neues Paradigma zu beschreiben, dann ist auch klar, dass die bisherige Beschreibung bereits aus der neuen Weltsicht heraus erfolgt und selbstverständlich hochgradig tendenziös ist. Darüber hinaus gehen wir im Rahmen des neuen Weltbilds nicht davon aus, auf das Ableben der Vertreter des alten Paradigmas warten zu müssen. Sollte die Analyse stimmen, dann ist der Veränderungsdruck gegenwärtiger Unternehmen so groß, dass alte Organisationen damit rechnen müssen, ohne grundlegende strukturelle Änderungen alsbald auszusterben. Der Überlebenskampf scheint in der Ökonomie sehr viel dramatischer zu sein als in der Wissenschaft.

Erinnert sei an dieser Stelle auch noch einmal an die leitenden Zwecke für die Einführung eines neuen Weltbilds. Es geht darum, eine Antwort auf die Herausforderung eines beschleunigten technischen Wandels und die damit einhergehenden Anforderungen an Kreativität, Innovationskraft und Flexibilität zu finden. Für ein dauerhaftes und sich nicht wandelndes Umfeld sind klassische pyramidal organisierte Firmen nach wie vor das effektivste Mittel. Allerdings liegt der Verdacht nahe, dass die Anzahl solcher Oasen der Stetigkeit immer weiter abnimmt.

Das vernetzte Unternehmen

Im Grunde leiten sich die strukturellen Eckpunkte des neuen Paradigmas direkt aus den Merkmalen klassischer Firmen ab. Die neue Weltsicht ist gewissermaßen der direkte Gegenentwurf hierzu. Hatten wir bei klassisch organisierten Firmen das leitende Bild einer Pyramide vor Augen, so orientieren wir uns jetzt im Fall vernetzter Firmen am Bild eines lebenden Organismus. Der Organismus besteht aus eigenständig operierenden Zellen, die alle in der gleichen Art und Weise aufgebaut sind und untereinander Verbindungen eingehen. Die Zellen bilden eine Ganzheit, die wiederum Teil einer übergeordneten Ganzheit (eines Organs), die wiederum Teil einer übergeordneten Ganzheit (des gesamten lebenden Organismus) ist.

Die Zellen befinden sich in einer Nährlösung, die alle grundlegenden Ressourcen bereitstellt, um wachsen und gedeihen zu können. Im Bild des Organismus entsprechen die Zellen den Elementen, die in der folgenden Beschreibung vernetzter Firmen als »Pods« angesprochen werden. Die Nährlösung entspricht einer »Plattform«. Der entscheidende strukturelle Unterschied zu einem pyramidalen Aufbau besteht zum einen darin, dass alle Zellen grundlegend gleichartig aufgebaut sind, und zum anderen in der charakteristischen Beziehung des Ganzen als Teil eines übergeordneten Ganzen.

Drei Merkmale einer vernetzten Firma

Holarchie und fraktale Struktur Nach Auskunft von Autoren wie Dave Gray ist die Firma der Zukunft nicht hierarchisch, sondern holarchisch aufgebaut. Holarchien sind komplexe Systeme, in denen jedes Element auch als Einzelteil voll funktionsfähig ist. Das neue Zauberwort heißt »podular«, denn die Zukunft, der große Trend, verläuft in Richtung einer podularen Struktur. Trendsetter und gedankliches Vorbild sind das Internet und die sozialen Medien. Konkret ist mit einem podularen Aufbau gemeint, dass innovative Firmen intern über lauter Minifirmen verfügen, die als »Pods« bezeichnet werden.

Pods operieren selbstständig und können mit ihrer Umgebung Serviceverträge eingehen. In solchen Verträgen wird beschrieben, was der Pod als Dienstleister tun wird. Wie er es tut, ist dem Pod überlassen, und auch die Komplexität des Vorgangs muss gegenüber dem Kunden nicht offengelegt werden. Services können darüber hinaus frei miteinander kombiniert werden. Pods gehen in solchen Fällen Verbindungen mit anderen Pods ein.

Ein weiteres wichtiges Merkmal von Pods besteht darin, dass sie keine Ansammlungen von Spezialisten sind. Im Gegenteil: Um ihre Firmenentscheidungen mit Weitblick zu treffen, bietet sich für einen Pod eine gesunde Mischung von unterschiedlichen und idealerweise komplementären Kompetenzen innerhalb des Teams an. Eine podulare Struktur bildet, auf der Ebene des gesamten Systems betrachtet, somit Redundanzen aus und ist sicherlich nicht so effektiv wie Systeme, die mit einer konsequenten Arbeitsteilung agieren. Dafür sind Pods flexibler, schneller und lernfähiger. Sie benötigen für ihre Arbeit keine (teilweise bürokratische) Managerebene. Sich koordinieren, organisieren und gemeinsam lernen können die Pods trotzdem. Verantwortlich ist hierfür eine Plattform, die als unterstützende Struktur allen Pods zur Verfügung steht. Sie versorgt die Pods mit Infrastruktur und bei Bedarf mit gemeinsamen Gütern (zum Beispiel gesammelten Erfahrungen, wichtigen Vergleichszahlen, gemeinsamen Dokumenten). Sie gibt mithilfe von Richtlinien kulturelle Standards vor, welche für eine friedliche Koexistenz zwischen den Pods sorgen und gegebenenfalls die Zusammenarbeit von Teams erleichtern. Die Plattform kümmert sich darum, dass die Pods ihre Arbeit bestmöglich verrichten können.

Autonomie Alle Pods verfolgen ihre eigenen servicegeleiteten Ziele. Nach außen gerichtet gibt es klare Erwartungen ihrer Kunden (Kunden können auch andere Pods innerhalb eines Unternehmens sein), was sie zu erfüllen haben. Wie sie sich aber intern organisieren, um die Erwartungen zu erfüllen, liegt ganz und gar in ihren Händen. Die Minifirmen beziehungsweise kleinen Teams arbeiten also autonom und müssen in ihren Entscheidungen nicht auf andere Geschäftsfelder Rücksicht

Der Trend zum vernetzten Unternehmen

nehmen. Wichtig ist nur, dass sie die impliziten und expliziten Vereinbarungen an der Grenze zu ihren Kunden einhalten. Gehen Pods Kombinationen mit anderen Pods ein, so bestehen die Verknüpfungen somit in einer losen Kopplung. Das bedeutet: Veränderungen in einem Pod haben keine Wirkung auf gekoppelte Pods, solange die (überschaubaren) Regeln der Zusammenarbeit eingehalten werden. Ähnlich wie bei der Verknüpfungen von Internetseiten, die bis auf einen Link auf die Adresse der jeweils anderen Seite nichts gemeinsam haben müssen, können auch in ihren Services verbundene Pods vollkommen unabhängig voneinander sein.

Pods erhalten keine Strategievorgaben aus einem hierarchischen Überbau. Sie sind wie Entrepreneure unterwegs und können im direkten Kundenaustausch ihre eigenen Ziele sowie ihre eigene Strategie und Entwicklung vorantreiben. Sie bekommen durch ihre Plattform ein eigenes Budget zur Verfügung gestellt, das sie autark verwalten.

Flexibilität und Lernfähigkeit Pods bilden die Grundlage aller Lernprozesse innerhalb der Organisation und können dynamisch auf Kundenwünsche reagieren. Ihre Schnelligkeit verdanken sie vor allem dem Umstand, dass sie keine weiteren Instanzen konsultieren müssen, bevor sie Entscheidungen treffen. Sie müssen sich keine Sorgen um mögliche schlechte Auswirkungen auf ihre Nachbarn machen und keinen bürokratischen Überbau um Erlaubnis für einen bestimmten Prozess bitten. Pods sind somit frei für Innovationen, können mutig sein und haben die Möglichkeit, zu experimentieren und zu scheitern, ohne das Leben des Gesamtsystems zu bedrohen. Wenn es nötig ist, können Pods Ableger bilden, schnell wachsen oder auch wieder schnell schrumpfen. Während sich innerhalb eines Pods in der direkten Interaktion mit Kunden ein spezifisches »Kurzzeitgedächtnis« herausbildet, können Wissen und Erfahrungen, die für alle Pods interessant und wichtig sein können, über die Plattform Eingang in das gesamte Netzwerk finden. Auf diese Weise kann sich auf organisationaler Ebene ein »Mittel- und Langzeitgedächtnis« ausbilden, welches das System insgesamt stärkt.

Hatten wir zuvor bei den pyramidalen Firmen die Metapher einer Maschine bemüht, so liegt auch bei der Vorstellung einer vernetzten Firma eine passende Metaphorik auf der Hand: die Firma als Stadt (die Plattform), in der sich ihre Einwohner (die Pods) kreativ und frei entfalten können. Eine Stadt stellt ihren Bürgern eine Infrastruktur zur Verfügung und gibt lediglich grundlegende Regeln des Zusammenlebens vor, ohne die Freiheit des Einzelnen einzuschränken. Die Bürger werden nicht kontrolliert und erhalten keine Vorgaben, was sie zu tun haben. Sie können eigenständig entscheiden, was für Projekte sie angehen wollen. Die Bürger sorgen für die Kreativität und Buntheit der Stadt. Zugleich gibt es eine kulturelle

Identität aller Einwohner, die sich dem schlichten Umstand verdankt, Bürger dieser Stadt zu sein. Auch die Idee gemeinsamer Güter findet ihre Entsprechung in der Stadtmetapher: Die Bürger können in eine öffentliche Bibliothek gehen und durch den Gebrauch von Sachbüchern beispielsweise ihr theoretisches Wissen auftanken oder sich durch einen Besuch im Konzerthaus inspirieren lassen.

Die Beschreibung der vernetzten Firma spielt sich bislang auf einer recht abstrakten Ebene ab und fühlt sich noch ein wenig blutleer an. Im Folgenden sollen ein paar konkrete Beispiele vorgestellt werden, die zeigen, wie der Gedanke eines vernetzten Unternehmens konkret mit Leben erfüllt werden kann. Jede der beschriebenen Firmen setzt andere Schwerpunkte und zeigt verschiedene Ausprägungen des Netzwerkgedankens (die Aufzählung im Stakkato-Stil hat keinen Anspruch auf Vollständigkeit und verzichtet auf inhaltliche Wiederholungen, auch wenn sie bei mehreren Unternehmen angeführt werden könnten):

Ein paar vernetzte Beispiele

Die Urmutter der ungewöhnlichen Firmen: Semco

Der Urvater/die Urmutter unter den ungewöhnlichen Firmen, von dessen Firmenchef Ricardo Semler in mehreren Büchern ausführlich beschrieben, ist das brasilianische Unternehmen Semco. Das Unternehmen ist radikal demokratisch, radikal unbürokratisch und konsequent »Pod-getrieben«. So gibt es keine Unternehmensstrategie und keinen Geschäftsplan, sondern die Mitarbeiter legen in kleinen Teams, den Pods, ihre eigenen Arbeitsziele fest. Sie können sogar frei bestimmen, was für Dienstleistungen oder Produkte das Ergebnis ihrer Arbeit sein sollen.

Das Grundprinzip von Semco lautet: Mitarbeiter sind erwachsene Menschen und von sich aus motiviert und an ihren Projekten interessiert. Auf Druck und Kontrolle »von oben« wird radikal verzichtet. Semco verfügt weder über eine interne Revision noch über Reiserichtlinien. Die Belegschaft entscheidet selbst über Arbeitsort und Arbeitszeit und legt das eigene Einkommen selbst fest. Die Verdienste sind transparent, und sämtliche Meetings stehen allen Interessierten offen. Führungskräfte werden von der Belegschaft mit ausgesucht und regelmäßig bewertet. In der Produktion stellen Fabrikarbeiter die Produkte in Gruppenarbeit her und übernehmen auch für den Einkauf die Verantwortung. Die Mobilität und Durchmischung der Belegschaft werden durch Initiativen für Stellenrotation angekurbelt. Die Bevorzugung von Großraumbüros tut ihr Übriges dazu, dass sich kein starres Abteilungsdenken festsetzen kann. Durch Gewinnausschüttungen (ein Viertel des Gesamtgewinns) werden die Mitarbeiter am Erfolg des Unternehmens beteiligt. Auf jegliche Formen von Standesdünkel, angefangen bei reservierten Parkplätzen über luxuriöse Einzelbüros bis hin zu Sekretariaten wird konsequent verzichtet.

Der Super-Supermarkt: Whole Foods Market

Die charakteristische Struktur von autonomen Pods und unterstützender Plattform tritt ebenfalls deutlich bei der Firma Whole Foods Market auf. Die Supermarktkette verbindet in ihrer podartigen Struktur Demokratisierung und Disziplin, sodass ebenfalls keine hierarchischen Kontrollinstanzen benötigt werden. Die Belegschaft hat Mitspracherecht bei der Auswahl neuer Teammitglieder und entscheidet selbst über die eigenen Lagerbestände.

Die Teams (Pods) treten untereinander in einen Wettbewerb und haben Zugang zu einer Auflistung aller wichtigen Firmendaten, die auch die Einkäufe und Lagerbestände aller anderen regionalen Gruppen beinhalten. Über dieses Portal (Plattform) erhalten die Teams in transparenter Art und Weise alle Informationen, die sie für ihre selbstverantwortlichen Entscheidungen benötigen. Die Pods arbeiten mit Unternehmergeist und erhalten in Bezug auf ihr Abschneiden im Vergleich zu Teams aus anderen Filialen Bonuszahlungen.

Whole Foods Market benötigt keine zentralen Businesspläne, sondern vertraut auf die Schwarmintelligenz seiner Pods. Die regionalen Teams vor Ort kennen die Bedürfnisse ihrer Kunden am besten. Weitere Kennzeichen der Firma sind Begrenzungen der Gehaltsunterschiede zwischen Unternehmensführung und einfachen Angestellten sowie eine starke Identifikation der Belegschaft mit der Firmenmission, zu mehr Gesundheit und Wohlbefinden in der Bevölkerung durch gute Ernährung beizutragen.

Ideenschmieden schmieden: W. L. Gore & Associates

Das Unternehmen W. L. Gore & Associates ist nicht nur für umfängliche Beteiligungsprogramme in Form von Aktienpaketen für alle Mitarbeiter bekannt geworden, sondern verfügt auch über eine institutionalisierte Experimentierkultur für Innovationen. Die großen strategischen Lenker, die im Rahmen einer pyramidalen Struktur die gesamte Maschine steuern, sucht man vergeblich, wenn es um das Thema Neuerungen und Innovationskraft geht. Interdisziplinäre Teams/Pods mit starkem Kundenkontakt besetzen bei W. L. Gore mit ihrer Experimentierfreude das kreative Feld.

Um wiederholt als erfolgreiche Ideenschmiede mit aussichtsreichen Ausgründungen auftreten zu können, reservieren alle Mitarbeiter pro Woche einen halben Tag für Liebhaberprojekte und Experimente. Offenkundig wird diese Regelung von der Belegschaft gut angenommen (und der halbe Tag nicht einfach durch das Abtragen eines E-Mail-Bergs verplempert, wie es oft bei anderen Unternehmen vorkommt, die ähnliche Kreativregelungen blind übernehmen, ohne entscheidende Defizite an anderer Stelle – wie beispielsweise die E-Mail-Flut oder eine überbordende Meetingkultur – zu beheben).

Das Unternehmen verhält sich in Bezug auf Erweiterungen der Produktpalette und der Dienstleistungen immer wieder wie ein erfolgreiches Start-up.

Zocken an der Ideenbörse: Rite Solutions

Der vielleicht innovativste Umgang mit Innovationen findet sich bei Rite Solutions. Das Unternehmen hat einen internen Aktienmarkt der Innovationen eingeführt, auf dem sich die Belegschaft mit Fantasiegeld engagieren kann. Neuemissionen werden in Börsenbriefen angekündigt. Wöchentlich werden die Aktien bewertet, und die 20 wertvollsten Ideen bekommen ein Budget mit echtem Geld zugesprochen. Bei der erfolgreichen Verwirklichung eines Projekts winken dem Team/Pod Gewinnbeteiligungen.

Mit dem Rolltisch auf Reisen: Valve

Die Game-Entwickler der Firma Valve sind insbesondere dadurch bekannt geworden, dass ihr Handbuch für neue Mitarbeiter für alle Interessierten öffentlich gut lesbar ins Internet gelangt ist. Unter dem frischen Titel »Willkommen im Flachland« werden die Neuankömmlinge nicht nur daran erinnert, dass sie nun in einer hierarchiefreien Zone gelandet und für ihre Arbeit selbst verantwortlich sind. Ein kleines Detail mit großer Wirkungskraft besteht darin, dass alle Schreibtische mit Rollen ausgestattet sind. Die neuen Mitarbeiter werden dadurch täglich daran erinnert, dass sie ganz allein entscheiden, an welche Projektgruppe, welches Pod sie sich mit ihrem Schreibtisch andocken. Pods werden so zu einem atmenden System, das täglich größer oder kleiner werden, Ableger ausbilden oder sich neuen Projekten anschließen kann und ganz und gar vom Enthusiasmus der Individuen geprägt wird.

Das deutsche Semco: Allsave Jungfalk

Das mittelständische Unternehmen Allsave Jungfalk des Firmenchefs Detlef Lohmann, auch »das deutsche Semco« genannt, zeichnet sich nicht nur durch die Abwesenheit groß angelegter Strategieentwürfe, einer ausgeprägten Meetingkultur (zehnminütige Informationstreffen reichen aus, alles Weitere soll zwischen den Beteiligten direkt und vor Ort besprochen werden) und aufwendiger Quartalsberichte aus (nur die Plattform der wichtigsten tagesaktuell für alle Mitarbeiter ausgehängten Kennzahlen spielt für den Betrieb eine Rolle).
Die Zeit- und Kostenersparnis durch den Verzicht auf einen aufgeblähten Kosten- und Kontrollapparat sowie das Vermeiden von PowerPoint-Strategiepapieren sind enorm.
Von großem Wert ist die transparente Fehlerkultur, in der – nur leicht überspitzt ausgedrückt – jeder Fehler begeistert bejubelt und abgefeiert wird. Fehler ermöglichen einen großen Lerneffekt nicht nur für die Person, welcher der Fehler unterlaufen ist, sondern für die gesamte Belegschaft. Mitarbeiter, denen grobe Schnitzer passieren, müssen sich aus diesem Grund nicht vor unangenehmen Konsequenzen fürchten. Der Fehler wird – wenn möglich – auf Lernkarten notiert und die Karte an der Stelle im Betrieb angebracht, wo das Malheur passiert ist. Alle Mitarbeiter sollen in Zukunft davor gefeit sein, das gleiche Unglück loszutreten.

Der Trend zum vernetzten Unternehmen

Heilige Kühe schlachten in Hamburg: Elbdudler

Die Digitalagentur Elbdudler wandelt ebenfalls auf den Spuren von Semco und Co. und treibt das Projekt einer Demokratisierung der Arbeitswelt ziemlich weit, indem sie die Belegschaft die eigenen Gehälter bestimmen lässt. Anhand der vier Leitfragen
- Was brauche ich?
- Wie viel verdiene ich am freien Markt?
- Was bekommen meine Kollegen?
- Was kann sich das Unternehmen leisten?

wurden alle Beschäftigten im Unternehmen aufgefordert, den eigenen Verdienst zu reflektieren und ein Wunschgehalt zu notieren. Anschließend wurden die Forderungen mit den Kollegen in aller Offenheit besprochen.

Das Ergebnis des Prozesses war, nachdem niemand in der Firma weniger Geld beziehen wollte und einige Mitarbeiter mehr Geld forderten, eine moderate Erhöhung der Personalkosten um sieben Prozent, die an die Geschäftsentwicklung gekoppelt wurde. Mindestens zwei Vorteile wurden somit (buchstäblich) erkauft: Zum einen wurde versteckten Gerechtigkeitsdebatten nach dem Motto »Wer verdient, was er/sie verdient?« wirksam der Nährboden entzogen. Zum anderen kann nun auf aufwendige Instrumente der Personalführung zur Beurteilung und Steuerung der Mitarbeiter verzichtet werden.

Vernetzung und Kulturwandel

Die Beispiele aus real existierenden Unternehmen demonstrieren, wie gewaltig der Kulturwandel mit der Umstellung auf podartige Strukturen ausfällt. Der Kulturwandel weist viele Aspekte auf und führt zu Konsequenzen, die das traditionelle Bild von Arbeit und Karriere radikal verändern. Einige tief greifende Veränderungen wie das Schaffen einer neuen Fehlerkultur, die Einführung einer Experimentier- und Innovationskultur in der Nähe der Kultur von Start-ups, das Zutrauen in die Selbstverantwortlichkeit der Pods, die Minimierung von Bürokratie und strategischem Überbau sowie der Übergang von Spezialisierung zu interdisziplinären Teams sind in den kurzen Firmenbeispielen bereits beschrieben worden. Der Kulturwandel umfasst jedoch weitere Ebenen, und es lohnt sich, einige der genannten Punkte noch genauer zu beschreiben, um die Dimension der Veränderung und die damit verbundenen Konsequenzen deutlich vor Augen zu führen.

Wandel des Führungsverständnisses

In Pod-getriebenen Unternehmen gibt es einen Wandel des Führungsverständnisses. In Bezug auf diesen Wandel ist das Beispiel Lohmanns, des Allsave-Jungfalk-Firmenchefs, besonders aufschlussreich. Lohmann beschreibt, wie er in seinem Betrieb im Zuge des Umstiegs auf eigenverantwortliche interdisziplinäre Teams/Pods sich angewöhnt hatte, mantraartig auf die klassische Frage: »Chef, was soll ich tun?«, zu antworten: »Was meinen Sie denn selbst?« Das Beispiel verdeutlicht, dass es in einem vernetzten Unternehmen nicht die Aufgabe einer Führungskraft ist, der große (Dauer-)Entscheider zu sein. Der alte Geniekult der großen Firmenlenker hat sich überholt. Die Belegschaft weiß besser über Kundenwünsche Bescheid und ist in viel höherem Maße mit den Vorgängen vertraut, sodass sie auch die klügeren Entscheidungen treffen kann. Es ist also nicht nur eine Frage des Zutrauens und der Wertschätzung, den Mitarbeitern große Entscheidungsspielräume zuzusprechen. Führungskräfte müssen es dann aber auch konsequenterweise in Zukunft aushalten, wenn Entscheidungen anders getroffen werden, als sie es vielleicht getan hätten.

Was tun Führungskräfte überhaupt noch, wenn fast alles selbstverantwortlich ohne ihr Zutun entschieden wird? Sie müssen erstens Menschenversteher und Motivatoren sein, die Mitarbeiter an ihren Wünschen, Interessen und Bedürfnissen abholen und auch die richtige Zusammensetzung der Persönlichkeiten für eine erfolgreiche Teamarbeit im Blick behalten. Sie sind zweitens Prozessgestalter und Architekten für Rahmenbedingungen, unter denen die Mitarbeiter optimal und mit großem Engagement ihre Arbeit verrichten können – im Idealfall abwechslungsreiche Tätigkeiten, die der Belegschaft Freude bereiten, ihre Interessen berücksichtigen und mit einem wohligen Gefühl des erfolgreichen Bewältigenkönnens verbunden sind.

Sie arbeiten somit vor allem an der Gestaltung der Plattform, die das Rückgrat für die Tätigkeiten der Pods darstellt. Schließlich sind Führungskräfte drittens Krisenmanager, die einschreiten müssen, wenn die selbstverantwortlich laufenden Prozesse in eine Schieflage geraten. Zu diesem Aspekt des Aufgabenfelds gehört auch, dass sie Risikomanagement und Zukunftsforschung betreiben. Ein großer Vorteil, nicht mehr voll im operativen Geschäft stecken zu müssen, liegt darin, dass damit die Ressourcen zur Verfügung stehen, eine Vogelperspektive einzunehmen, auf Trends zu achten und die Richtung der täglichen Arbeitsprozesse mit der passenden Distanz kritisch beleuchten zu können. Das Unternehmen kann sich so besser auf einen plötzlichen Wandel des Umfelds einstellen und ist für die Zukunft gerüstet.

Von einer Kultur der Kontrolle zur Vertrauenskultur Ein weiterer Aspekt des Wandels, den vernetzte Unternehmen aufweisen, besteht im Übergang von einer Kultur der Kontrolle zu einer Vertrauenskultur. Dieser Übergang trat in den angeführten Firmenbeispielen bereits deutlich zutage, und es liegt der Gedanke nahe, dass bei so viel Vertrauen Missbrauch doch nicht weit sein könne. Wenn kontrollierende Instanzen immer weiter abgeschafft werden, dann ist es in Zukunft sicherlich schwierig, Missbrauch aufzudecken (das Beispiel von Whole Foods zeigt allerdings auch, wie wechselseitige Kontrolle und Feedbackschleifen auf die Ebene der Teams verlagert werden – wir halten an dieser Stelle offen, ob dies eine gute oder schlechte Entwicklung ist …). So weit die nachvollziehbaren Sorgen aller Kontrollfreaks. Doch sie seien daran erinnert, dass es auch in Unternehmen mit strengsten Kontrollmechanismen Tätigkeiten beziehungsweise Untätigkeiten gibt, die nichts zum Wohl der Firma beitragen. Hinter Vorzimmern in schwer einsehbaren Büros fällt es besonders leicht, bei ungeheurer zeitlicher Präsenz von früh bis spät, rein gar nichts Produktives an Output zustande zu bekommen.

Während wir also in Fragen eines möglichen Missbrauchs eine Pattsituation vorliegen haben, gewinnen podartige Organisationen im Unterschied zu pyramidalen Organisationen ein hohes Maß an Schnelligkeit und Flexibilität hinzu, weil der alte Flaschenhals der Entscheidungen und Kontrolle nicht mehr vorhanden ist. Vernetzte Firmen mögen in hohem Maße von der Identifikation, Integrität und Motivation ihrer Mitarbeiter abhängig sein, doch gibt es in Zeiten eines schnellen Wandels keine Alternative zum von ihnen eingeschlagenen Weg.

Eine andere Form der Karriere Die markanteste Konsequenz aus der Umstellung auf vernetzte Strukturen liegt in der Veränderung von Karrierewegen und der grundlegenden Abkehr vom Statusdenken. Wer früher bei einem Konzern anfing, war oft auch von einem Sicherheitsbedürfnis getrieben. Mit dem Eintritt in den Konzern wurde eine Verbindung eingegangen, die ein ganzes Berufsleben andauern konnte. Die Eltern waren erleichtert, und es konnten Häuser gebaut und Familien gegründet werden. Der soziale Aufstieg war dann mit dem Erklimmen immer höherer Hierarchiestufen und der Erlangung von Statuspunkten in Form von Firmenwagen, Anzahl der Assistenten und natürlich dem Anwachsen des Verdienstes verknüpft. Angestellte mit Ambitionen wollten mit Eintritt in die Pyramide möglichst hoch hinaus kommen.

Bei vernetzten Firmen gibt es in der Regel keinen klassischen Karriereweg mehr. Statusverbesserungen und Privilegien spielen kaum noch eine Rolle. Pods arbeiten in Gruppenräumen, in engen, wohngemeinschaftsartigen Verhältnissen, um intensiv zu kommunizieren und die Kreativität sprudeln zu lassen. Sie suchen die Nähe zu anderen Teams, damit auch teamübergreifend Informationen schnell fließen. Opulente Büroräume mit Vorzimmer ergeben vor diesem Hintergrund keinen Sinn. Die Gehälter befinden sich im »Flachland« auf einem ähnlichen Niveau. Das, was Generationen ehrgeiziger Arbeitnehmer in hierarchischen Gebilden angetrieben hat, nämlich in Zukunft besser dazustehen als die Kollegen, fällt in vernetzten Unternehmen als Antriebsfeder weg. Der große Immanuel Kant hatte das Phänomen, dass Menschen nicht ohne andere Menschen existieren können, zugleich aber aus der menschlichen Gemeinschaft hervorstechen wollen, treffend als »ungesellige Geselligkeit« bezeichnet. Vernetzte Firmen setzen allein auf Geselligkeit und versuchen, die ungeselligen Anteile auszutreiben. Sie locken Arbeitnehmer mit der Aussicht auf spannende Tätigkeiten, motivierende Teamarbeit in einer Gemeinschaft und einen ordentlichen (aber mehr oder minder gleich bleibenden) Verdienst. Wem es aber darauf ankommt, »nach oben« zu gelangen, der sollte nicht in einem vernetzten Unternehmen anheuern. Dass Statusfragen nicht mehr von Bedeutung sind, lässt sich auch daran ablesen, dass viele Pod-getriebene Firmen ihren Mitarbeitern freistellen, was jeweils auf deren Visitenkarten geschrieben steht. Jeder Mitarbeiter kann so auf die Karten drucken lassen, was ihm im täglichen Kundenkontakt am besten nützt.

Wie können sich Mitarbeiter in vernetzten Unternehmen »verändern« (früher synonym für den Wunsch nach einer Beförderung oder dem Abgang aus dem Unternehmen)? Zunächst einmal erfahren sie in ihrem Arbeitsalltag grundlegend mehr Abwechslung als in spezialisierten Unternehmen. Darüber hinaus gibt es in den meisten vernetzten Firmen die Möglichkeit, selbstbestimmt Pods/Teams zu wechseln (ein Extremfall sind sicherlich die Schreibtische mit Rollen bei Valve) oder unterschiedliche Aufgabenfelder im Zuge von Jobrotationen zu übernehmen. Wer noch mehr Veränderung wünscht, der muss sich ein anderes Unternehmen suchen, wenn die Zeit gekommen ist. Und wer noch mehr Verantwortung übernehmen möchte, muss eine eigene Firma gründen.

Was haben Kulturschaffende für vernetzte Kulturen zu schaffen?

Wir können also konstatieren, dass vernetzte Firmen über eine vollkommen andere Kultur verfügen als klassische hierarchisch organisierte Unternehmen. Sie haben eine andere Führungs-, Fehler- und Karrierekultur, verfügen über eine spezifische Vertrauens- und Innovationskultur und sind auch aufgrund des Verzichts auf Bürokratie und Spezialisierung/Arbeitsteilung darauf ausgerichtet, schnell, flexibel und kundenorientiert aufzutreten.

Was bedeutet dieser Wandel für interne und externe Change-Manager und Berater? Die Antwort auf diese Frage kann in zweierlei Hinsicht gegeben werden. Die erste besteht darin, dass auch klassisch hierarchisch organisierte Firmen und Konzerne in Zeiten des Wandels schnell, flexibel und innovativ, also ein klein we-

Der Trend zum vernetzten Unternehmen

nig so wie die Firmen im Silicon Valley sein möchten. Dieser Wunsch bedeutet zugleich, dass die Firmen bereit sind – zumindest in Teilen – auf die Stärken des pyramidalen Systems, nämlich Effektivität und Qualitätskontrolle, zu verzichten. Etwas Vernetzung darf also sein, und die Frage lautet dann, wie diese Eigenschaft für Firmen erreichbar ist. Die zweite Hinsicht zielt auf vernetzte Firmen und geht der Überlegung nach, wie sich das Tätigkeitsfeld von Unternehmenskulturschaffenden in Pod-getriebenen Firmen möglicherweise verändern wird.

Wie wird eine Firma vernetzt oder »podular«?

Die einfachste Art einer podularen Entwicklung ist die eines intelligent und organisch wachsenden Start-ups. Ein kleines, aber wachsendes Unternehmen erfüllt die besten Voraussetzungen, um sich konsequent um die Bedürfnisse der Kunden herum aufzustellen und den Servicegedanken ohne Abstriche zu leben. Entscheidend wird es für das Start-up sein, durch das Bilden von Ablegern beziehungsweise organische Reproduktion auf podulare Art zu wachsen und den Fehler zu vermeiden, Spezialisierungen und Abteilungen auszubilden und den Kundenkontakt mit entsprechenden permanenten Feedbackschleifen zu verlieren.

Da nicht alle Firmen Start-ups sind, muss es auch Möglichkeiten für pyramidal organisierte Firmen geben, sich in eine vernetzte Richtung zu entwickeln. In einem bestehenden Konzern wird eine konsequente Umsetzung des Vorhabens nicht einfach zu erreichen sein. Möchte die Führungsetage die Veränderung top–down durchsetzen, so ist dies gleichbedeutend mit einer Kriegserklärung an die bislang vorherrschende Kultur. Es ist zugleich ein Angriff auf die Machtverhältnisse und Privilegien traditionell operierender Führungskräfte, und es bleibt sehr fraglich, ob das Management bereit ist – zugespitzt formuliert –, sich selbst abzuschaffen. Zwei Wege bleiben dann noch offen:

Pilot-Pods Der erste Weg besteht darin, Pilot-Pods ins Leben zu rufen, die in einem abgesteckten Rahmen selbstbestimmt und mit genügend Distanz zum Mutterschiff und dessen Prozessritualen in direkter Nähe zum Kunden arbeiten. Mit einem hohen Maß an Freiheit ausgestattet, können Pods fröhlich vor sich hin experimentieren. Sollten die Experimente erfolgreich sein, so kann der Wirkungskreis der Pods ausgedehnt oder es können neue Pods gegründet werden. Ähnlich wie ein wachsendes Start-up bildet auch die neue intern angelegte Kultur neue Ableger heraus und umfasst immer größere Bereiche. Entscheidend ist, dass die Freiheit der Pilot-Pods nicht von vornherein durch Zielvorgaben oder Konzepte eingeschränkt wird. Auch Kontrollfreaks müssen lernen, loszulassen, wenn es darum geht, ein selbstverantwortliches und selbst lernendes System zu schaffen.

Netzwerk Der zweite Weg sieht vor, neben der hierarchischen Organisation eines Unternehmens ein Netzwerk anzulegen, in dem hierarchieübergreifend direkt miteinander kommuniziert wird und unbürokratisch »für die Sache« auch Regeln und Prozesse gebrochen werden dürfen. Piraten und andere Radikale ergreifen einfach mal die Initiative und reißen möglichst viele Kollegen mit, um lähmende Strukturen aufzubrechen. Oft werden die Überfälle der Piraten von professionellen Kulturarbeitern und neuen firmeneigenen sozialen Medien begleitet, um den Kulturwandel zu verfestigen und zu dokumentieren.

Dieser Weg ist die von Kotter (Kotter 2014) beschriebene Einführung eines zweiten Systems neben dem vorherrschenden pyramidalen System. Befürworter sehen in ihm ein wunderbares Beispiel eines raffinierten Eklektizismus: Das Beste aus zwei Welten kommt zusammen – Schnelligkeit und Effektivität, Flexibilität und Qualitätssicherheit, Kreativität und Verlässlichkeit. Kritiker wenden hingegen ein, dass die Idee zweier parallel laufender Systeme weder Fisch noch Fleisch sei, sich wechselseitig aushebele und eher ein Provisorium als eine richtige Lösung darstelle. Maximal handelt es sich nur um einen kleinen und inkonsequenten Schritt in die richtige Richtung. Vorsichtigen Firmenchefs mag dieser kleine Schritt jedoch angesichts der Schwierigkeit, einen groß angelegten Kulturwandel einzuläuten, vollkommen genügen.

Welcher Weg auch eingeschlagen wird, Kulturschaffende und Change-Berater können Unternehmen dabei unterstützen, sich an den gewaltigen Wandel, der mit dem beschriebenen Paradigmenwechsel einhergeht, heranzuwagen. Sie können vorliegende Kulturen diagnostizieren und Entwicklungsmöglichkeiten aufzeigen, Pilot-Pods und Piratennetzwerke betreuen, Teams und Netzwerker coachen und hilfreiches Handwerkszeug im Sinne einer Hilfe zur Selbsthilfe vermitteln, die Kommunikabilität zwischen den verschiedenen Systemen herstellen und gegebenenfalls mediieren, Führungskräfte bei der Abkehr und Entwöhnung alter Führungsmuster begleiten und die Aufmerksamkeit auf Teamarbeit und Teamentwicklung lenken.

Inwiefern Kulturarbeiter mit diesen vielfältigen Tätigkeiten den Firmen zu einem Durchbruch in Sachen Wandel verhelfen können, ist fraglich. Hier stimmen wir wieder in die generelle Skepsis in diesem Buch gegenüber Change-Prozessen ein. Kulturen und Systeme sind extrem widerstandsfähig. Was diesen Punkt angeht, so sind wir glühende Verfechter der Systemtheorie: Kulturen und Systeme sind autopoietisch oder auf gut Deutsch gesagt: Sie machen ihr eigenes Ding und lassen sich nur schwer davon abbringen. Wenn nicht der ungeheure Druck in Richtung Schnelligkeit und Innovationskraft auf den Firmen lasten würde, müssten wir wohl doch in vielen Unternehmen noch lange auf das Aussterben aller Vertreter des alten Paradigmas warten.

Wie können vernetzte Firmen in ihrer Entwicklung unterstützt werden?

Dort, wo das neue Paradigma bereits ungebremst am Zuge ist und Firmen podular und vernetzt aufgestellt sind, wird sich die traditionelle Arbeit von Kulturschaffenden verändern und verlagern. Abteilungskämpfe wird es nicht mehr geben, wenn keine Abteilungen mehr existieren. Der Bedarf an Führungskräfteschulungen und Transition-Workshops wird zurückgehen, wenn wir im »Flachland« unterwegs sind. Was aber neben der Kundenorientierung den höchsten Wert vernetzter Unternehmen darstellt, ist eine erfolgreiche gemeinschaftliche Arbeit in kulturell durchmischten Teams. Alle Aspekte der Gruppendynamik bleiben hochaktuell. Es wird darum gehen, ein Team dazu zu befähigen, offen, ehrlich und vertrauensvoll miteinander umzugehen. Dazu müssen alle Gruppenmitglieder wissen, wie die anderen jeweils ticken. Darüber hinaus müssen sie von der gemeinsamen Stärke des Teams überzeugt sein. Mit dem Bedarf an Teamentwicklungen wird ein wesentlicher Bestandteil der Kulturarbeit zukünftig erhalten bleiben. Darüber hinaus besteht für professionelle Kulturschaffende die Aufgabe, permanent die kulturelle Plattform weiterzuentwickeln, aus der alle Teams/Pods gespeist werden und ihre Identifikation mit der Firma erhalten. Warten wir ab, ob sich das Paradigma des vernetzten Unternehmens durchsetzen wird und was passiert, wenn immer mehr Schmetterlinge aus den Kokons schlüpfen.

Anhang

04

Danksagung	224
Autoren und Illustrator	225
Methodenverzeichnis	227
Literatur	230
Stichwortverzeichnis	233

Danksagung

Danken wollen wir zuerst unseren Kunden, die uns für das Verändern engagieren, dabei unsere gut gelaunte Unzufriedenheit immer noch ertragen, die bei der Suche nach neuen Wegen geduldig mitgeholfen haben, sie mitgegangen sind und damit das Verändern verändert haben. Weiter so, bitte!

Unser Freund und Kollege Claudio Roller rettete uns zunächst vor Abstürzen aller Art und sprang dann selbst mit ins tiefe kalte Wasser. Das hat gespritzt und Spaß gemacht!

Christian Ridder kann unsere Gedanken lesen und sogar zeichnen. Dass es so etwas gibt!

Unsere superkritisch-kreativen Kollegen der MAICONSULTING (Übrigens: die beste Beratungsfirma von allen!) waren stets gute Dialogpartner und teilten mit uns viel mehr als nur ihre Erfahrungen. Das Buch haben sie geschrieben – eigentlich –, ohne selbst ein Wort zu schreiben. Sie schenkten uns Ideen (davon haben sie meist viel zu viele) und haben unsere eigenen Ideen selbst ausprobiert und damit oft erst in einer Feuertaufe praxistauglich gemacht. Manche unserer Luftschlösser bliesen sie einfach weg, das werden wir ihnen nie vergessen, aber damit haben sie uns die Sicht auf neue Horizonte freigeräumt. Dann war das doch wieder zu etwas gut!

Esther Ruh hat als Erste alles gelesen und fand das auch noch spannend. Was waren wir froh! Doris Reineck lachte mit uns (oder über uns?) und lehrt uns immer, dass Verstehen Übersetzen ist. Sibylle Anderl wunderte sich so schön über unsere Themen und hat einen ganzen Urlaub lang zugehört.

Unsere Lektorin Ingeborg Sachsenmeier ließ so manche der uns einfach zugeflogenen doppelsinnverliebten Wortungeheuer am Leben und zeigte sich nicht als professionelle Wortdrachentöterin, sondern eben dadurch als wahre Heldin.

Liebe Kinder und Eltern, danke für eure Unterstützung durch gutes Zureden, Kochen, Loslassen, Warten, Lachen, Wundern, Dasein, Wegsein, Holen auf den Boden der Tatsachen, Sorgen für gemeinsame Auszeiten, Zuhören und Fragen stellen.

Mirja Anderl und Uwe Reineck
Berlin, Dezember 2014

Berlin, Dezember 2014

Uwe Reineck

Organisation:	MAICONSULTING GmbH & Co. KG
Website:	www.maiconsulting.de
E-Mail:	uwe.reineck@maiconsulting.de

Uwe Reineck 1960 in Karlsruhe geboren, aufgewachsen in Durlach, Diplom-Psychologe, ist seit 1991 als selbstständiger Unternehmensberater tätig. Er ist Geschäftsführer der MAICONSULTING GmbH & Co. KG in Heidelberg. Seit dem Studium der Psychologie, Pädagogik und Philosophie arbeitet er mit Menschen in unterschiedlichen Lebensphasen und Lebenssituationen. Er ist darüber hinaus zertifizierter Psychodrama-Therapeut und leitet das Psychodrama-Institut Freiburg/Heidelberg. Seit vielen Jahren berät er Konzerne und mittelständische Unternehmen bei Veränderungs- und Stabilisierungsprozessen. Erfahrungen aus der praktischen Arbeit und die beständige wissenschaftlich-theoretische Auseinandersetzung mit den Themen hat er über die Jahre in einer Vielzahl von Veröffentlichungen einfließen lassen. Unter anderem ist er Mitautor des »Handbuchs Prozessberatung (2012) und des »Handbuchs Führungskompetenzen trainieren« (2011). Ein aktueller Schwerpunkt seiner Tätigkeit liegt in der Entwicklung und Durchführung neuer Formen von Führung und Steuerung in digitalen Unternehmenskontexten – Stichwort Menschenverstand im Internet der Dinge. Uwe Reineck lebt unterwegs und in Berlin.

Mirja Anderl

Organisation:	MAICONSULTING GmbH & Co. KG
Website:	www.maiconsulting.de
E-Mail:	mirja.anderl@maiconsulting.de

Mirja Anderl 1972 in Hamburg geboren, aufgewachsen in Oldenburg, ist Volljuristin und war mehrere Jahre Geschäftsführerin in einem mittelständischen Unternehmen. Nach dem Studium der Rechtswissenschaft absolvierte sie eine mehrjährige Ausbildung in systemischer Organisationsberatung und machte sich 2007 als Organisationsberaterin selbstständig. Seit 2009 ist Mirja Anderl für die MAICONSULTING GmbH & Co. KG tätig. Sie berät Konzerne, mittelständische Unternehmen, Schulen und Start-ups in Übergangsphasen und ist Mitautorin des »Handbuchs Prozessberatung« (2012). Ihr Tätigkeitsschwerpunkt liegt derzeit auf verschiedenen Ansätzen zur Realisierung eines »Next Change« wie zum Beispiel Kulturveränderung durch Transparenz und Beteiligung, Impulsgebernetzwerke aufbauen sowie der Realisierung neuer Veränderungs- und Lernformen mit Lernreisen. Mirja Anderl lebt in Berlin.

Claudio Roller

Organisation:	MAICONSULTING GmbH & Co. KG
Website:	www.maiconsulting.de
E-Mail:	claudio.roller@maiconsulting.de

Claudio Roller Geboren 1974 in Montevideo/Uruguay. Nach dem Studium der Philosophie und Soziologie in Berlin und Cork/Irland war er zunächst wissenschaftlicher Assistent am Lehrstuhl für Philosophie und anschließend mehrere Jahre Geschäftsführer einer interdisziplinären Forschungseinrichtung an der TU Berlin (Innovationszentrum Wissensforschung). Er absolvierte Ausbildungen zum Verhaltens-und Kommunikationstrainer, Mediator und Prozessberater und arbeitet als Organisationsentwickler für die MAICONSULTING GmbH & Co. KG. Seine Schwerpunkte liegen in der Begleitung von Unternehmen und öffentlichen Einrichtungen in (Kultur-)Veränderungsprozessen, der Entwicklung von Teams, der Durchführung neuer Lernkonzepte wie Lern- beziehungsweise Führungsreisen, Ansätzen der Partizipation, der Einführung selbstbestimmter und agiler Formen des Arbeitens, der Vermittlung mediativer Kompetenzen sowie der Innovations- und Kreativitätsforschung. Neben philosophischen Fachveröffentlichungen hat er zu Themen der Mediation und des Konfliktmanagements publiziert.

Christian Ridder

Organisation:	BUSNESS as VISUAL
Website:	www.business-as-visual.com
E-Mail:	info@business-as-visual.com

Christian Ridder 1972 in Utrecht/Niederlande geboren. Nach dem Studium Industrial Design Engineering an der TU Delft arbeitete er zuerst für Sony in Stuttgart und Tokio, später für die Deutsche Telekom in Berlin.
Seit 2013 hat er sich als selbstständiger Business Illustrator auf das Visualisieren von organisatorische Themen und Prozesse spezialisiert. Während der Workshops und Konferenzen werden die Herausforderungen, Konflikte und Lösungsideen von ihm als »Visual Facilitator« oder »Graphic Recorder« live gezeichnet. Die großen Bilder, die in der Interaktion mit dem Moderator, den Führungskräften und den Mitarbeitern entstehen, helfen dabei, neue Perspektiven auf die Arbeit zu entwickeln.
Dank 17 Jahren Berufserfahrung als Manager von Innovationsprojekten kennt Christian Ridder die Facetten der Arbeit in Großkonzernen aus der eigenen Praxis. Seine Illustrationen für das »Handbuch Prozessberatung« (2012) und sein Blog www.quatschtronauten.de, werfen einen humorvollen Blick auf den alltäglichen Wahnsinn der Unternehmen.

Methodenverzeichnis

Veränderungsruinenschau	Workshop-Thema oder nur Workshop-Beginn, in dem Erfahrungen mit Veränderungsprojekten der Vergangenheit reflektiert und bei Bedarf aufgearbeitet werden. Eine Art von »Lessons Learned« der Emotionen und Haltungen bezogen auf Erfahrungen mit Veränderungsprozessen.	S. 77 f.
Berater-Netzwerk-Analyse	Informelle und formelle Befragungen einer größeren Anzahl von Menschen in der Organisation, Gespräche über Stimmungen, Gerüchte und Geschichten, die in der gemeinsamen Reflexion durch die Berater ein Kulturbild der Organisation ergeben. Analyse der Kommunikationsspiele (Regeln, Gewinner, Verlierer, Kosten, Nutzen) die in der Organisation gespielt werden.	S. 91 ff.
Reflexionsgruppen	Eine Möglichkeit, um herauszufinden, welche Themen die Organisation umtreiben und welche Notwendigkeiten es für kulturbezogene Veränderungen gibt.	S. 110
Innere Lernreise	Bevor Führungskräfte an einem Zukunftsbild oder an einer neuen Strategie arbeiten, entwickeln sie neue Perspektiven, indem sie ihre eigene Organisation in einer Lernreise erkunden.	S. 111 und S. 127 ff.
Fünf Szenen	Statt hochtrabenden Visionssätzen entwickeln Führungskräfte operationalisierbare Zielsetzungen für ihre Veränderungsziele. Die Hauptfrage lautet: »Welche fünf Szenen könnten wir nach der angestrebten Veränderung filmen, die jetzt noch nicht sichtbar sind?«	S. 116
Die Not-to-do-Liste	Auf diese Liste kommen alle Tätigkeiten, Aktionen, Initiativen, Projekte, die nicht mehr weitergeführt werden sollen. Eine solche Liste aufzustellen bietet sich immer dann an, bevor etwas Neues begonnen werden soll.	S. 117

Power-Workshops	Solche Workshops dynamisieren eine Organisation. Sie bringen Unvollendetes zum Abschluss oder packen Themen an, die schon lange erledigt werden müssten. Power-Workshops sind Problemlösungs-Sprints. Sie nehmen sich ausreichend Zeit, Ressourcen, Macht und Expertise, um ein Thema am Stück abschließend zu bearbeiten.	S. 118 f.
Spontaneitätstest	Eine Stegreifszene wird konzipiert, in der sich eine Person oder eine Gruppe spielerisch bewähren müssen. Stegreifszenen sind ziemlich nah an realen Herausforderungen.	S. 121
Werte im Experiment	Werte werden in verschiedenen Kontexten auf ihre Realitätstauglichkeit überprüft. Grundfrage: »Vor dem Hintergrund dieses Wertes, wie würden Sie sich in der Situation entscheiden?«	S. 123
Denkwelten vernetzen	Wertewandel und Sinnstiftung in einer Organisation durch Verantwortungsübernahme in einem sozialen Projekt. Werte werden auf diese Weise in einer Organisation real, weil sie in der Praxis zur Anwendung kommen.	S. 124 f.
Steuerkreis, Change-Team und Resonanz-Team	Die unterschiedlichen Teilperspektiven dieser Teams nehmen Veränderungsdynamiken und Konflikte in der Organisation vorweg. Sie ermöglichen in der präventiven Analyse oder in der Konfliktlösung dieser Teams »intelligentere« Veränderungsinterventionen.	S. 127
Die jungen Wilden integrieren	Eine Einladung, die unverblümte Sicht einer anderen Generation auf das Altbekannte zu erhalten.	S. 130
Zehn Kulturszenen	Aktuelle Situation und Themen werden vor Ort szenisch dargestellt. Ein externes oder internes Unternehmenstheater spielt die Kultur vor.	S. 131
Führungsdialog	Institutionalisiertes Feedback von Mitarbeitern an Führungskräfte	S. 138 ff.
Führungsfokus	Führungskräfte aus drei Hierarchieebenen reflektieren über ihre Führung.	S. 140

Methodenverzeichnis

Monatsgespräche	Die gesamte Organisation spricht innerhalb eines festgelegten Zeitraums über ein (Veränderungs-)Thema.	S. 141 ff.
Selbstführung	Alternative zur hierarchisch organisierten Führung, in der Regeln, Peergruppen und Reflexion bei der Selbststeuerung helfen.	S. 147 f.
Impulsgebernetzwerk	Impulsgeber sind interne Unternehmenskulturarbeiter. Sie lernen und reflektieren gemeinsam in einem Netzwerk.	S. 162 ff.
Werkstatt	Arbeits- und Lernkonzept für Großgruppen	S. 168 f.
Lernreisen	Individuell zugeschnittene, aktive Lernerfahrung an ungewöhnlichen Orten	S. 173 ff.
Campus	Der Campus ist ein exklusiver Ort für das Lernen. Ein Ort, draußen in der Natur mit Feuer, Zelten, Jurten. Die Nähe zur Natur schafft Platz für andere Gedanken. Was es braucht: Ein Buch. Ein Zelt. Einen Stuhl. Ein Feuer. Ein Firmament. Gummistiefel. Essen. Trinken. Begegnung (mit sich und anderen).	S. 180 ff.
Netzwerke qualifizieren	Drei bis fünf mittelständische Organisationen schließen sich zusammen und gründen gemeinsam ein Netzwerk des Lernens.	S. 183 f.

Literatur

Abbott, Andrew (1988): *The system of professions. An essay on the division of expert labor.* Chicago: University of Chicago Press

Ameln, Falko von/Kramer, Josef (2007): *Organisationen in Bewegung bringen. Handlungsorientierte Methoden für die Personal-, Team- und Organisationsentwicklung.* Heidelberg: Springer

Andersen, Tom (Hrsg.) (1990): *Das Reflektierende Team.* Dortmund: modernes lernen Borgmann KG

Barmeyer, Christoph (2012): *Context matters.* In: Stein, Volker/Müller, Stefanie (Hrsg.): Aufbruch des strategischen Personalmanagements in die Dynamisierung. Baden-Baden: Nomos

Bartmann, Christoph (2012): *Leben im Büro. Die schöne neue Welt der Angestellten.* München: Carl Hanser

Bauman, Zygmunt (2007): *Leben in der flüchtigen Moderne.* Frankfurt am Main: Suhrkamp

Boltanski, Luc/Chiapello, Ève (2006): *Der neue Geist des Kapitalismus.* Konstanz: UVK

Buer, Ferdinand (2010): *Psychodrama und Gesellschaft.* Wege zur sozialen Erneuerung von unten. Wiesbaden: VS Verlag für Sozialwissenschaften

Bund, Kerstin (2014): *Glück schlägt Geld.* Generation Y: Was wir wirklich wollen. Hamburg: Murmann

Bungard, Walter/Steimer, Sabine (2005): *Feedbackkultur in deutschen Unternehmen.* Ergebnisse einer Expertstudie bei den 100 umsatzstärksten Unternehmen. In: Jöns, Ingela/Bungard, Walter (Hrsg.): Feedbackinstrumente in Unternehmen. Wiesbaden: Gabler, S. 295–314

Buß, Eugen (2008): *Managementsoziologie. Grundlagen, Praxiskonzepte, Fallstudien.* München: Oldenbourg

Domsch, Michel E./Ladwig, Désirée H. (Hrsg.) (2006): *Handbuch Mitarbeiterbefragung.* 2. Auflage. Berlin/Heidelberg: Springer

Drucker, Peter (1970): *Die Praxis des Managements.* München: Droemer Knaur

Freud, Sigmund (1999): *Vorlesungen zur Einführung in die Psychoanalyse.* Gesammelte Werke Bd. 11. Frankfurt am Main: Fischer

Goethe, Johann Wolfgang von (1982): *Lemma: Zeitgeist.* In: Schischkoff, Georgi (Hrsg.): Philosophisches Wörterbuch. 14. Auflage, Stuttgart: Alfred Kröner

Gray, Dave (2012): *The Connected Company.* Sebastopol, CA, USA: O'Reilly & Associates

Hofstede, Geert/Hofstede, Jan Gert (2006): *Lokales Denken, globales Handeln.* Interkulturelle Zusammenarbeit und Globales Management. München: Beck

Iding, Hermann (2010): *Organisation – Beratung – Intervention.* In: Kühl, Stefan/Moldaschl, Manfred: Organisation und Intervention. Mering: Hampp

Illouz, Eva (2011): *Die Errettung der modernen Seele.* Berlin: Suhrkamp

Kieser, Alfred/Ebers, Mark (Hrsg.) (2014): *Organisationstheorien.* 7. Auflage. Stuttgart: Kohlhammer

Literatur

Kling, Marc-Uwe (2009): *Die Känguru-Chroniken*. Berlin: Ullstein

Kling, Marc-Uwe (2011): *Das Känguru-Manifest*. Berlin: Ullstein

Kling, Marc-Uwe (2014): *Die Känguru-Offenbarung*. Berlin: Ullstein

Kotter, John P. (2012): *Die Kraft der zwei Systeme*. In: Harvard Business Manager 12/2012, S. 22 ff.

Kotter, John P. (2014): *Accelerate. Building strategic agility for a faster-moving world*. Boston: Harvard Business School Press

Kühl, Stefan/Moldaschl, Manfred (Hrsg.) (2010): *Organisation und Intervention. Ansätze für eine sozialwissenschaftliche Fundierung von Organisationsberatung*. Mering: Hampp

Kühl, Stefan/Schnelle, Thomas (2009): *Führen ohne Hierarchie*. In: OrganisationsEntwicklung 2009/02, S. 51 ff.

Kuhn, Thomas (1996): *Die Struktur wissenschaftlicher Revolutionen*. Frankfurt am Main: Suhrkamp

Laube, Helene (2014): *Silicon Valley. Wie die Tech-Riesen ihre Mitarbeiter verhätscheln*. (http://www.manager-magazin.de/unternehmen/it/google-facebook-evernote-verwoehnen-mitarbeiter-mit-wellness-a-963437.html)

Luhmann, Niklas (1984): *Soziale Systeme. Grundriss einer allgemeinen Theorie*. Frankfurt am Main: Suhrkamp

Marquardt, Odo (1979): *Lob des Polytheismus. Über Monomythie und Polymythie*. In: Poser, Hans (Hrsg.): Philosophie und Mythos. Berlin, New York: de Gruyter

Müller, Günter Fred (2004): *Die Kunst, sich selbst zu führen*. In: Personalführung, S. 30–43

Nassehi, Armin (2011): *Gesellschaft verstehen*. Hamburg: Murmann

Nassehi, Armin (Hrsg.) (2012): *Kursbuch 170 – Krisen lieben*. Hamburg: Murmann

Neuberger, Oswald (2002): *Führen und führen lassen*. 6. Auflage. Stuttgart: UTB

Neurath, Otto (1932/33): *Protokollsätze*. In: Erkenntnis. Band 3. Wien: Kölder-Pichler-Tempsky

Osborne, David/Gaebler, Ted (1997): *Der innovative Staat. Mit Unternehmergeist zur Verwaltung der Zukunft*. Wiesbaden: Gabler

Peters, Thomas J./Waterman, Robert H. (1998): *Auf der Suche nach Spitzenleistungen. Was man von den bestgeführten US-Unternehmen lernen kann*. 7. Auflage. Landsberg am Lech: mvg

Pinnow, Daniel F. (2011): *Unternehmensorganisation der Zukunft. Erfolgreich durch systemische Führung*. Frankfurt am Main: Campus

Reckwitz, Andreas (2012): *Die Erfindung der Kreativität. Zum Prozess gesellschaftlicher Ästhetisierung*. Berlin: Suhrkamp

Reineck, Uwe/Anderl, Mirja (2012): *Handbuch Prozessberatung*. Weinheim und Basel: Beltz

Reisach, Ulrike (2007): *Die Amerikanisierungsfalle. Kulturkampf in deutschen Unternehmen*. Berlin: Econ

Rosa, Hartmut (2005): *Beschleunigung. Die Veränderung der Zeitstrukturen in der Moderne*. Frankfurt am Main: Suhrkamp

Schein, Edgar H. (2010): *Prozessberatung für die Organisation der Zukunft.* Der Aufbau einer helfenden Beziehung. Bergisch Gladbach: EHP

Schischkoff, Georgi (Hrsg.) (1982): *Philosophisches Wörterbuch.* 14. Auflage. Stuttgart: Alfred Kröner

Schmid, Wilhelm (2007): *Glück.* Alles, was Sie darüber wissen müssen, und warum es nicht das Wichtigste im Leben ist. Berlin: Insel

Schuler, Heinz/Sonntag, Karl-Heinz (Hrsg.) (2007): *Handbuch Arbeits- und Organisationspsychologie.* Göttingen: Hogrefe

Sennet, Richard (1998): *Der flexible Mensch.* 3. Auflage, Berlin: Berlin Verlag

Shazer, Steve de (2012): *Der Dreh.* Überraschende Wendungen und Lösungen in der Kurzzeittherapie. 12. Auflage. Heidelberg: Carl Auer

Shazer, Steve de/Dolan, Yvonne (2013): *Mehr als ein Wunder.* Die Kunst der lösungsorientierten Kurzzeittherapie. 3. Auflage. Heidelberg: Carl Auer

Sick, Bastian (2004): *Der Dativ ist dem Genitiv sein Tod.* Köln: Kiepenheuer und Witsch

Stein, Volker/Müller, Stefanie (Hrsg.) (2012): *Aufbruch des strategischen Personalmanagements in die Dynamisierung.* Ein Gedanke für Christian Scholz. Baden-Baden: Nomos/München: Vahlen

Taleb, Nassim Nicholas (2013): *Antifragilität:* Anleitung für eine Welt, die wir nicht verstehen. München: Knaus

Valve (2012): *Handbook for new employees.* http://www.valvesoftware.com/company/Valve_Handbook_LowRes.pdf

Weick, Karl E. (1985): *Der Prozeß des Organisierens.* Frankfurt am Main: Suhrkamp

Wiener, Ron (2001): *Soziodrama praktisch.* Soziale Kompetenz szenisch vermitteln. München: inScenario

Willke, Helmut (1992): *Beobachtung, Beratung und Steuerung von Organisationen in systemtheoretischer Sicht.* In: Wimmer, Rudolf (Hrsg.): Organisationsberatung: Neue Wege und Konzepte. Wiesbaden: Gabler

Wissing, Frank (2008): *Die Mitarbeiterbefragung als Institution?* Münster: LIT

Womack, James P./Jones, Daniel T./Roos, Daniel (1992): *Die zweite Revolution in der Autoindustrie.* Konsequenzen aus der weltweiten Studie des Massachusetts Institute of Technology. Frankfurt am Main/New York: Campus

Stichwortverzeichnis

A
Anfangen, neues 77
Anpassung 152
Anpassungsfähigkeit 149
Appellokratie 93, 134
Arbeit 29, 52, 126
Arbeiter 40
Arbeitswelt 99

B
Bedingungen für Angestellte, optimale 192
Berater 20, 23, 27, 53
Berater-Netzwerk-Analyse 91

C
Campus-Lernens 179
Change-Berater 53
Change-Management 57
Change-Mitarbeiter 26
Change-Team 127
Changismus 12, 14, 77
Connected Company 149
Culture-Change 45

D
Demografiewandel 200
Differenzierung, funktionale 49

E
Effizienz 60
Emotionen 54, 70, 76
Entscheidungsprämissen 99
Erwartungen an die Organisation 100, 101

F
Face Reality 126, 127
Fachleute 131
Feedback 27, 35, 131
Fehlerkultur 77
Firma, klassische 202, 203
Firma, podulare 219
Firma, vernetzte 217, 218, 219
Firmen, ungewöhnliche 212
Form follows function 172
Fragmentierung 100
Freiwilligkeit 154
Führung 27, 37, 58, 103, 131
Führung, laterale 134
Führungsdialog 138
Führungsfokus 140
Führungskoalition 71
Führungskräfte 21, 46, 152

G
Gemba 45, 143
Generation Y 193
Geschichten 76
Glück 195
Guerilla-Gardening 152

H
Hawthorne-Studie 42
Heterarchie 70, 131
Hierarchie 152, 160
Holarchie 210

I
Ich 59
Illusionen 101
Impulsgeber 155, 158
Impulsgebernetzwerk 162, 163, 164, 165
Individuum 52
Innovation 106, 206
Ist-Soll-Zustand 64

K
Kaizen 44, 197
Kalifornien 191
Kapitalismus 52
Kommunikation 54, 56, 85, 91
Komplexität 107
Komplexitätsreduktion 50
Konflikte 55
Kultur 45, 52, 68, 102, 129, 155
Kulturgeschichte 76
Kulturveränderung 85, 154, 160, 164
Kunde 46

L
Lähmschicht 46
Latenzen 103
Lean Production 44
Leitsätze 121
Lernen, organisationales 170
Lernfähigkeit 206
Lernreise, innere 111, 127
Lernreisen 171, 172
Lösungen 79
Lösungen, lösungsorientiert 83

M
Management by Objectives 43
Manager 27, 39, 126
Managerismus 16
Menschen in Bewegung 158
Metaspiel 74, 88
Mitarbeiter 29, 131, 207
Mitarbeiterbefragung 29, 96
Mitarbeitergewinnung 191
Monatsgespräche 141
Muster 160
Musterbrecher 71, 105, 108, 110, 128

N
Netzwerk 220
Netzwerke 183

O
Operative 40, 70
Organisation 18, 69, 99
Organisationen 107, 132
Organisationen, managementfreie 144
Organisationsberatung, szenische 120
Organisationsentwicklung 170
Outsourcing 46

P
Paradigmenwechsel 208
Paradoxien 101, 108
Passagement 13, 64, 66
Pilot-Pod 219
Pod 149, 209, 210
Pods 211
Power-Workshop 118
Prägung, kulturelle 61
Prozessberatung 65
Prozesse 60, 132
Psychodrama 120
Psychologen 41, 53
Psychologie 17
Psychologik 66

R
Rationalitätslücken 22
Reflektieren 91
Reflexionsgruppe 110
Regeln 147
Rollen 86
Rollenanalyse 86
Rollenerwartungen 100
Rollenmuster 120

S
Schwarmfinanzierung 158
Selbstführung 145, 147
Selbstkontrolle, emotionale 55
Selbststeuerung 144
Selbstverwirklichung 54

Seminare 37
Silicon Valley 57, 191
Sinnstiftung 198
Social-Media 199
Soziodrama 94, 96
Spiele in Organisationen 87
Steuerkreis 142
Struktur, podulare 210
System, podulares 150, 151
System, zweites 201, 220

T
Taylorismus 40

U
Unternehmensberater 20
Unternehmenskultur 201
USA 54, 57

V
Veränderungsruinenschau 77
Verantwortung 183, 184
Vernetzung 215
Vertrauenskultur 217
Vision 34, 57, 102, 113

W
Weisheit der vielen 71
Werkstatt 168
Werkstätten 165
Wert 204
Werte 121, 124
Work-Life-Balance 192
Work-Life-Verschmelzung 200

Resilienz: Kompetenz der Zukunft

Balance im Privat- und Berufsleben halten: Resilienz widmet sich konsequent dem Gedanken, Widrigkeiten und Herausforderungen nicht zu umgehen, sondern sie zu meistern und an ihnen zu wachsen. Resilienz ist das Gegengewicht zur zunehmenden Belastung und Geschwindigkeit in unserer Arbeitswelt und Gesellschaft.

Sylvia Kéré Wellensiek und Joachim Galuska – beide Spezialisten auf dem Gebiet der Resilienz – liefern eine detaillierte Zustandsbeschreibung sowie einen differenzierten, praxisorientierten Blick nach vorne. Sie gehen ein auf die Fragen: Wo stehen wir? Und was können wir tun – als einzelner Mensch, aus wirtschaftlicher und gesellschaftlicher Perspektive?

Aus dem Inhalt:
- Resilienz denkt positiv und schaut auf die Ressourcen, statt auf die Defizite
- Die heutigen Belastungen rufen auf zu einem Bewusstseinswandel
- Der einzelne Mensch kann sich aktiv in seiner Kraft und Achtsamkeit stärken
- Führungskräfte, Teams und Organisationen brauchen Stärke und Flexibilität zugleich
- Unsere Gesellschaft muss die Ressource Mensch erkennen und schützen

Sylvia Kéré Wellensiek, Joachim Galuska
Resilienz – Kompetenz der Zukunft
Balance halten zwischen Leistung und Gesundheit
2014. 207 Seiten. Gebunden.
ISBN 978-3-407-36550-7

www.beltz.de

BELTZ

Was Führungskräfte brauchen

Dieses Handbuch stellt die Führungskompetenzen in den Mittelpunkt, die Unternehmen von ihren Führungskräften verlangen, und zeigt, wie diese Fähigkeiten gelernt werden können. Die Autoren schöpfen dabei aus ihrer jahrelangen Trainings- und Beratungserfahrung.

Das Buch systematisiert die Kompetenzanforderungen, die heute an Führungskräfte gestellt werden, beschreibt diese pointiert und durchaus provokant und macht eine Fülle konkreter Vorschläge, wie man Führungskräfte gezielt auf klar umschriebene Kompetenzen entwickeln kann.

»Gute Mischung aus Theorie, Witz und Praxis.«
Training aktuell

»Empfehlung für Trainer und Berater, die ihrer Arbeit mit pfiffigen guten Ideen einen neuen Schliff geben wollen.«
www.managementbuch.de

Die Themen:
o Mitarbeiterführungskompetenz
o Unternehmerkompetenz
o Beziehungskompetenz
o Veränderungskompetenz
o Persönlichkeitskompetenz

Uwe Reineck, Ulrich Sambeth,
Andreas Winklhofer
Handbuch Führungskompetenzen trainieren
2011. 382 Seiten. Gebunden.
ISBN 978-3-407-36502-6

www.beltz.de

BELTZ

Kultur verändern – Verändern kultivieren

In diesem Handbuch finden Sie über 100 Methoden und Workshopdesigns. Kritisch-tiefgründige Essays kommentieren originelle Anleitungen für die Praxis.

Wie gelingen Veränderungen? Wie entwickle ich Menschen in Organisationen? Wie gestalte ich kulturverändernde Workshops? Wie verändere ich die Unternehmenskultur? Fragen wie diese führen mitten in das Arbeitsfeld von Organisationsentwicklern.

Die Autoren geben in diesem Handbuch einen durchaus unterhaltsamen Einblick in die Welt der Prozessberatung. Sie stellen eine große Zahl an sofort umsetzbaren Tools, Interventionen und Methoden zur Verfügung. Sie schaffen die Verbindung von anspruchsvoller Theorie mit praktischem »Handwerkszeug«. Ein Nachschlagewerk und Arbeitsbuch für Unternehmenskulturschaffende, Veränderer und Entscheider.

Aus dem Inhalt:
o Beratung – hart, weich, blutig oder medium?
o Wie kommt man eigentlich an Aufträge?
o Die weichen Faktoren sind die harten!
o Auftragsklärungsgespräche und andere Lügen
o Das Passagement-Interview
o Powerworkshop
o Wolfsrudel-Encounter – Schmieden der Führungskoalition
o Architekturen und Designs für Kulturveränderung, Fusionen, Umstrukturierungen, Schnittstellenworkshops, Großveranstaltungen
o und vieles mehr.

Uwe Reineck, Mirja Anderl
Handbuch Prozessberatung
2012. 404 Seiten. Gebunden.
ISBN 978-3-407-36509-5

www.beltz.de **BELTZ**

Persönliche Stärken gezielt einsetzen

Wenn wir Albert Einstein oder Steve Jobs betrachten, sind wir beeindruckt angesichts der überragenden Begabung dieser Genies. Im Vergleich zu solchen Geistesgrößen kommen wir uns vergleichsweise klein vor. Doch stimmt es wirklich, dass herausragende Leistungen allein das Ergebnis solch begabter Einzelpersönlichkeiten sind?

Dieses Buch zeigt, dass kreative Durchbrüche und Spitzenleistungen so gut wie immer auf Teams beruhen, denen es gelungen ist, ihre unterschiedlichen Fähigkeiten auf ein gemeinsames Ziel zu konzentrieren und so ein Kreatives Feld zu bilden. Im Kreativen Feld kann jeder sein Potenzial entfalten und Team-Flow erfahren. So werden Herausforderungen gemeinsam gemeistert und bessere Ergebnisse erzielt.

Team-Flow ermöglicht es, nicht nur mit wachsender Komplexität fertig zu werden, sondern entlastet auch den Einzelnen von Überforderung, schützt vor Burnout und bietet die Chance zum gemeinsamen Wachstum im Kreativen Feld.

Aus dem Inhalt
- Mit Teamkreativität zum Erfolg
- Kreativität gibt es nur im Plural
- Kreative Felder erzeugen
- Das Jazzbandmodell der Führung
- Kreatives Zusammenspiel: Von Fußballern lernen
- Die Synergieanalyse
- Die fünf Cs des Team-Flows
- 7 Schlüssel zum Freisetzen des Kreativen Potenzials

Olaf-Axel Burow
Team-Flow
Gemeinsam wachsen im Kreativen Feld
2015. 220 Seiten. Gebunden.
ISBN 978-3-407-36569-9

www.beltz.de

BELTZ